Luke Harding

Colusión

Luke Harding es periodista, escritor y galardonado corresponsal en el extranjero de *The Guardian*. Entre 2007 y 2011 fue corresponsal de *The Guardian* en Moscú. El Kremlin lo expulsó de Rusia convirtiéndose en el primer caso de esa índole desde los tiempos de la Guerra Fría. Es autor de cinco libros de no ficción, traducidos a más de treinta idiomas: *A Very Expensive Poison: The Assassination of Alexander Litvinenko and Putin's War with the West*, *The Snowden Files: The Inside Story of the World's Most Wanted Man*, *Mafia State: How One Reporter Became an Enemy of the Brutal New Russia*, *Wiki-Leaks y Assange: Un relato trepidante sobre cómo se fraguó la mayor filtración de la historia*, y *The Liar: The Fall of Jonathan Aitken* (los dos últimos en coautoría con David Leigh). Actualmente vive en las afueras de Londres, con su mujer, la periodista Phoebe Taplin, y sus dos hijos.

Colusión

Encuentros secretos, dinero sucio y cómo Rusia ayudó a Trump a ganar las elecciones

LUKE HARDING

Traducción de
Francisco José Ramos Mena

VINTAGE ESPAÑOL
Una división de Penguin Random House LLC
Nueva York

Índice

Colusión

Encuentro

Diciembre de 2016
Grosvenor Gardens, Londres, SW1

> Sigan el sexo. Sigan el dinero.
>
> CHRISTOPHER STEELE, al autor

Estación Victoria, Londres. Un lugar entre destartalado y elegante. Hay una terminal de ferrocarril, una estación de autobuses y —un poco más lejos— un parque de forma triangular. Allí se encuentra la escultura ecuestre de un héroe de la Primera Guerra Mundial, el mariscal francés Ferdinand Foch. Grabadas en el pedestal hay unas palabras suyas: «Soy consciente de haber servido a Inglaterra». Alguien ha añadido con rotulador negro: «Asesinando a miles».

Esta es una zona de partidas y llegadas. Alrededor de Foch hay varios bancos de madera salpicados de blanco por los excrementos de las palomas, y unos plátanos de sombra de gran altura. Hay turistas, personas que llegan al trabajo desde fuera de la ciudad y algún que otro vagabundo de pelo hirsuto, refunfuñando mientras sorbe una lata de cerveza. El hombre que posee esta tajada inmobiliaria de primera calidad es el duque de Westminster. El más rico de los aristócratas británicos.

Si uno sigue avanzando, encuentra una hilera de casas neoclásicas construidas al estilo renacentista francés. Se trata de Grosvenor Gardens. La calle da a la parte trasera de una residencia mundialmente famosa, el palacio de Buckingham. Con algo de arrojo y una escalera larga se podría acceder directamente al jardín privado de Su Majestad. Los abetos resultan visibles a los transeúntes, recortándose contra la silueta gris de Londres. En cambio, el lago de la Reina queda oculto.

Algunos de los edificios anuncian quiénes los habitan: una empresa de relaciones públicas, un restaurante japonés, una escuela de idiomas... Pero en el número 9-11 de Grosvenor Gardens no se ve el menor indicio de quién o qué hay dentro. Dos columnas enmarcan una puerta negra y anónima. Un letrero advierte de la presencia de un circuito cerrado de televisión. No hay ningún nombre en el interfono. Arriba, tres pisos de oficinas.

Si uno entra y gira a la derecha, se encuentra en una modesta suite de la planta baja, un par de habitaciones desnudas pintadas de blanco marfil, con un mapa del mundo de tamaño mediano a color colgado en una pared, y persianas blancas justo por encima del nivel de la calle en unas ventanas altas. Hay ordenadores, y también algún periódico: en concreto un ejemplar del *Times* de Londres. Da la impresión de ser un despacho profesional pequeño y discreto.

La oficina es la sede de una empresa británica, Orbis Business Intelligence Limited. El sitio web de Orbis afirma que es «una destacada consultoría de inteligencia corporativa». Y añade, en términos difusos:

> Proporcionamos a los altos responsables con poder de decisión perspectiva estratégica, información de inteligencia y servicios de investigación. Así pues, trabajamos con los clientes para implementar estrategias que protejan sus intereses en todo el mundo.

Traducido, significa que Orbis está en el negocio del espionaje no gubernamental. Espía para clientes comerciales, hurgando en los secretos de personas e instituciones, gobiernos y organizaciones internacionales. Londres es la capital global de la inteligencia privada. Un sector difícil, en palabras de un antiguo espía británico que trabajó en él durante un año antes de ocupar un cargo en una gran corporación. Hay más de una docena de empresas como esta, cuyo personal está integrado en su mayoría por antiguos agentes de inteligencia que se especializan en asuntos extranjeros. No es exactamente el mundo del espionaje clásico o de James Bond. Tampoco está lejos de serlo.

El hombre que gestiona Orbis se llama Christopher Steele. Él y su socio Christopher Burrows son los directores de la empresa. Ambos son británicos. Steele tiene cincuenta y dos años; Burrows cincuenta y ocho. Sus nombres no aparecen en los registros públicos de Orbis. Tampoco existe referencia alguna de sus antiguas trayectorias profesionales. Junto con ellos trabaja un par de brillantes graduados más jóvenes. Forman un pequeño equipo.

El despacho de Steele da pocas pistas sobre la naturaleza de su trabajo secreto.

Solo hay un indicio.

Junto al escritorio del director puede verse una hilera de muñecas rusas o matrioskas. Un recuerdo de Moscú. Llevan los nombres de grandes escritores rusos del siglo XIX: Tolstói, Gógol, Lérmontov, Pushkin… Las muñecas están pintadas a mano, y los nombres de los autores aparecen escritos cerca de la base en floridos caracteres cirílicos. La «T» mayúscula de Tolstói parece una «Pi» retorcida.

En los turbulentos días de 2016 las muñecas eran una metáfora tan buena como cualquier otra de la inusual investigación secreta que recientemente le habían encargado a Steele. Era una tarea explosiva: descubrir los secretos más profundos del Kremlin en relación con Donald J. Trump, destaparlos uno a uno, como otras tantas muñecas, hasta que se revelara la verdad. Sus conclusiones sacudirían la inteligencia estadounidense y desencadenarían un seísmo político de una magnitud comparable con los oscuros días de Richard Nixon y el Watergate.

Las conclusiones de Steele eran sorprendentes, y el dossier resultante acusaría al presidente electo del más grave de los delitos: colusión con una potencia extranjera. Esa potencia era Rusia. El presunto delito —negado y rebatido con vehemencia y en ciertos aspectos clave improbable— era una traición. El nuevo presidente de Estados Unidos de América era —se rumoreaba— un traidor.

Para encontrar antecedentes de un complot tan descabellado

había que acudir a la ficción. Por ejemplo, en *El mensajero del miedo*, de Richard Condon, que trata sobre una operación chino-soviética para hacerse con el control de la Casa Blanca. O el *thriller* largamente olvidado del escritor Ted Allbeury, *The Twentieth Day of January*, en el que, durante los disturbios estudiantiles de 1968 en París, Moscú recluta a un joven estadounidense para que se dedique a actividades de mayor calado. Como Steele, Allbeury era un antiguo agente de la inteligencia británica.

Hasta que su trabajo salió a la luz con total claridad, Steele era un personaje desconocido; es decir, desconocido más allá de un estrecho círculo de miembros de los servicios de inteligencia estadounidense y británicos expertos en Rusia. Él lo prefería así.

2016 representó un momento histórico extraordinario. Primero el Brexit, la traumática decisión británica de abandonar la Unión Europea. Luego, para sorpresa y consternación de muchos estadounidenses, por no hablar de muchísimos otros en todo el mundo, Donald J. Trump, de manera inesperada, resultó elegido en noviembre el 45.º presidente de Estados Unidos.

La campaña que le había llevado a la Casa Blanca había sido rencorosa, divisiva y malintencionada. Sobre ella planeaba esta única —y poco creíble— acusación: un líder extranjero tradicionalmente considerado enemigo de Estados Unidos había ayudado en secreto a Trump, contribuyendo a su victoria presidencial contra todo pronóstico; e incluso quizá, dándole un empujoncito a la hora de cruzar la meta. Se decía que Trump era el candidato del Kremlin; una marioneta de Putin, quien, para los principales republicanos, hasta entonces no había sido más que un villano de mirada glacial del KGB; «un matón y un asesino», en palabras de John McCain, el senador republicano por Arizona. Alguien que deseaba el mal a Estados Unidos.

En ese momento, la acusación de colusión con Moscú había cuajado por dos razones. Para empezar, estaba el curioso comportamiento del propio Trump durante la campaña electoral. Frente a las acusaciones de que Rusia estaba hackeando los correos electrónicos de los demócratas, y filtrándolos para perjudicar a su rival, Hillary Clinton, Trump instó públicamente a Moscú a seguir haciéndolo.

En una rueda de prensa celebrada en julio de 2016 en Florida, dijo:

> Rusia, si estás escuchando, espero que seas capaz de encontrar los treinta mil correos electrónicos que faltan. Creo que probablemente serás recompensada con generosidad por nuestra prensa. Veamos si eso ocurre.

Como señaló un ayudante de Clinton, aquella era una invitación directa a una potencia extranjera a cometer espionaje contra un adversario político. ¿Era mero oportunismo por parte de Trump? ¿O algo más coordinado, más siniestro?

Pocos dudaban de que los correos electrónicos difundidos a través de WikiLeaks en junio y octubre de 2016 perjudicaban a la candidata demócrata. En sí mismos no eran especialmente escandalosos. Sin embargo, para un adversario sin escrúpulos como Trump, eran un auténtico regalo: una oportunidad para agarrar a los medios de comunicación por el cuello y hacerles tragar el mensaje de la «corrupta Hillary». También era relevante el hecho de que Moscú hubiera robado correos electrónicos del Comité Nacional Republicano, pero no los había hecho públicos.

En segundo lugar, ¿cómo explicar los constantes elogios que Trump había dedicado a Putin? En los meses febriles que desembocaron en los comicios del 8 de noviembre de 2016, Trump no solo había arremetido contra Clinton y Obama, sino también contra sus rivales del Partido Republicano, el programa *Saturday Night Live*, el «endeble» *New York Times*, los medios de comunicación estadounidenses en general —su enemigo favorito— y la actriz Meryl Streep. Y había más. La lista era larga.

Al presidente ruso, en cambio, le describía como a un ser «muy inteligente». Putin era prácticamente la única persona del planeta que escapaba a las invectivas generalizadas de Trump, proclamadas en un estilo exclamativo semianalfabeto vía Twitter, a unas horas en las que la mayoría de las personas sensatas ya estaban en la cama. Trump estaba dispuesto a atacar verbalmente a cualquiera que cuestionara su comportamiento; cualquiera, menos su amigo Putin.

La incipiente amistad entre Trump y Putin no podía explicarse por una simple cuestión de química personal; al parecer no se conocían. Sin duda compartían similitudes ideológicas: el desprecio por organismos internacionales como las Naciones Unidas y la aversión hacia la Unión Europea. Y —cabría añadir también— un nacionalismo blanco de tintes cristianos. Pero eso no bastaba. Era como si estuviera en juego una extraña lealtad, un factor desconocido, una mano invisible, como si faltara una pieza del rompecabezas. Trump no elogiaba a ningún otro líder extranjero de manera ni remotamente parecida. O con tanta frecuencia. Su reverencia a Putin se mantendría tras asumir el cargo.

Estas dos cuestiones —la promoción de los correos electrónicos hackeados por Rusia y las alabanzas a Putin— provocaban una insólita pregunta: ¿acaso Putin había estado *chantajeando* de algún modo al candidato? En caso negativo, ¿cómo explicar el encaprichamiento de Trump? Y en caso afirmativo, ¿chantajeándole cómo exactamente?

Por supuesto, corrían un montón de rumores. Algunos de ellos habían llegado a mi periódico, el *Guardian*. En el periodo previo a las elecciones presidenciales de 2016, y en los delirantes y desconcertantes días que siguieron, había reporteros de investigación a ambos lados del Atlántico siguiendo varias pistas. Era aquella una tarea tan difícil y frustrante como tentadora. Había dudas sobre las fuentes. Parte de los trapos sucios sobre Trump provenían de personas cercanas a la campaña de Clinton, gente que tenía intereses personales en el asunto.

Sin embargo, éramos conscientes de que aquella era probablemente la noticia política más importante de Estados Unidos para toda una generación. Si Trump había conspirado con Rusia no solo públicamente, sino quizá también de manera encubierta, a través de canales clandestinos no revelados, eso sonaba a traición. Era una reedición del Watergate.

No obstante, entre 2015 y 2016 los «ladrones» no eran agentes de Nixon de bajo nivel. Ni siquiera eran estadounidenses. Según la

CIA y el FBI, eran hackers que trabajaban para las agencias de espionaje de Putin. Los responsables estaban muy lejos. El dinero que pagaba sus nóminas era ruso; y posiblemente también estadounidense. No irrumpieron en el Comité Nacional Demócrata utilizando ganzúas, guantes de látex y equipo para implantar escuchas, como hicieran sus homólogos en 1972.

En lugar de ello, entraron en las redes informáticas de dicha organización, una irrupción llevada a cabo mediante el tosco método de utilizar correos electrónicos falsos como cebo, miles de ellos. El FBI llegaría a la conclusión de que había sido una operación sencilla y barata. Pero resultó de una eficacia devastadora. Y quizá también fue una prueba de que los sistemas políticos estadounidenses eran más vulnerables a las fuerzas oscuras electrónicas de lo que nadie había pensado.

Mientras tanto, no es que Trump contribuyera precisamente a nuestros esfuerzos por establecer la verdad. Quebrantando cualquier precedente, se había negado a hacer públicas sus declaraciones de renta. Su imperio inmobiliario global se ocultaba tras una red de varios cientos de empresas opacas. Visualizado en forma de gráfico, el consorcio empresarial de Trump parecía un gigantesco pedo de lobo a punto de explotar.

¿Era Trump un multimilmillonario, como él proclamaba ostentosamente? ¿O en realidad estaba en la ruina y sobreendeudado, y debía ingentes cantidades de dinero a bancos extranjeros? ¿Qué vínculos financieros —si los había— tenía con gobiernos de otros países? ¿Y qué podía decirse de su familia, en especial del poderoso yerno del futuro presidente, Jared Kushner?

En diciembre de 2016, Nick Hopkins —un colega del *Guardian*— y yo fuimos a ver a Christopher Steele para hacerle estas y otras preguntas. Hopkins es el redactor jefe de investigaciones del periódico. Él conocía a Steele de antes y sabía que era un experto en asuntos rusos. También yo lo era: de 2007 a 2011 estuve destinado en Rusia como jefe de la oficina del *Guardian* en Moscú, hasta que me encerraron en una celda en el aeropuerto y luego me deportaron. Estoy seguro de que esto último fue consecuencia de algunos de mis reportajes menos halagadores sobre Vladímir Putin.

Era un jueves por la tarde, dos semanas y media antes de Navidad. Las calles de Londres estaban abarrotadas y bullían de compradores. Viajamos en metro desde la oficina del *Guardian*, en las inmediaciones de King's Cross. Salimos en la estación Victoria y recorrimos a pie la escasa distancia que nos separaba de Grosvenor Gardens, dejando atrás al mariscal Foch y su séquito de palomas.

Llamamos al timbre de la puerta de Orbis. Nos dejaron entrar y nos recibió Steele. Era un hombre de estatura media, vestido con un traje corriente, de cabello antaño negro pero ahora mayoritariamente gris, de maneras amables, aunque con cierto aire de reserva que resultaba por completo comprensible.

Los periodistas y los espías siempre se han mirado con recelo. En algunos aspectos ejercen el mismo oficio: cultivar fuentes, recopilar y examinar a fondo información y material, separando los hechos de la ficción. Los dos escriben para su propio público: el de un periódico es cualquiera que tenga conexión a internet; el de los espías es un pequeño círculo oficial, con acreditación para acceder a secretos. Imagino que con frecuencia el resultado es el mismo. Pero los espías tienen una ventaja: ellos reciben material procedente de escuchas oficiales y fuentes secretas.

Steele había aceptado charlar mientras tomábamos té a las cuatro de la tarde. En aquel momento su investigación no había saltado a los titulares de todo el mundo y él aún no se había alejado de la atención pública, de modo que los tres salimos a la calle y buscamos un sitio donde tomar algo.

Probamos en Balls Brothers, una cafetería y bar especializado en vinos cuyos toldos verdes daban a Lower Grosvenor Garden. Una camarera nos dijo que no tenían sitio: las mesas estaban reservadas para las fiestas de empresa navideñas. Deambulamos por la calle hasta que entramos en un pub, el Shakespeare, que tenía su nombre rotulado en letras negras sobre un fondo dorado. En la entrada colgaba un retrato del célebre dramaturgo y poeta.

Encontramos una mesa escondida. Me dirigí a la barra y volví con las bebidas: cerveza para Steele, Coca-Cola para Nick y una taza de té para mí. La decoración tenía como tema principal el ferrocarril: concretamente publicidad de la Great Western Railway. También había viejas fotografías en blanco y negro de hombres con gorra de visera leyendo en un vagón, y de mujeres jóvenes chapoteando en el agua en una playa.

A Steele le gustaba permanecer en la sombra, lejos de la publicidad o el alboroto. En el mundo de la inteligencia corporativa, cuanta menos gente supiera lo que hacías, mejor. Los periodistas —que sabían cosas, pero podían ser indiscretos y en ocasiones traicioneros— eran un mal necesario.

—¿Han oído hablar de mí? —nos preguntó.

Le confesé que yo no.

De hecho, yo conocía a la mayoría de los que se especializaban en lo relacionado con Rusia, pero no a Steele.

—Bueno —dijo—. Lo prefiero así.

La reticencia de Steele era un tema de costumbre profesional. Para empezar, había sido espía; en segundo lugar, estaba obligado por las normas de confidencialidad comercial. No iba a decir nada sobre sus clientes. No había el menor indicio de que hubiera estado involucrado en la que resultaba ser la investigación más importante en varias décadas. Además, quienes investigaban, criticaban o traicionaban a Putin solían acabar mal.

Uno de esos críticos era Aleksandr Litvinenko, un antiguo oficial del Servicio Federal de Seguridad (FSB, su sigla en ruso) que huyó de Rusia en 2000 después de revelar la corrupción en las altas esferas de su organización (dos años antes, Putin en persona lo había despedido). En su exilio londinense, Litvinenko denunció al presidente ruso en libros y artículos. Sus amigos le advirtieron de que aquello no iba a terminar bien.

En 2003, el MI6 reclutó a Litvinenko como experto en crimen organizado ruso, y pasó a asesorar ocasionalmente a los servicios de inteligencia británicos y españoles. Posteriormente se mencionó su tesis en varios cables diplomáticos estadounidenses filtrados procedentes de Madrid. Esta sostenía que el Kremlin, sus agencias de espionaje —ricas en recursos— y la mafia rusa se habían fusionado. En la práctica, formaban una sola entidad criminal, un estado mafioso.

La recompensa de Litvinenko fue una taza de té radiactivo, que le ofrecieron dos rusos en el bar de un hotel de Londres. El hotel, el Millennium, está junto a la embajada estadounidense en Grosvenor Square, en una zona familiar para los espías rusos. Si los agentes de la CIA allí destacados hubieran mirado por la ventana del tercer piso el 1 de noviembre de 2006, tal vez hubieran visto a los asesinos de Litvinenko, Dmitri Kovtun y Andréi Lugovói, atravesando la puerta giratoria del hotel. Una investigación pública del Reino Unido concluyó que «probablemente Putin había aprobado la operación».

Yo había pasado una década investigando el asesinato de Litvinenko, y Steele también había seguido el caso de cerca. Él no había conocido a Litvinenko, pero condujo la investigación posterior encargada por el MI6 sobre aquel asesinato sin precedentes. Steele llegó a la conclusión de que se trataba de un complot autorizado en las más altas esferas del poder ruso. El veneno era polonio, un isótopo altamente radiactivo y letal. Una vez ingerido, la muerte es segura. En el caso de Litvinenko, le supuso más de tres semanas de sufrimiento.

Ignorando que Steele estaba sentado sobre un polvorín, habíamos ido a hablar con él acerca de la investigación sobre Trump y Rusia que estábamos realizando en secreto desde las elecciones estadounidenses. Teníamos dos pistas. Una resultaba intrigante y en aquel momento especulativa. Sugería que Rusia había apoyado económicamente la campaña de Trump de forma encubierta. Conocíamos muchos de los supuestos detalles. Pero no había pruebas. No contábamos con ninguna fuente de primera mano. Si realmente existía alguna prueba, estaba bien escondida.

El otro indicio era más sólido. Teníamos evidencias documentales de que burócratas rusos de alto rango y personas bien relacionadas con acceso a círculos privilegiados habían blanqueado veinte mil millones de dólares. La trama era ingeniosa: el rastro implicaba a abogados británicos, jueces moldavos, un banco letón y varias sociedades anónimas registradas en Londres. El dinero había circulado por muchos sitios; parte de él, a través de cuentas estadounidenses en bancos como JP Morgan Chase y Wells Fargo.

La identidad de la mayoría de los beneficiarios seguía siendo un misterio.

Al final el dinero se había ocultado en paraísos fiscales. La trama se había utilizado en parte para realizar operaciones políticas en el extranjero. Esto ilustraba la porosidad del sistema bancario estadounidense con respecto al dinero ruso; y si se podía blanquear dinero en Nueva York, cabía presumir que también era posible gastarlo en actividades de hackeo encubiertas. En cualquier cosa que uno quisiera.

Steele escuchaba más que hablaba. No iba a confirmarnos que nuestras historias eran ciertas, pero dejó entrever que íbamos por el buen camino.

Nos ofreció dos líneas de investigación paralelas:

—Tienen que examinar los contratos de las compraventas de hoteles y tierras que ha hecho Trump. Cotejen su valor con el dinero que ha obtenido mediante préstamos —nos dijo Steele.

Parecía una alusión al antiguo hogar de Trump en Florida: una mansión que había comprado en 2004 por cuarenta y un millones de dólares, y que cuatro años después había vendido por noventa y cinco millones a un oligarca ruso. Aun teniendo en cuenta la inflación, el hecho de que Trump —según declaró— había vuelto a pintar la propiedad, el atractivo de la marca Trump y el encaprichamiento de un hombre extremadamente rico que quería invertir en Estados Unidos, parecía un beneficio extraordinario.

—La diferencia es lo que importa —añadió Steele.

Otro tema de la campaña electoral fueron las relaciones de Trump con las mujeres. Había saltado a la palestra tras la aparición de una grabación de 2005 donde se veía a Trump jactarse de los privilegios de ser «una estrella». Una de las ventajas de ello era que, cuando conocía a mujeres atractivas, podía «agarrarlas por el coño» sin problema. Trump se había disculpado por ello. Insistía en que las mujeres que le acusaban de acosarlas sexualmente eran unas mentirosas; unas malas pécoras a las que no movía la justicia, sino la política.

Para nuestra sorpresa, Steele dejó entrever que la relación entre Trump y el sexo constituía una línea de investigación interesante. Pero no nos dio detalles.

Steele no iba a decirnos mucho. Sin embargo, parecía que podía confirmar —o echar por tierra— la información que habíamos obtenido en otras partes. Para un reportero de investigación, eso resultaba de ayuda.

Cuando habían trascurrido cuarenta y cinco minutos, para Steele llegó el momento de marcharse.

La situación tenía claras resonancias del Watergate. Ahora nuestra misión estaba clara: seguir el sexo y el dinero.

Nos fuimos por separado, decididos a seguir adelante con nuestra investigación. Entonces las cosas se pusieron mucho más serias.

Dos días después el trabajo de Steele llegaría al escritorio de Obama, pero sus orígenes llevaban décadas gestándose.

1

No es el fin de la historia

1990-2016
Moscú-Londres-Washington

> La mayor catástrofe geopolítica del siglo xx.
>
> Vladímir Putin,
> sobre la desintegración de la Unión Soviética

Verano de 1991, Moscú. Mijaíl Gorbachov ocupaba el poder. Puede que las relaciones oficiales con Occidente se hubieran suavizado, pero el KGB seguía presuponiendo que todos los empleados de las embajadas occidentales eran espías.

Los matones del KGB asignados a ellos resultaban fáciles de detectar. Tenían un método. A veces seguían a sus objetivos a pie; a veces en coche. Los agentes encargados de vigilar a los diplomáticos occidentales no tenían nada de sutiles.

Una de sus especialidades era irrumpir en pisos de Moscú. Por supuesto, cuando los dueños estaban ausentes. El equipo del KGB solía dejar una serie de pistas: zapatos robados, pantis anudados por pares, colillas pisoteadas dejadas a la vista de todo el mundo en el suelo… O un zurullo sorpresa en el váter, aguardando en una repulsiva emboscada.

El mensaje, hablando en plata, era este: ¡aquí somos los putos amos! ¡Podemos hacer lo que nos dé la gana!

El KGB mantenía vigilados a todos los extranjeros, en especial a los estadounidenses y británicos. La misión británica en Moscú era observada muy de cerca. La embajada era una espléndida mansión construida en la década de 1890 por un rico comerciante de azúcar, en la orilla sur del río Moscova. Se hallaba justo enfrente del Kremlin. Desde allí la vista era de ensueño: un gran palacio, cúpulas de iglesia doradas y agujas medievales coronadas por estrellas rojas revolucionarias.

Una de las personas a las que se vigilaba rutinariamente era un diplomático de veintisiete años, recién casado con su esposa Laura, destinado por primera vez en el extranjero, que trabajaba como segundo secretario en el Departamento de Cancillería.

En este caso, las sospechas del KGB eran ciertas.

El «diplomático» era un agente de la inteligencia británica. Su lugar de trabajo era de los de estilo grandioso: lámparas de araña, salas de recepción con revestimiento de caoba, retratos de la reina y de otros miembros de la familia real en un marco dorado colgados en las paredes... El escritorio se hallaba en la biblioteca de la embajada, rodeado de libros antiguos. Había tres colegas trabajando al lado. El verdadero patrono del funcionario era una entidad invisible con sede en Londres. Era el SIS, el Servicio de Inteligencia Secreto, también conocido como MI6.

El agente era Christopher Steele. Llegó a Moscú a través de la ruta habitual que consolida la trayectoria ascendente de los espías británicos: la Universidad de Cambridge. Cambridge había producido algunos de los agentes más talentosos del MI6 durante la Guerra Fría. Un puñado de ellos —para gran bochorno de la agencia— resultaría tener un segundo empleo secreto en el KGB. En el MI6 solía decirse en broma que solo quienes no habían estado nunca en la Unión Soviética querrían desertar.

Steele estudió ciencias sociales y políticas en el Girton College. Sus opiniones políticas eran de centro-izquierda; él y su hermana mayor constituían la primera generación de su familia que había ido a la universidad: su abuelo paterno había sido minero en Pontypridd, en el sur de Gales, y su tío abuelo había muerto en un accidente producido en un pozo. Corrían los años de gobierno de la primera ministra Margaret Thatcher, cuya implacable oposición a la lucha de los mineros del carbón hundió el sector. Steele escribía para el periódico estudiantil *Varsity*. Llegó a ser presidente de la Cambridge Union, una sociedad de debate dominada por hombres y mujeres jóvenes adinerados y bien relacionados.

No está claro quién reclutó a Steele. Tradicionalmente se rumoreaba que ciertos tutores de Cambridge se dedicaban a identificar a los candidatos prometedores para el SIS. Fuera cual fuese la vía, Steele acertó el momento. Después de tres años en el MI6, le destinaron a la Unión Soviética en abril de 1990, poco después de la caída del Muro de Berlín y la desintegración del bloque comunista en Europa del Este.

Aquella era una época tumultuosa, y Steele tenía un asiento de primera fila desde el que presenciar la historia. Setenta años después de la revolución bolchevique, el imperio rojo se desmoronaba. Los estados bálticos se habían rebelado contra el poder soviético; sus propias autoridades nacionales gobernaban en paralelo con Moscú. La república soviética rusa había elegido a un presidente demócrata: Borís Yeltsin. Había colas; escaseaba la comida.

Pero todavía había muchas cosas de las que disfrutar. Como otros expatriados, los Steele visitaban el mercado de artesanía Izmailovski, situado junto a un parque imperial donde el padre de Pedro el Grande, el zar Alexis, había construido una granja modelo. Allí se podían adquirir cajas laqueadas, colchas de almazuela, sombreros de piel y toda clase de objetos *kitsch* soviéticos. Steele compró samovares, alfombras de Asia central y una máscara de Stalin de papel maché, además del juego de muñecas rusas de Tolstói —por ciento cincuenta dólares— que adornarían su posterior despacho.

Buena parte de la Unión Soviética era territorio prohibido para los diplomáticos. Pero, como «viajero interno» de la embajada, Steele pudo visitar varias ciudades recientemente accesibles. Una de ellas fue Samara —que durante la guerra había llegado a ser capital soviética—, donde se convirtió en el primer extranjero que vio el búnker subterráneo de Stalin. En lugar de referencias a Lenin, allí solo encontró retratos polvorientos de Pedro el Grande y del comandante imperial Mijaíl Kutúzov; en teoría una prueba de que Stalin era más nacionalista que marxista.

Los fines de semana, Steele jugaba al fútbol con un equipo de expatriados en una liga rusa. En un partido, llegó a enfrentarse contra el legendario delantero soviético Oleg Blojín, capaz de marcar goles desde medio campo.

Se respiraba una atmósfera de optimismo. Steele tenía la impresión de que el país estaba virando visiblemente en la dirección apropiada. Los ciudadanos, a los que antaño les aterraba tratar con extranjeros, se mostraban ahora dispuestos a hablar. Sin embargo, al KGB no le hacía ninguna gracia que la Unión Soviética se inclinara hacia la libertad y la reforma. Aquel mes de agosto, siete *apparatchik* organizaron un golpe de estado mientras Gorbachov pasaba las vacaciones en Crimea.

La mayor parte del personal de la embajada británica estaba fuera. En cambio Steele permanecía en su apartamento situado en un segundo piso en Gruzinski Pereulok. Salió del edificio, giró a la derecha y caminó durante diez minutos en dirección al centro. Frente a la Casa Blanca de Moscú —la sede del gobierno— se había congregado una multitud; hasta el momento el ejército no había cargado contra ellos.

Desde unos cincuenta metros de distancia, Steele vio que un hombre de cabello blanco y con traje se encaramaba sobre un tanque, y, leyendo unas hojas que agitaba el viento, denunciaba el golpe como una maniobra cínica e ilegal. Era Yeltsin, en tono desafiante. Steele escuchó mientras este convocaba una huelga general; y, con los puños apretados, les decía a sus partidarios que aguantaran.

El golpe fracasó; Gorbachov, aunque debilitado, sobrevivió. Los golpistas —los grupos dirigentes en todas las instituciones importantes del estado y el partido soviéticos— fueron detenidos. En Occidente, y especialmente en Estados Unidos, muchos llegaron a la conclusión de que Washington había ganado la Guerra Fría. Y de que, después de décadas de lucha ideológica, la democracia liberal había triunfado.

Steele estaba mejor informado. Tres días después del fallido golpe se reanudó la vigilancia sobre él. Sus colegas de Hungría y Checoslovaquia le contaron que, tras las revoluciones producidas en estos países, la policía secreta desapareció para no volver. Pero allí seguían los mismos tipos del KGB, con los mismos rostros familiares, que volvieron a su antigua rutina de implantar escuchas, irrumpir en viviendas y hostigar a la gente.

El régimen cambió; el sistema no.

Para cuando Steele dejó Moscú, en abril de 1993, la Unión Soviética se había desvanecido, reemplazada ahora por un nuevo país liderado por Borís Yeltsin: la Federación Rusa. El KGB se había disuelto.

Pero no es que sus agentes precisamente hubieran desaparecido. Todavía seguían aborreciendo a Estados Unidos, y simplemente esperaban su momento.

Un antiguo espía de rango medio del KGB a quien disgustaba aquel estado de cosas era Vladímir Putin. Tras eludir la *perestroika* y la *glásnost*, las ideas reformistas de Gorbachov, había regresado de Dresde, en la provinciana Alemania Oriental. Ahora se forjaba una carrera política en la nueva San Petersburgo. Añoraba la perdida Unión Soviética. Para él, su desaparición era «la mayor catástrofe geopolítica del siglo XX».

Una agencia de espionaje poscomunista, el Servicio Federal de Seguridad, había asumido las principales funciones del antiguo KGB. Steele, de regreso a Inglaterra, no tardó en trasladarse al nuevo edificio construido expresamente para el MI6, una enorme e impresionante mole posmoderna con vistas al Támesis. Resultaba difícil que aquel llamativo templo babilónico pasara inadvertido, de modo que en 1994 el gobierno reconoció la existencia del MI6. El personal bautizaría el edificio con el nombre de Vauxhall Cross.* El FSB se convertiría en su más encarnizado adversario.

Desde Londres, Steele siguió trabajando en la nueva Rusia. Era un hombre ambicioso, que anhelaba tener éxito y que le vieran tenerlo. Ahora formaba parte de un equipo del SIS.

Seguramente también era menos pijo que algunos de sus colegas de clase alta. Steele venía de una familia obrera. Su padre, Perris,

---

* Por el nombre de una ficticia estación de metro abandonada y utilizada por el MI6 en una película de James Bond. *(N. del T.)*

y su madre, Jane, ambos de Londres, se conocieron trabajando en el Servicio de Meteorología del Reino Unido. El padre elaboraba pronósticos meteorológicos para el ejército y la fuerza aérea. La familia vivió en distintas bases militares: en Adén —donde nació Steele—, en las islas Shetland, y —en dos periodos distintos— en Chipre.

Steele se movía ahora en un pequeño mundo de especialistas en el Kremlin. Había conferencias y seminarios en ciudades universitarias como Oxford; contactos por establecer; exiliados con los que reunirse, a los que invitar a comer, a los que seducir. En 1998 lo destinaron a la embajada británica en París. Ahora tenía una familia: dos hijos, y luego una hija nacida en Francia, donde Steele era oficialmente primer secretario financiero.

En ese momento su carrera tropezó con un bache. En 1999 se filtró en internet una lista de agentes del MI6. Steele era uno de ellos. Su nombre aparecía junto al de Andrew Stafford y el de Geoffrey Tantum como «Christopher David Steele, 90 Moscú; nacido en 1964». Su futuro socio comercial, Christopher Burrows, también se quemó. La entrada de Burrows reza: «82 Berlín Este, 87 Bonn, 93 Atenas; nacido en 1958».

La brecha de seguridad no fue culpa de Steele, pero tuvo consecuencias desafortunadas. Tras ser identificado como agente británico, ya no podía volver a Rusia.

En Moscú, los espías preparaban su reaparición. En 1998, Putin se convirtió en jefe del FSB, luego en primer ministro, y más tarde —en el año 2000— en presidente. En 2002, cuando Steele dejó París, Putin ya había consolidado su dominio. La mayor parte de la genuina oposición política rusa había sido eliminada: del Parlamento, de la vida pública y de los telediarios.

La idea de que Rusia pudiera transformarse gradualmente en una democracia, o de que la historia —en palabras de Francis Fukuyama— pudiera tocar a su fin, había resultado ser una fantasía de finales de siglo. Lejos de ello, el tradicional adversario nuclear de Estados Unidos avanzaba en una dirección autoritaria.

Al principio, George Bush y Tony Blair veían a Putin como un respetable aliado en la guerra contra el terrorismo. Pero el líder ruso seguía siendo un enigma. Como sabía Steele casi mejor que nadie, resultaba difícil obtener información desde dentro de la administración presidencial.

Un antiguo miembro del Consejo de Seguridad Nacional estadounidense describía a Putin como una «caja negra». «Los británicos tenían activos algo mejores que los nuestros. Nosotros no teníamos nada. Ninguna información humana», afirmaba la fuente. Y con la lucha contra los islamistas como principal foco de atención, Rusia descendió en la lista de prioridades de la inteligencia estadounidense y británica.

En 2006, Steele pasó a ocupar un alto cargo en la sección rusa del MI6 en Londres. Había signos preocupantes de que Putin estaba llevando a Rusia por un camino agresivo. El número de agentes rusos hostiles en el Reino Unido se incrementó, superando los niveles de la Guerra Fría. Steele detectó una nueva campaña de subversión e influencia encubierta.

Y entonces los dos asesinos del FSB pusieron una microdosis de veneno nuclear en la tetera de Litvinenko. Fue una operación audaz. Y un signo de lo que vendría después. Una de las razones por las que el MI6 eligió a Steele para investigar la muerte fue que, a diferencia de otros colegas que conocían a la víctima, él no estaba emocionalmente implicado. La sombría visión que él tenía de Rusia —que bajo el dominio de Putin se revelaba no solo internamente represiva, sino también temeraria y revisionista a escala internacional— parecía bastante clara. Steele informó a los ministros del gobierno. Algunos lo entendieron; otros no podían creer que los espías rusos fueran capaces de asesinar y sembrar el caos en las calles de Londres.

En total, Steele pasó veintidós años como agente de la inteligencia británica. Tuvo épocas mejores —consideraba que sus años en Moscú le habían formado— y otras peores. Dos de los diplomáticos con quienes compartía oficina en Moscú, Tim Barrow y David Manning, se convertirían con el tiempo en embajadores en la Unión Europea y en Estados Unidos, respectivamente; pero Steele no llegó a lo más alto en un servicio que, de hecho, resultaba extremadamente competitivo. Por otra parte, puede que el espionaje parezca emocionante, pero el salario de un funcionario público no era para nada extraordinario. Y además en 2009 vivió una tragedia personal, cuando su esposa murió a los cuarenta y tres años tras una larga enfermedad.

Ese mismo año, Steele dejó el MI6 y fundó Orbis. La transición entre trabajar para el gobierno y hacerlo en el sector privado no fue fácil. Steele y Burrows pasaron a dedicarse a los mismos asuntos de inteligencia que antes, pero careciendo por completo del apoyo y de la crítica interna de la que disponían en su anterior trabajo. La división de seguridad del MI6 solía pedirle a un agente que comprobara una fuente, o que reescribiera un informe, o bien señalaba: «Nos parece interesante. Nos gustaría tener más información al respecto». Eso mantenía un elevado nivel de calidad y objetividad.

Steele y Burrows estaban ahora solos ahí fuera, donde el éxito dependía más de su propio ingenio. Ya no había cuestionamiento interno. Las personas a las que tenían que complacer eran clientes de empresa. Y la paga era considerablemente mejor.

Los destartalados aledaños de la estación Victoria estaban muy lejos de Washington y de la encarnizada contienda electoral estadounidense. Entonces, ¿cómo llegaron a encargarle a Steele que investigara a Trump y elaborara su devastador dossier?

En el mismo momento en que Steele decía adiós al espionaje oficial, otro personaje iniciaba una nueva carrera en el abarrotado campo de la inteligencia comercial privada. Se llamaba Glenn Simpson, y antes había sido periodista.

Simpson era un tipo atractivo: un hombre alto, anguloso, grande y corpulento como un oso, que se acomodaba fácilmente en el taburete de un bar y disfrutaba de una cerveza o dos. Era un compañero jovial y sociable que hablaba con cierto tono nasal. Detrás de sus pequeñas gafas ovaladas se escondía una brillante inteligencia. Sobresalía en todo lo que hacía.

Simpson había sido un eminente corresponsal del *Wall Street Journal*. Establecido en Washington y en Bruselas, se había especializado en las tinieblas postsoviéticas. No hablaba ruso, ni había visitado la Federación Rusa: esto último se consideraba demasiado peligroso. En lugar de ello se dedicó a examinar, desde fuera del país, la oscura intersección entre el crimen organizado y el estado ruso. Con mucha frecuencia, ambas cosas significaban lo mismo.

Uno de los objetivos de Simpson era Semión Moguilévich, un capo mafioso ruso-ucraniano que también era una de las diez personas más buscadas por el FBI. Se decía que Moguilévich estaba detrás de una misteriosa empresa intermediaria, RosUkrEnergo (RUE), que importaba gas natural siberiano a Ucrania. Los beneficios se contaban en miles de millones de dólares.

Moguilévich no era alguien a quien un periodista pudiera conocer; era más un mito que un hombre. Vivía en Moscú... ¿o era en Budapest? Aparentemente, el estado ruso y el FSB le daban cobijo. Simpson habló con investigadores estadounidenses. Con los años recopiló una cartera de contactos en Hungría, Israel y Chipre. En Estados Unidos conoció a personas que trabajaban en el Departamento de Justicia —en especial en la Sección de Crimen Organizado y Actividades Criminales—, el Tesoro y otras entidades del gobierno.

En 2009, Simpson decidió dejar el periodismo, en un momento en que la industria de los medios de comunicación atravesaba todo tipo de problemas financieros. Entonces fundó, con otros socios, su propia empresa de investigación comercial e inteligencia política, con sede en Washington. Se llamaba Fusion GPS. Su sitio web revelaba muy poco. Ni siquiera mencionaba una dirección, ni el *loft* del centro de la ciudad donde trabajaba su equipo de analistas.

La investigación en Fusion sería similar a la que ya había realizado antes, lo que significaba investigar casos de corrupción difíciles o las actividades comerciales de personajes de la era postsoviética. Cierta dimensión de interés público se mantenía; solo que esta vez pagarían clientes del sector privado. Fusion era muy buena en lo suyo, y —según admitiría el propio Simpson— nada barata.

En 2009, Simpson conoció a Steele. Tenían conocidos comunes en el FBI y los dos eran expertos en asuntos rusos. Fusion y Orbis iniciaron entonces una colaboración profesional. Ambas empresas, con sede en Washington y Londres, respectivamente, trabajaban para oligarcas que litigaban contra otros oligarcas. Eso podía implicar la localización de activos, identificando grandes sumas de dinero ocultas tras varias capas de empresas situadas en paraísos fiscales.

Más tarde, aquel mismo año, Steele asumió de forma independiente un nuevo y delicado encargo que sacaba partido de sus conocimientos sobre las técnicas clandestinas rusas; y del fútbol: recordemos que en Moscú había jugado de defensa lateral. El cliente era la Asociación de Fútbol inglesa. Inglaterra se había ofrecido a ser la sede del mundial de 2018. Su principal rival era Rusia. Pero también había otras propuestas conjuntas, como las de España y Portugal, y la de Bélgica y Países Bajos. Sus instrucciones eran investigar a los otros ocho países que se habían postulado, centrándose especialmente en la iniciativa Rusia 2018.

Se rumoreaba que el FSB había llevado a cabo una importante operación de influencia adelantándose a una de las votaciones que había de celebrar en Zurich el comité ejecutivo de la FIFA, el organismo rector del fútbol internacional. Se celebraría una segunda votación para decidir la sede del mundial de 2022. Uno de los países que habían hecho su propuesta era el desértico emirato de Catar.

Según Steele, Putin había apoyado de mala gana la propuesta rusa de albergar el mundial, y no se había involucrado hasta mediados de 2010, cuando pareció que Moscú podría perder. Entonces Putin convocó a un grupo de oligarcas, a los que dio instrucciones de hacer todo lo necesario para alcanzar la victoria, incluyendo establecer acuerdos personales con los votantes de la FIFA.

El método de Putin —me explicó Steele— era subrepticio. «No se pone nada por escrito. No esperes que ni yo ni nadie redacte un documento diciendo, "por favor, X, soborne a Y con tal cantidad de dinero y de tal forma". Él no hace eso.» Y añadió: «Putin es un antiguo oficial de inteligencia. Todo lo que hace tiene que ser negable». Steele me dijo que, según el *Sunday Times*, se había convocado a los oligarcas para disfrazar el papel determinante del Kremlin.

Como diría un amigo suyo, Steele «encendió la mecha» de algo de mayor envergadura.

Descubrió que la corrupción de la FIFA era de alcance global. Se trataba de una conspiración impresionante. Entonces dio el paso poco habitual de informar a un contacto estadounidense en Roma, el jefe de la sección de Eurasia y la división de Delitos Graves del FBI. A su vez, eso llevó a una investigación de los fiscales federales estadounidenses. Y a la detención en 2015 de siete funcionarios de la FIFA, presuntamente relacionados con mordidas por valor de ciento cincuenta millones de dólares, pagadas sobre acuerdos de derechos de televisión que abarcaban desde Latinoamérica hasta el Caribe. El estado acusó a catorce personas.

Por entonces, obviamente, había ganado la propuesta rusa de realizar el mundial. Inglaterra —el país que había inventado el fútbol— arañó solo dos votos.

El episodio acrecentó la reputación de Steele en la inteligencia estadounidense y en el FBI. Era un profesional, un inglés con buenos contactos que entendía cómo funcionaba el espionaje ruso y sus trucos subrepticios. Se le consideraba una fuente creíble.

Entre 2014 y 2016, Steele escribió más de un centenar de informes sobre Rusia y Ucrania. Aunque se elaboraron para un cliente privado, fueron difundidos ampliamente en el Departamento de Estado y se enviaron directamente al secretario de Estado, John Kerry, y a la subsecretaria, Victoria Nuland, que era la responsable de la respuesta estadounidense a la crisis de Ucrania. Muchas de las fuentes secretas de Steele eran las mismas que más tarde proporcionarían información sobre Trump.

Un antiguo enviado del Departamento de Estado durante la administración Obama dijo que había leído docenas de informes suyos sobre Rusia; y añadió que, en lo referente a dicho país, Steele era «tan bueno como la CIA o cualquier otro».

La reputación profesional de Steele en las agencias estadounidenses revelaría su importancia la próxima vez que descubriera material alarmante. Y volvería a encender la mecha.

El auge político de Trump en el otoño de 2015 y los primeros meses de 2016 fue tan rápido como sorprendente. El candidato era una apisonadora humana que arrollaba todo lo que se interponía en su camino, incluyendo la horrorizada y paralizada élite del Partido Republicano. Marco Rubio, Jeb Bush, Ted Cruz... todos fueron apartados, burlados y aplastados. Los escándalos que habrían liquidado a un candidato presidencial normal hacían más fuerte a Trump. Los medios de comunicación le adoraban. Y, cada vez más, también los votantes.

¿Había algo que pudiera detenerle?

De entrada, el favorito era Jeb Bush, hijo de un presidente estadounidense y hermano de otro. Pero cuando se inició la campaña empezó a tener problemas. Trump calificó al antiguo gobernador de Florida de hombre «apagado». Durante las primarias, Paul Singer, uno de los acaudalados opositores de Trump, encargó una investigación a Fusion. Singer es un multimillonario inversor de alto riesgo originario de Nueva York, conocido por sus donaciones al Partido Republicano y su apoyo a la página web conservadora The Washington Free Beacon. Singer abandonó cuando Trump se convirtió en el presunto candidato, pero tomaron el relevo del encargo los altos responsables del Partido Demócrata que querían que saliera elegida Hillary. El nuevo cliente era el Comité Nacional Demócrata (DNC). Uno de los abogados que trabajaba en la campaña de Hillary, Marc E. Elias, mantenía el contacto con Fusion y recibía sus informes.

El mundo de la investigación privada es moralmente ambiguo; una especie de mercado libre de trapos sucios. La información sobre Trump ya no era de utilidad para los republicanos, pero podría serlo para los demócratas, el siguiente grupo de adversarios de Trump.

Poco antes, a comienzos de la primavera de 2016, Simpson acudió a Steele, su amigo y colega. Este empezó a investigar a Paul Manafort, el nuevo director de campaña de Trump. Desde abril, Steele investigó a Trump para el DNC, el cliente anónimo de Fusion. Al principio creía que su cliente era un bufete de abogados. No tenía ni idea de lo que encontraría. Más tarde le diría a David Corn, el director en Washington de la revista *Mother Jones*: «Al principio era una investigación general». La organización de Trump poseía hoteles de lujo en todo el mundo; ya en 1987, el magnate había intentado transacciones inmobiliarias en Moscú.

Steele me explicó que, para él, una pregunta obvia era: «¿Existen vínculos comerciales con Rusia?».

Con el tiempo, Steele se había creado toda una red de fuentes, y se mostraba ferozmente posesivo con ellas: jamás diría quiénes eran. Prácticamente cualquiera podía ser fuente suya: alguien famoso; un funcionario o diplomático conocido de un gobierno extranjero con acceso a material secreto. O podía ser cualquier desconocido, como una humilde camarera que se dedicara a limpiar la suite del ático y a vaciar las papeleras de un hotel de cinco estrellas.

Normalmente, los agentes de inteligencia interrogaban directamente a sus fuentes. Pero como Steele ya no podía viajar a Rusia, esa tarea tenían que realizarla otras personas, o bien se hacía en terceros países. Había intermediarios, subfuentes, agentes operativos... una delicada cadena. Solo una de las fuentes de Steele sobre el asunto Trump sabía de la existencia del primero.

Steele comunicó su búsqueda de información sobre la relación entre Trump y Rusia; luego esperó la respuesta. Sus fuentes empezaron a pasarle información. Y esta resultó ser asombrosa, «espeluznante». Como les diría a unos amigos: «Para cualquiera que lo lea, esta es una experiencia de las que te cambian la vida».

Steele se había tropezado con una conspiración muy avanzada que iba más allá de todo lo que había descubierto hasta entonces sobre Litvinenko o la FIFA. Era el complot más audaz que había visto nunca. Estaban implicados el Kremlin y Trump. Su relación —afirmaban las fuentes de Steele— se remontaba a mucho tiempo antes. Durante al menos los últimos cinco años la inteligencia rusa había estado cultivando en secreto la relación con Trump. Y el éxito de la operación había superado incluso las expectativas más descabelladas de Moscú. Trump no solo había puesto patas arriba el debate político en Estados Unidos —sembrando el caos y la confusión allí donde iba, y ganando la nominación—, sino que incluso era posible que pudiera convertirse en el próximo presidente del país.

Esto último abría toda clase de fascinantes opciones para Putin.

En junio de 2016, Steele escribió su primer memorando. Luego lo envió a Fusion. Llegó a través de un correo cifrado.

El título rezaba: «Elecciones presidenciales de Estados Unidos:

las actividades del candidato republicano Donald Trump en Rusia y su relación comprometedora con el Kremlin».

El texto decía:

RESUMEN

- El régimen ruso ha estado cultivando, apoyando y ayudando a TRUMP durante al menos cinco años. El objetivo, aprobado por PUTIN, ha sido alentar rupturas y divisiones en la alianza occidental.

- Hasta ahora TRUMP ha rechazado varios incentivos en forma de transacciones comerciales inmobiliarias, que se le han ofrecido en Rusia con el fin de ayudar al Kremlin a cultivar la relación con él. Sin embargo, tanto él como su círculo de confianza han aceptado un flujo regular de información de inteligencia procedente del Kremlin, incluyendo información sobre sus rivales demócratas y otros adversarios políticos.

- Un antiguo alto oficial de la inteligencia rusa afirma que el FSB ha comprometido a TRUMP mediante sus actividades en Moscú lo suficiente para poder chantajearle. Según varias fuentes bien informadas, su conducta en Moscú ha incluido actos sexuales pervertidos que han sido orquestados o vigilados por el FSB.

- Los Servicios de Inteligencia rusos llevan muchos años recopilando un dossier de material comprometedor sobre Hillary CLINTON, que incluye sobre todo conversaciones grabadas que ha mantenido en diversos viajes a Rusia y llamadas telefónicas interceptadas antes que ninguna conducta embarazosa. El dossier lo controla el portavoz del Kremlin, PESKOV, siguiendo órdenes directas de Putin. Sin embargo, todavía no se ha distribuido en el extranjero, ni siquiera a TRUMP. Las intenciones rusas con respecto a su utilización aún no están claras.

El memorando era sensacional. Habría otros, dieciséis en total, enviados a Fusion entre junio y primeros de noviembre de 2016. Al principio no hubo problema para obtener información de inteligencia de Moscú, y durante unos seis meses —más o menos el primer semestre del año— Steele pudo hacer pesquisas en Rusia con relativa facilidad. Pero las cosas se pusieron más difíciles a partir de finales de julio, cuando los vínculos de Trump con Rusia empezaron a ser objeto de escrutinio. Finalmente las luces se apagaron. En medio de una operación de encubrimiento del Kremlin, se acallaron las fuentes y se cerraron los canales de información.

Si la información de Steele era creíble, Trump se había confabulado con Rusia. Era un acuerdo transaccional, con ambas partes intercambiando favores. El informe decía que Trump había rechazado «varias lucrativas transacciones comerciales de promoción inmobiliaria en Rusia», especialmente en relación con el mundial de 2018, que iba a albergar Moscú.

En cambio, había estado encantado de aceptar un flujo de material de inteligencia procedente del Kremlin que supuestamente le había hecho llegar su círculo de confianza. Eso no quería decir que el candidato fuera un agente del KGB; pero sí significaba, no obstante, que la principal agencia de espionaje de Rusia había dedicado considerables esfuerzos para acercarse a Trump y, por extensión, a su familia, sus amigos, sus colaboradores cercanos y sus socios comerciales, por no hablar de su director de campaña y su abogado personal.

En vísperas de las que serían las elecciones estadounidenses con más consecuencias para varias generaciones, las fuentes de Steele indicaban que uno de los dos candidatos estaba comprometido. El memorando afirmaba que Trump tenía tendencias sexuales inusuales, y eso significaba que se le podía chantajear.

Los colaboradores de Steele ofrecían detalles salaces. El informe decía que la inteligencia rusa había intentado explotar «las obsesiones personales y la perversión sexual de TRUMP» en un viaje a Moscú realizado en 2013. Presuntamente la operación había funcionado. El magnate había alquilado la suite presidencial del hotel Ritz-Carlton, «donde sabía que el presidente y la señora OBAMA (a quienes odiaba) se habían alojado en uno de sus viajes oficiales a Rusia».

Allí, según el memorando, Trump había «profanado» deliberadamente el lecho de los Obama. Varias prostitutas «habían realizado un espectáculo de "lluvias doradas" (micciones) delante de él». El memorando, categóricamente negado por Trump, añadía: «Era sabido que el hotel estaba controlado por el FSB con micrófonos y cámaras ocultas en todas las habitaciones principales para grabar todo lo que quisieran».

Aquel presunto complot tenía otra dimensión fascinante. Según las fuentes de Steele, varios colaboradores de Trump y espías rusos habían mantenido una serie de reuniones clandestinas en Europa central, Moscú y otros lugares. Los rusos eran muy buenos en el arte del espionaje. Sin embargo, ¿era posible que hubiera un rastro que otros pudieran detectar más tarde?

Las fuentes de Steele ofrecían una última información devastadora: afirmaban que el equipo de Trump había coordinado con Rusia la operación de hackeo contra Clinton; y que los estadounidenses habían contribuido en secreto a pagarla.

Steele redactó la exposición de sus hallazgos en el más puro estilo del MI6. Los memorandos se parecían a los llamados «informes CX», los documentos de inteligencia clasificados del SIS. Llevaban el membrete de «CONFIDENCIAL/FUENTE SENSIBLE». Los nombres de las personas más prominentes se destacaban en mayúscula y negrita: TRUMP, PUTIN, CLINTON... Todos los informes empezaban con un resumen y ofrecían detalles de respaldo. Las fuentes eran anónimas. Se presentaban simplemente en términos genéricos: «Un alto personaje del Ministerio de Exteriores ruso» o «un antiguo oficial de inteligencia ruso de alto nivel que todavía sigue activo en el Kremlin». Se les designaba con letras, en orden alfabético, empezando por la «A».

¿Qué certeza tenía Steele de que sus fuentes acertaban y de que no se le estaba proporcionando información falsa? El asunto era tan serio, tan importante, tan explosivo, de tanta envergadura, que esta era una pregunta esencial.

Como sabían todos los espías y exespías, el mundo de la inteligencia no era binario: había diferentes grados de veracidad. El típico informe CX solía incluir expresiones tales como «con un grado alto de probabilidad». La información de inteligencia podía ser defectuosa porque los humanos eran intrínsecamente poco fiables. Se olvidaban cosas. Y se equivocaban en otras.

Uno de los antiguos colegas de Steele en Vauxhall Cross comparaba el trabajo de inteligencia con un delicado sombreado. Ese nebuloso mundo no era en blanco y negro —me dijo—, sino más bien una apagada paleta de grises, de tonos blancuzcos y sepias. Y añadía que uno podía acentuar el sombreado en un sentido más optimista, o en otro menos optimista. Steele solía hacer lo primero.

Steele se mostraba categórico a la hora de afirmar que era creíble. Un colaborador lo describía como un hombre moderado, cauteloso, muy bien considerado, profesional y conservador. «No es de la clase de persona que transmite chismorreos. Si pone algo en un informe, es porque considera que goza de la suficiente credibilidad», afirmaba ese colaborador. La idea de que el trabajo de Steele pudiera ser falso, o una jugarreta, o producto de la malicia política —añadía—, era completamente equivocada.

Steele les dijo a sus amigos que el dossier era un trabajo absolutamente profesional, que empleaba métodos profesionales. Y —de manera significativa— se basaba en fuentes que ya habían probado su fiabilidad en otras áreas. La evaluación de las fuentes dependía de una serie de elementos clave: cuál era el historial de información de la fuente, si era o no creíble y cuál era su motivación.

Steele reconocía que ninguna información de inteligencia era cien por cien veraz. Según sus amigos, consideraba que su trabajo en el dossier de Trump podía tener una veracidad de entre el 70 y el 90 por ciento. Durante ocho años, Orbis había elaborado montones de informes sobre Rusia para distintos clientes, privados y otros, y una gran parte de su contenido se había verificado o «probado». Añadía Steele: «Llevo treinta años tratando con ese país. ¿Por qué habría de inventarme una cosa así?».

Mientras tanto, otras fuentes confirmaban sus alarmantes descubrimientos.

Se conoce como el Donut. Este edificio de aspecto impenetrable, hueco en el centro y con una valla de seguridad que rodea su circunferencia, está situado en la ciudad inglesa de Cheltenham. Lo que allí se hace es secreto. Aunque, gracias a Edward Snowden, la impresionante escala de su misión es más conocida.

El Donut es un elemento clave de la inteligencia británica y sede de la agencia de escuchas e interceptaciones secretas del Reino Unido, la GCHQ. En 2013, Snowden reveló que esta agencia tiene capacidad para extraer la mayor parte de los datos relacionados con internet: tráfico de correo electrónico, historiales de navegación, mensajes de texto y otros datos, robados por miles de millones de cables de fibra óptica. O interceptando teléfonos móviles.

La filtración de Snowden también mostró la estrecha relación de la GCHQ con la Agencia de Seguridad Nacional estadounidense, la NSA. Las dos agencias resultan prácticamente indistinguibles. Ambas forman parte de una alianza de espionaje anglosajona conocida como Five Eyes «Cinco Ojos», integrada por Estados Unidos, Reino Unido, Canadá, Nueva Zelanda y Australia. En conjunto, estas agencias pueden vigilar todo el planeta.

Un día cualquiera, sus objetivos podrían incluir comandantes talibanes de Afganistán, líderes iraníes, o el autárquico estado estalinista de Corea del Norte. La GCHQ escucha rutinariamente las conversaciones de conocidos o presuntos agentes de inteligencia extranjeros activos en el Reino Unido y Europa continental. Especialmente rusos.

A finales de 2015, la GCHQ realizaba su habitual «recogida» de objetivos moscovitas. Se trataba de conocidos agentes operativos del Kremlin ya perfectamente localizados. Hasta ahí no había nada de extraño. Salvo por el hecho de que la agencia descubrió que los rusos hablaban de personas relacionadas con Trump. La naturaleza exacta de esas conversaciones no se ha hecho pública.

Según fuentes de Estados Unidos y el Reino Unido, estas interacciones configuraban una pauta sospechosa, y se prolongaron durante todo el primer semestre de 2016. La información se facilitó a Estados Unidos como parte del intercambio rutinario entre los dos países. Pero otras agencias de espionaje de países amigos también proporcionaron material electrónico similar que relacionaba a Trump con Rusia. Según cierta fuente, entre esos países figuraban Estonia, Suecia, Polonia y Australia. Una segunda fuente sugería que también habían contribuido la agencia de espionaje holandesa y la francesa Dirección General de Seguridad Exterior, o DGSE.

El FBI y la CIA tardaron en apreciar el amplio alcance de esos contactos entre el equipo de Trump y Moscú. Ello se debió en parte a escrúpulos profesionales, dado que la ley prohíbe a las agencias de Estados Unidos examinar las comunicaciones privadas de ciudadanos estadounidenses sin una orden judicial.

La inteligencia electrónica sugería, pues, que Steele estaba en lo cierto. Según una versión, parecía que las agencias estadounidenses estuvieran «dormidas». «¡Despertad! ¡Aquí pasa algo! El BND [la inteligencia alemana], los holandeses, la DGSE, el SIS: todos lo decían», me comentó una fuente de Washington.

Aquel verano, el entonces responsable de la GCHQ, Robert Hannigan, viajó a Estados Unidos para informar personalmente al director de la CIA, John Brennan. El asunto se juzgó tan importante que se transmitió «a nivel de dirección», es decir, cara a cara entre los jefes de ambas agencias. James Clapper, el director de inteligencia nacional, confirmaría más tarde el flujo de información procedente de Europa, aunque rehusando dar detalles, y añadiendo: «Es confidencial».

Tras la falta de reacción inicial, Brennan decidió utilizar la información de la GCHQ y los soplos de otros colaboradores para iniciar una gran investigación interagencias.

Paralelamente, el FBI recibía inquietantes advertencias procedentes de una dirección completamente distinta: Steele.

En aquel momento, el material elaborado por Steele para Fusion era inédito y desconocido. Pero, fuera cual fuese el resultado de las elecciones, planteaba serias preguntas sobre la interferencia rusa y el proceso democrático en Estados Unidos. De modo que Steele creía que transmitir sus hallazgos a los investigadores estadounidenses era una imperiosa cuestión de interés público. Las múltiples agencias de inteligencia de Estados Unidos tenían los recursos necesarios para probar —o refutar— sus descubrimientos. Él era consciente de que aquellas acusaciones eran —como le diría a un amigo— una «patata caliente radiactiva». Y previó que habría una repuesta vacilante; al menos al principio.

En junio, Steele viajó a Roma para informar a su contacto del FBI, con quien había cooperado en el asunto de la FIFA. Entonces su información inició el camino hacia la sede del FBI en Washington. Sin duda había llegado ya para cuando se celebró la Convención Nacional Demócrata a finales de julio, cuando la web de WikiLeaks empezó a publicar correos electrónicos demócratas hackeados. Ese fue el momento en que el director del FBI, James Comey, inició una investigación oficial sobre la relación entre Trump y Rusia.

En septiembre, Steele volvió a Roma. Allí se reunió con un equipo del FBI, que escuchó lo que tenía que contarles. La reacción del FBI fue —en palabras de Steele— de «conmoción y horror». Al cabo de unas semanas, la Oficina Federal le pidió que explicara cómo había recopilado sus informes y que les proporcionara el historial de sus fuentes. Y también que en el futuro les enviara copias de todos ellos.

Steele esperaba una investigación exhaustiva y decisiva por parte del FBI. En su lugar, la agencia decidió actuar con cautela. Le dijo que no podía intervenir o hacer público un material que involucraba a un candidato a la presidencia. Y guardó silencio. La frustración de Steele fue en aumento. Simpson decidió seguir una línea de acción alternativa.

Más tarde, aquel mismo mes, Steele mantuvo una serie de reuniones extraoficiales con un pequeño número de periodistas. Entre los medios que asistieron figuraban el *Times*, el *Post*, *Yahoo News*, el *New Yorker* y la CNN. A mediados de octubre viajó a Nueva York y volvió a reunirse con periodistas. Comey había anunciado que reabría la investigación sobre el uso de un servidor de correo electrónico privado por parte de Clinton. Entonces la relación de Steele con el FBI se rompió, pues la excusa de la Oficina Federal para no decir nada de lo de Trump no parecía válida. A finales de octubre, Steele habló con Corn a través de Skype.

La historia era «de enorme importancia, mucho más allá de la política de partidos», me dijo Steele, que creía que los propios republicanos de Trump «también debían ser conscientes del asunto». Con respecto a su reputación, Steele afirmaba: «Mi historial profesional es insuperable». Steele reconocía que sus memorandos eran incompletos, y le preocupaban de verdad las implicaciones que podrían tener aquellas acusaciones. «La historia tiene que salir a la luz», le dijo a Corn.

Corn escribió sobre el dossier el 31 de octubre. Era la primera vez que se hacía pública su existencia. Al mismo tiempo, el *New York Times* publicó una noticia afirmando que el FBI no había encontrado ningún «vínculo concluyente o directo» entre Trump y los funcionarios rusos.

En aquel momento Steele todavía era un personaje anónimo, un fantasma. Pero el mensaje del fantasma empezó a circular rápidamente en el Capitolio y en las agencias de espionaje de Washington, así como entre ciertos periodistas y laboratorios de ideas. Los senadores demócratas que valoraban el trabajo de Steele se sentían cada vez más exasperados. El FBI parecía excesivamente ansioso por cargarse la reputación de Clinton, mientras permanecía sentado sobre un polvorín en lo relativo a Trump.

Una de las personas más conscientes del alcance de las acusaciones del dossier era el líder de la minoría en el Senado, Harry Reid. En agosto, Reid había escrito a Comey pidiéndole una investigación sobre «las conexiones entre el gobierno ruso y la campaña presidencial de Donald Trump». En octubre volvió a escribirle. Esta vez formuló su petición en términos cáusticos.

En una clara referencia a Steele, Reid escribió:

> En mis comunicaciones con usted y otros altos funcionarios de seguridad nacional, se ha hecho evidente que usted posee información explosiva sobre los estrechos vínculos y la coordinación existentes entre Donald Trump, sus principales asesores y el gobierno ruso… La opinión pública tiene derecho a conocer esa información.

Toda esta frenética actividad se quedó en nada. Al igual que Nixon había sido reelegido durante las primeras etapas del Watergate, Trump ganó las elecciones presidenciales, para consternación general, en un momento en que el escándalo de Rusia se mantenía en una escala reducida pero que cada vez iba a más.

Steele había encontrado lo que a primera vista constituían evidencias de una conspiración, pero la opinión pública estadounidense en general no sabía nada de ello. En noviembre, el dossier empezó a circular en las altas esferas de seguridad nacional de la administración Obama. Ya era demasiado tarde. La «sorpresa electoral» de los demócratas, por así decirlo, había fallado. Fue una derrota cruel.

En Halifax, en la costa este de Canadá, caía una ligera llovizna. Solían llegar toda clase de precipitaciones del Atlántico: lluvia, niebla, nieve, lluvia otra vez... Desde el puerto, el color gris del mar se fundía con el blanco del cielo que parecía infinito. Mar adentro se veía la isla Georges, con su faro y su ciudadela del siglo XVIII.

Fue aquí, en Nueva Escocia, donde antaño desembarcaron millones de viajeros procedentes de Europa en busca de una vida mejor en el nuevo mundo. Todavía seguían atracando cruceros en el muelle 21. Había una estación de ferrocarril, un museo de la inmigración y un edificio amazacotado de color rosa que albergaba un hotel situado junto a un parque. El hotel tenía historia —la reina Isabel II se había alojado allí— y había pasado por varias manos. La propietaria actual era la empresa Westin Nova Scotia.

Fue aquí, en Halifax, donde aquel mes de noviembre se reunió un grupo de expertos internacionales. Su objetivo: tratar de entender el mundo tras la desconcertante victoria de Trump. La mayoría de los participantes se sentían horrorizados por ella. El evento, que duró tres días, fue organizado por el denominado Foro de Seguridad Internacional de Halifax. Hubo sesiones sobre el Reino Unido después del Brexit, el «lío de Oriente Próximo», el Dáesh y las relaciones con Rusia.

Uno de los delegados era sir Andrew Wood, el embajador británico en Rusia entre 1995 y 2000. Participaba en una mesa redonda sobre Ucrania, centrada en los retos que afrontaba el país tras la invasión encubierta de Putin (Canadá tiene fuertes vínculos con Ucrania: alrededor de 1,3 millones de ciudadanos canadienses tienen ascendencia ucraniana). Otro de los participantes era el senador John McCain.

Wood era amigo de Steele y colaborador de Orbis. Antes de las elecciones, Steele había ido a verle y le había enseñado el dossier. Quería el consejo del embajador: ¿qué haría él, o qué no haría, con aquel material? Wood me diría más tarde, hablando del dossier: «Me lo tomé muy en serio».

Wood había trabajado en Rusia entre 1995 y 2000. Ahora observaba los asuntos rusos desde Londres con mirada fría y crítica. Escribía artículos para Chatham House, un laboratorio de ideas londinense especializado en asuntos internacionales, donde era miembro del programa sobre Rusia y Eurasia; también participaba en conferencias y seminarios.

Al margen de la conferencia de Halifax, Wood informó a McCain sobre el dossier de Steele: su contenido, de ser cierto, tenía profundas y evidentes implicaciones para la administración Trump entrante, para el Partido Republicano y para la democracia estadounidense en general.

McCain decidió que dichas implicaciones resultaban lo suficientemente alarmantes para enviar a un antiguo alto funcionario estadounidense a reunirse con Steele para saber más.

El emisario era otro de los delegados presentes en Halifax, David Kramer, el organizador de la mesa redonda sobre Ucrania en la que participaba Wood. Kramer era director general del Instituto McCain de Liderazgo Internacional. Antes había trabajado en la administración Bush, concretamente entre 2008 y 2009, como subsecretario de Estado de Democracia, Derechos Humanos y Trabajo. Más tarde pasó a dirigir Freedom House, un laboratorio de ideas prodemocracia con sede en Washington.

El viaje final del dossier al Despacho Oval seguiría esta insólita ruta: de Moscú a Londres, después a Halifax y por último a Washington.

La preocupación de Kramer era suficiente para tomar un vuelo trasatlántico a Londres, y Steele accedió a reunirse con él en el aeropuerto de Heathrow. Fue el 28 de noviembre. El encuentro tuvo ciertos visos de espionaje tradicional: Kramer no sabía qué aspecto tenía Steele, ya que por entonces todavía no había fotos públicas de él; de modo que le dijeron que buscara a un hombre con un ejemplar del *Financial Times*. Después de recogerle, Steele le llevó a su casa de Farnham, Surrey, una de las ciudades dormitorio de la periferia de Londres. Allí hablaron del dossier: de cómo lo recopiló Steele y de lo que decía.

Menos de veinticuatro horas después Kramer volvió a Washington. Más tarde, Simpson hizo llegar una copia confidencial del dossier a McCain.

También llegó a manos del gobierno británico.

Steele entregó una copia del memorando final que había escrito en diciembre al alto funcionario del gobierno británico responsable de la seguridad nacional, un antiguo colega de su época en el SIS. El memorando ofrecía nuevos detalles sobre la operación de hackeo. También se envió una copia cifrada a Fusion, con instrucciones de hacérsela llegar a McCain y a Kramer.

McCain consideraba imposible verificar las afirmaciones de Steele sin una investigación apropiada, de modo que hizo una llamada y organizó una reunión con Comey. El encuentro, mantenido el 8 de diciembre, duró cinco minutos. El lugar, según cierta fuente, fue la sede central del FBI, el edificio J. Edgar Hoover, en Washington. No se habló mucho. McCain le dio el dossier a Comey. Según la misma fuente, Comey no informó a McCain de que la agencia ya había iniciado una investigación sobre los más estrechos colaboradores de Trump, que en ese momento llevaba ya más de cuatro meses en curso.

La intervención de McCain hacía ahora inevitable una u otra suerte de respuesta burocrática. Ya no era un mero asunto del FBI: requería coordinación entre todas las altas instancias de la inteligencia estadounidense.

Se elaboró un resumen de dos páginas del dossier de Steele, clasificado como secreto que se adjuntó a una nota informativa restringida, más extensa, sobre la ciberinterferencia rusa en las elecciones de 2016. Los principales responsables de la inteligencia estadounidense cavilaban acerca de lo que debían hacer.

Su siguiente paso no resultaba nada envidiable. Como me dijo el antiguo director de la CIA Michael Hayden, la situación era «insólita en cuanto a lo que se pedía a los servicios de inteligencia que hicieran». «No los envidiaba», añadía Hayden. Con respecto al dossier, me comentó: «Mi primera idea cuando lo vi fue que se parecía a nuestro material».

Un día después de que Steele se reuniera con nosotros en el pub Shakespeare de Londres, el dossier —o al menos su acusación más condenatoria— iba de camino al escritorio de quien todavía era —aunque por poco tiempo— la persona más poderosa del mundo: el presidente Barack Obama. También su sucesor, el próximo ocupante el Despacho Oval, recibía el dossier. A Comey le tocó la ingrata tarea de informar al presidente electo Trump. Era obvio que este último rechazaría el dossier tildándolo de mera basura. Esta estrategia era problemática por varios motivos, y en los meses siguientes se revelaría cada vez más ridícula.

Así, por ejemplo, el equipo de Trump realmente se había reunido con los rusos en el periodo previo a las votaciones, tal como había afirmado Steele y habían detectado la GCHQ y otras agencias.

Uno de los asesores de Trump incluso había mantenido una entusiasta correspondencia con un espía ruso. Y le había entregado documentos. No en Moscú, sino en Manhattan.

2

Creo que es idiota

2013-2017
Nueva York-Moscú

> Consigues que te dé los documentos y luego lo envías a la mierda.
>
> VÍKTOR PODOBNI,
> abril de 2013, Nueva York

Cuando Víktor Podobni se hizo espía se imaginaba una carrera llena de glamur. Pronto se dio cuenta de que el espionaje real no tenía que ver con pilotar helicópteros; no era —en sus propias palabras— «como en las películas de Bond». También creía que al menos sus superiores en Moscú le proporcionarían una identidad y un pasaporte falsos.

En lugar de ello, le habían enviado a Nueva York con su auténtico nombre. Su trabajo oficial era el de «agregado» de la delegación rusa ante las Naciones Unidas. En realidad trabajaba para el Servicio de Inteligencia Exterior de Rusia, el SVR. En efecto, era un espía bajo cobertura diplomática. Sus tareas reales, no obstante, eran bastante triviales: reunir información de inteligencia de índole económica.

Corría el mes de abril de 2013. En una conversación grabada en secreto por el FBI, Podobni se quejó de su suerte. Estaba en la oficina neoyorquina del SVR. Su interlocutor era Ígor Spórishev, un colega de la misma agencia. Spórishev también trabajaba en Estados Unidos de forma encubierta, disfrazado de «representante comercial».

> PODOBNI: El hecho es que estoy aquí sentado con una galleta justo en el sitio del principal enemigo. ¡Joder! Nada que ver con lo que yo pensaba, ni de lejos.
> SPÓRISHEV: Yo también creía que al menos iría al extranjero con un pasaporte distinto.

Es verdad que los rusos tenían razones para quejarse. En el verano de 2010, el SVR sufrió un golpe devastador cuando se descubrió la identidad de diez de sus agentes durmientes en Estados Unidos, entre ellos Anna Chapman. Los agentes federales habían cerrado la red de «ilegales» del SVR, como se llamaba a los espías enviados al extranjero bajo una cobertura no diplomática.

Mientras tanto, a Podobni y Spórishev les habían asignado el difícil encargo de recopilar información secreta. Una de sus tareas era colaborar con otro agente del SVR, Yevgueni Buriakov, que trabajaba bajo cobertura extraoficial en la filial en Manhattan de un banco ruso, el VEB, que era en parte una tapadera del SVR. Buriakov no tenía inmunidad diplomática, de modo que debía informar a Moscú a través de sus colegas.

Como mostraban las escuchas telefónicas del FBI, las técnicas utilizadas para reunirse con Buriakov eran características de la vieja escuela. Normalmente, Spórishev telefoneaba a Buriakov y le decía que tenía que darle «algo»: una entrada, un libro, un sombrero, un paraguas… Luego ambos se reunían al aire libre. A veces ocurría delante de la oficina bancaria de Buriakov, en la Tercera Avenida, un anodino bloque de oficinas de color marrón con una escultura abstracta de la década de 1960 en la planta baja frente al vestíbulo. Entonces intercambiaban documentos.

El mayor dolor de cabeza para Spórishev era reclutar a estadounidenses como fuentes de inteligencia, lo que resultaba una ardua tarea. A tal efecto, se había acercado a dos mujeres jóvenes que trabajan en asesoría financiera y que recientemente se habían graduado en una universidad neoyorquina. Pero Spórishev le dijo a Podobni que era escéptico con respecto a los posibles resultados. En su propio lenguaje sexista: «Para acercarte tienes que joderlas, o utilizar otras palancas para ejecutar mis peticiones».

Sin embargo, los espías rusos tenían una pista prometedora. En este caso era un hombre, un consultor energético de Nueva York. A diferencia de las mujeres, él se mostraba ansioso por ayudar. Y parecía que también lo estaba por ganar dinero en Moscú. Pero había un inconveniente: la fuente —a quien el FBI llamaba «Varón 1»— era un poco lerdo:

> PODOBNI: [El Varón 1] ha escrito diciendo que lo siente, que se fue a Moscú y se olvidó de comprobar su bandeja de entrada, pero quiere reunirse cuando vuelva. Creo que es idiota y ha olvidado quién soy. Encima me escribe en ruso [para] practicar la lengua. Viaja a Moscú con más frecuencia que yo. Se ha enganchado a Gazprom, pensando que, si tienen un proyecto, podría ascender. Quizá pueda. No lo sé, pero es obvio que quiere ganar un montón de dinero...
> SPÓRISHEV: Sin duda.

Podobni explicó que tenía la intención de tomarle el pelo al Varón 1, lo que significaba hacerle «vanas promesas». Podobni exageraría sus contactos con la delegación comercial de Rusia, con Spórishev, y fingiría que su colega del SVR podía «favorecer contratos» a la manera estadounidense.

> PODOBNI: ¡Es la forma de engañar propia de la inteligencia! ¿Cómo si no trabajar con extranjeros? Prometes un favor a cambio de otro. Consigues que te dé los documentos y luego lo envías a la mierda. Pero para no disgustarte te llevaré a un restaurante y te haré un regalo caro. Solo tienes que firmar el acuse de recibo. Ese es el método de trabajo ideal.

Puede que esas tácticas resultaran algo toscas, pero en este caso funcionaron. Podobni se acercó al consultor en un simposio sobre energía celebrado en Nueva York. Según documentos judiciales del FBI, los dos intercambiaron contactos. Luego estuvieron enviándose correos electrónicos durante varios meses. El Varón 1 cooperó con el ruso, aunque alega que no sabía que eran espías, y hasta le entregó documentos sobre el sector de la energía.

Aquel era un curioso negocio: espías del Kremlin corriendo de un lado a otro por Manhattan, un estilo de espionaje que recurría a falsos «paraguas» y una fuente de inteligencia estadounidense que pasaba más tiempo en Moscú que sus contactos rusos. Más unos profesionales del espionaje que resultaban sufrir de hastío.

El estadounidense dispuesto a proporcionar información a los agentes de inteligencia exterior de Putin alquiló un espacio de trabajo compartido en el número 590 de Madison Avenue. El edificio estaba unido por un atrio de cristal a otra construcción emblemática de Nueva York, la Torre Trump. El atrio formaba un agradable espacio interior, decorado con bambúes, donde podías sentarte a tomar un café. Al lado había una franquicia de Niketown.

Desde el atrio podías coger el ascensor hasta el jardín público de la Torre Trump, situado en la cuarta planta, con sus arces y gorriones; aunque, debido al ruido procedente de la calle Cincuenta y Siete Oeste, no podía decirse que el jardín fuera precisamente un lugar tranquilo. O podías hacer cola junto con los turistas japoneses y alemanes para entrar en el restaurante y la barra de ensaladas situados en el sótano de la Torre. En su defecto, había un Starbucks en la primera planta.

El Varón 1 tenía un nombre, aunque pocos habían oído hablar de él. Se llamaba Carter Page.

Page es un personaje de unos cuarenta y cinco años, parcialmente calvo, con el pelo muy corto y la complexión extremadamente enjuta propia de un ciclista o un fanático del ejercicio físico. Cuando no está montado en su bicicleta de montaña Canondale, lleva traje y corbata. Cuando se pone nervioso sonríe. Alguien que le conoció más o menos en aquella época describe el encuentro como «espantoso». Page era «torpe», se le notaba «incómodo» y «no paraba de sudar».

El *curriculum vitae* de Page también resultaba curioso. Pasó cinco años en la armada y sirvió como oficial de inteligencia de los marines en el Sáhara Occidental. Durante sus días en la armada gastaba el dinero a espuertas y conducía un Mercedes negro, según explicaba Richard Guerin, un compañero de clase en la academia militar.

Era lo bastante inteligente para conseguir varias cualificaciones académicas: miembro del Consejo de Relaciones Exteriores; máster de la Universidad de Georgetown; una licenciatura de la escuela de negocios de la Universidad de Nueva York... Y un doctorado de la Escuela de Estudios Orientales y Africanos de la Universidad de Londres.

Sus aparentes simpatías rusas se hicieron patentes desde el primer momento. En 1998, Page pasó tres meses trabajando en Eurasia Group, una empresa de consultoría estratégica. Su fundador, Ian Bremmer, le describiría más tarde como su «graduado más excéntrico». Las vehementes opiniones pro-Kremlin de Page —explicaba Bremmer— hicieron que «no encajara bien».

En 2004, Page se trasladó a Moscú, donde se convirtió en consultor energético de Merrill Lynch. Como él mismo explica, fue trabajando como banquero de inversiones cuando inició su relación con Gazprom. Asesoró a la empresa en diversas transacciones, incluido un acuerdo para adquirir una participación en un yacimiento de petróleo y gas situado en las inmediaciones de Sajalín, la desolada isla de la costa rusa del Pacífico. Y compró acciones de Gazprom.

Según la revista *Politico*, en los círculos de comercio exterior de Moscú pocas personas sabían de su existencia. Y los que le conocían no se sentían demasiado impresionados. «No era ni genial ni terrible», declaraba a la revista su antiguo jefe, Serguéi Aleksashenko, añadiendo que Page no tenía «dotes o talentos especiales» y no era «en absoluto excepcional», sino más bien «un tipo gris».

Al cabo de tres años, Page volvió a Nueva York y a su nueva oficina junto a la Torre Trump. Allí montó una empresa de gestión de patrimonios privados, Global Energy Capital LLC. Su socio era ruso, un antiguo gerente de Gazprom llamado Serguéi Yatsenko. ¿Conocía Yatsenko a Podobni y a Spórishev? ¿O a otros miembros de la comunidad clandestina del espionaje ruso?

En la creciente disputa entre Putin y la administración Obama, Page tomó partido por Moscú, y se mostró contrario a las sanciones impuestas a Rusia por el presidente estadounidense tras lo sucedido en Crimea. En una entrada de un blog de la *Global Policy*, una revista online, escribió que no se podía echar la culpa a Putin del conflicto de Ucrania en 2014. La arrogante actitud de la Casa Blanca de «repartir bofetadas» había sido la que había «desencadenado la crisis de entrada», escribió.

Las desenfrenadas opiniones promoscovitas de Page estaban reñidas no solo con la posición del Departamento de Estado de Hillary Clinton, sino también con la visión que casi todos los eruditos estadounidenses tenían de Rusia. Al fin y al cabo, había sido Putin quien había introducido clandestinamente los tanques a través de la frontera de Ucrania oriental. Tampoco es que las opiniones de Page contaran demasiado: la *Global Policy*, editada en la Universidad de Durham, en el norte de Inglaterra, tenía muy poca difusión.

Su relación con la revista se fue a pique cuando escribió un artículo de opinión elogiando generosamente a un candidato prorruso antes de las elecciones presidenciales estadounidenses: Trump.

Y luego ocurrió algo extraño.

En marzo de 2016, el candidato Trump se reunió con el consejo editorial del *Washington Post*. En ese momento ya parecía probable que se hiciera con la nominación republicana. Salió el tema de las relaciones exteriores. ¿Quiénes eran los asesores del candidato en materia de política exterior? Trump leyó cinco nombres. El segundo era «Carter Page, doctor». Dada la evidente falta de experiencia en asuntos exteriores de Trump, ese cargo era de vital importancia.

Un antiguo colega de Eurasia Group explicaba que se había quedado atónito al descubrir que Page se había convertido misteriosamente en uno de los asesores de política exterior de Trump. «Casi se me cae el café de las manos —me dijo. Y añadió—: Nosotros queríamos gente capaz de realizar un análisis crítico de lo que ocurre. Pero ese tío carece de perspectiva crítica de la situación. No era una persona inteligente.»

Aparentemente, la verdadera cualificación de Page para el cargo tenía poco que ver con su agitado *curriculum*. Lo que al parecer le atraía a Trump era su ilimitado entusiasmo por Putin y su consiguiente aversión a Obama y Clinton. La visión del mundo de Page no era muy distinta a la del Kremlin. En dos palabras: que los intentos de Estados Unidos de difundir la democracia no habían traído sino el caos y el desastre.

Podobni y Spórishev abordaban sus tareas con cierto cinismo, teñido de aburrimiento y algo de añoranza. El caso de Page, en cambio, era bastante raro: un estadounidense que aparentemente creía que Putin era sabio, virtuoso y amable.

Por entonces los espías rusos habían sido trasladados fuera de Estados Unidos. En 2015 su red se había desmantelado, y, como diplomáticos acreditados, tenían autorización para volver a casa. Buriakov no tuvo tanta suerte: mientras Page se incorporaba a la campaña de Trump, él se declaraba culpable de actuar como agente extranjero no registrado. Fue condenado a cumplir una pena de dos años y medio en una cárcel estadounidense.

En julio de 2016, Page volvió a Rusia, en un viaje aprobado por la organización de la campaña de Trump. Había un gran interés en ello, ya que él podía dar una definición más precisa de la visión del candidato sobre las futuras relaciones entre Estados Unidos y Rusia. Diversas fuentes de Moscú sugieren que fueron ciertas personas del gobierno ruso quienes organizaron la visita de Page. «Nos dijeron:"¿Podéis traer a ese tío?"», explicaba una de dichas fuentes, que habló con la condición de mantenerse en el anonimato.

Una de las principales universidades privadas de Rusia, la Nueva Escuela de Economía (NES), invitó a Page a dar una conferencia pública. No se trataba de un evento corriente, sino del prestigioso discurso asociado a la ceremonia de graduación de sus alumnos. El lugar era el edificio del World Trade Center de Moscú.

Siete años antes, en julio de 2009, yo había tenido ocasión de ver al presidente Obama dar ese mismo discurso de graduación en la NES. Obama había viajado a Moscú para mantener conversaciones con Dmitri Medvédev, entonces presidente de Rusia. También desayunó con Putin, que en aquel momento ocupaba el cargo de primer ministro.

El lugar elegido para la conferencia de Obama había sido el

Gostiny Dvor, un centro comercial del siglo XVIII, hoy remodelado, situado no lejos de la catedral de San Basilio, el Kremlin y la Plaza Roja. Me senté en la parte de atrás. Obama comenzó con unas palabras de cortesía: «Michelle y yo estamos muy contentos de estar en Moscú. Y, dado que he nacido en Hawái, estoy encantado de estar aquí en julio y no en enero».

Fue un hábil discurso. Obama empezó elogiando la contribución de Rusia a la civilización: sus grandes escritores, que habían desentrañado «verdades eternas»; sus científicos, pintores y compositores... Rindió homenaje a los inmigrantes rusos que habían enriquecido Estados Unidos. Citó a Pushkin. Y recordó a su audiencia los sacrificios compartidos durante la Segunda Guerra Mundial.

Luego Obama procedió a expresar un sutil reproche. Un año antes, en 2008, fuerzas militares rusas habían irrumpido en la vecina Georgia. Su presidente, Mijaíl Saakashvili —aliado de George Bush hijo—, había llevado a cabo una imprudente tentativa de recuperar la provincia rebelde de Osetia del Sur. Para Saakashvili, aquella fue una lección contundente de geopolítica de vecindad.

«En 2009, una gran potencia no muestra su fuerza dominando o demonizando a otros países —dijo Obama—. Los días en que los imperios podían tratar a los estados soberanos como piezas en un tablero de ajedrez han quedado atrás.» Obama rechazó la doctrina de que Rusia tuviera «intereses privilegiados» en los antiguos países soviéticos, una idea clave de Putin. Aquella tarde vi la información que dio la televisión pública rusa sobre el discurso de Obama: lo dejaron para el final del informativo.

En cambio, los medios de comunicación rusos aclamaron a Page como un «célebre economista estadounidense». Y ello pese al hecho de que su discurso había sido manifiestamente extraño, una serie de divagaciones carentes de contenido y rayanas en lo estrafalario. Parecía que Page se mostraba crítico con los intentos, liderados por Estados Unidos, de provocar un «cambio de régimen» en el antiguo mundo soviético. Pero nadie podía estar muy seguro de ello: su audiencia estaba integrada sobre todo por estudiantes y partidarios locales de Trump, algunos de los cuales, hacia el final del discurso, daban visibles cabezadas.

Shaun Walker, el corresponsal del *Guardian* en Rusia, había asistido a todos los eventos de Page la tarde anterior, y describió su presentación de Power Point como «realmente excéntrica». «Parecía que se hubiera confeccionado para una conferencia sobre el gas de Kazajistán —decía Walker—. Pero hablaba de los intentos de Estados Unidos de difundir la democracia, y de lo vergonzosos que resultaban.»

Page era el principal experto en Rusia del equipo de Trump. Sin embargo, en el turno de preguntas se reveló que en realidad Page ni entendía ni hablaba ruso. Los que buscaban respuestas sobre la opinión de Trump con respecto a las sanciones se llevaron una decepción. «No estoy aquí en absoluto para hablar de mi trabajo fuera de mi labor académica», aclaró. Al final —explicaba Walker—, Page «desapareció».

Era obvio que Page se mostraba renuente a dar ninguna pista sobre la política rusa que aplicaría una posible administración Trump, o de cómo este último podía lograr fortalecer lazos allí donde Obama y George Bush hijo habían fracasado.

Entonces, ¿qué hacía en Moscú?

Según el dossier de Steele —y refutado con vehemencia por Page—, el verdadero propósito del viaje de este último era clandestino. Había ido para mantener un encuentro en el Kremlin. Y en especial para reunirse con Ígor Sechin, un antiguo espía y —lo que era más importante— una persona que gozaba de la absoluta confianza de Putin. En la práctica, era el segundo funcionario más poderoso de Rusia, de hecho el segundo hombre más importante del país.

Por entonces Sechin llevaba más de tres décadas al lado de Putin. Había iniciado su carrera en el KGB y había servido como traductor militar en Mozambique. En la década de 1990 había trabajado con Putin en la alcaldía de San Petersburgo. Sechin hacía las veces de ceñudo guardián de Putin. Él le llevaba el maletín al jefe y permanecía al acecho ante la puerta de su despacho, situado en la planta baja del ayuntamiento de San Petersburgo.

Su aspecto era lúgubre. Tenía un rostro gomoso, los ojos muy juntos y una nariz fofa como de boxeador. Cuando Putin fue elegido presidente, Sechin se convirtió en su subjefe de gabinete y, desde 2004, en presidente ejecutivo de la petrolera estatal rusa Rosneft, el mayor productor de petróleo del país. Durante un breve periodo fue viceprimer ministro, pero la cosa no salió bien. «Es inteligente aunque parezca tonto. Pero es incapaz de hablar o de realizar políticas públicas», decía de él Serguéi Sokolov, subdirector del periódico liberal *Nóvaya Gazeta*.

En privado, Sechin impresionaba. Chris Barter —antiguo presidente de Goldman Sachs en Moscú— lo describía como

> «un tipo extremadamente encantador e inteligente, que operativamente sabía manejar muy bien sus números. [...] Es una persona capaz de gestionar al mismo tiempo tanto el lado económico de la ecuación como la agenda política. Tiene un gran poder e independencia de Putin».

Era evidente que Sechin tenía a todos los servicios de seguridad de Rusia a su disposición. Y sin duda —concluía Barter— estaría dispuesto a recompensar personalmente a cualquiera que favoreciera los objetivos del estado ruso.

En 2014, Page había escrito un artículo elogiando y adulando a Sechin por sus «grandes logros». En un blog de la *Global Policy*, Page afirmó que Sechin había hecho más que nadie en varias décadas por fomentar las relaciones entre Estados Unidos y Rusia. En su opinión, Sechin era un frustrado estadista ruso, injustamente castigado y sancionado por la administración Obama.

Ese era el telón de fondo del viaje de Page a Moscú.

Once días después de que Page regresara a Nueva York, Steele envió un memorando a Fusion en Washington. Fechado el 19 de julio de 2016, llevaba por título: «Rusia: reuniones secretas en el Kremlin con la asistencia de Carter Page, asesor de Trump, en Moscú».

La información de Steele procedía de fuentes anónimas; en este caso, de alguien a quien se describía como «cercano» a Sechin. Al parecer había un topo bien infiltrado en Rosneft, alguien que hablaba de temas confidenciales con otros rusos. Puede que el topo ignorara que su información se telegrafiaba a Steele.

En Moscú —escribía Steele—, Page había mantenido dos reuniones secretas. La primera con Sechin. No está claro dónde se celebró esa reunión, si es que la hubo. La segunda con Ígor Diveikin, un alto funcionario de la administración presidencial de Putin y su departamento de política interior.

Basándose en su propia experiencia en Moscú, Barter afirmaba que las reuniones con Sechin se producían casi sin previo aviso. Normalmente el jefe de gabinete de Sechin telefoneaba para proponer una reunión al cabo de cuarenta minutos. «Siempre era de manera improvisada, en el último momento: ¡Bum!, ¿puede venir ahora?», explicaba Barter. Lo sabía porque él se había reunido con Sechin en seis ocasiones.

A veces las reuniones se celebraban en la Casa Blanca de Moscú, la sede del gobierno ruso. Otras veces tenían lugar en el edificio de la sede central de Rosneft, desde donde se dominaba el río Moscova. Sobre el dossier de Steele, Barter me dijo: «Todo resulta creíble».

Según Steele, Sechin le mencionó a Page el deseo del Kremlin de que Estados Unidos levantara las sanciones impuestas a Rusia. Aquella era una prioridad estratégica de Moscú. Sechin le ofreció el esbozo de un acuerdo. Si una futura administración Trump retiraba las «sanciones relacionadas con Ucrania», podría haber una «medida asociada» en el área de la «cooperación energética bilateral». En otras palabras: lucrativos contratos para empresas energéticas estadounidenses. Steele escribió que la reacción de Page a la propuesta fue positiva, añadiendo que este se mostraba «generalmente evasivo en sus respuestas».

Los motivos de Sechin para buscar un acuerdo eran tanto de índole personal como política. Las sanciones estadounidenses habían perjudicado a la economía rusa y representado un duro golpe para Rosneft. Un proyecto conjunto de Rosneft y Exxon para explorar el Ártico ruso había quedado en suspenso. Sechin tenía prohibida la entrada en Estados Unidos. Y la Unión Europea había sancionado a Rosneft. De modo que Sechin no pudo reunirse con su segunda esposa, Olga, en su lujoso yate privado; cuando esta visitó Cerdeña y Córcega, sus lugares favoritos, lo hizo sin él.

Se rumoreaba que Sechin tenía una importante participación personal en Rosneft. De ser así, también esta había sufrido. Algunos observadores decían que Sechin se había enriquecido relativamente tarde, solo después de salir del gobierno y consagrarse a Rosneft. En palabras del veterano periodista Sokolov: «Ígor está ansioso por librarse de las sanciones».

Además, las sanciones habían empeorado la economía en un momento en que el peso de los problemas internos empezaba a ser excesivo. El estado no tenía suficiente dinero para cumplir con sus compromisos. Entre ellos, el apoyo a Crimea y a las zonas rebeldes de Ucrania; los nuevos gasoductos para transportar gas a Europa por el norte y el sur del país, y la construcción de los estadios de fútbol previstos para la celebración del mundial de 2018. A todo ello había que sumarle el puente que ya se estaba construyendo a través del estrecho de Kerch para unir la anexionada Crimea al territorio ruso.

Lo que aterrorizaba a los líderes rusos era la perspectiva de que una economía deprimida pudiera generar hambre y descontento. Este último podría cundir entre la base conservadora de Putin y dar lugar a algo de mayor envergadura y más difícil de contener. El fantasma era una revuelta masiva.

Steele obtuvo información adicional de su bien situada fuente, que le dijo que la reunión con Sechin se había producido el 7 o el 8 de julio, el mismo día o al día siguiente del discurso de Page en la ceremonia de graduación.

Según un «colega», Sechin estaba tan ansioso de que se levantaran las sanciones occidentales tanto a nivel personal como empresarial que ofreció a Page un insólito soborno: «la comisión de una participación (privatizada) de hasta un 19 por ciento en Rosneft a cambio». En otras palabras, estaba en venta un trozo de Rosneft.

No se habló de cantidades. Pero una privatización de tal magnitud sería la mayor de Rusia en años, de manera que cualquier comisión sobre la operación sería sustancial, del orden de decenas y posiblemente cientos de millones de dólares. Por entonces nadie fuera de las altas esferas de Rosneft sabía de la existencia del plan de privatización. Page —escribía Steele— «expresó su interés», y confirmó que si Trump llegaba a ser presidente de Estados Unidos, «se levantarían las sanciona impuestas a Rusia».

La oferta de Sechin era la zanahoria.

Pero también había un palo.

El palo se blandió durante la presunta segunda reunión de Page, esta vez con Diveikin. Supuestamente el funcionario ruso le dijo que el Kremlin había recopilado un dossier con material comprometedor sobre Hillary Clinton. Y podrían hacérselo llegar a la organización de la campaña de Trump. Sin embargo —según Steele—, Diveikin también añadió una amenazadora advertencia: dejó entrever —o quizá incluso «indicó de forma más tajante»— que los líderes rusos también disponían de material perjudicial sobre Trump, quien —dijo Diveikin— «debería tenerlo en cuenta» en sus relaciones con Moscú.

Era puro y simple chantaje.

Page era el intermediario encargado de transmitir ese rotundo mensaje a Trump. El estadounidense formaba parte, pues, de una cadena de cultivo de relaciones y de conspiración que se extendía desde Moscú hasta la Quinta Avenida. O eso se decía, aunque en los meses posteriores Page negaría con vehemencia haber hecho nada malo y haber mantenido ninguna reunión, afirmando que tan solo era una víctima.

El problema de Page era que tenía el desafortunado hábito de andar en compañía de espías rusos, algunos veinteañeros como Podobni, y otros mayores y ya retirados como Sechin. Y también de embajadores rusos.

Serguéi Kisliak conocía bien Estados Unidos, ya que había vivido allí gran parte de su vida adulta. En la década de 1980 pasó cuatro años en Nueva York, en la delegación soviética ante las Naciones Unidas, a los que siguió un periodo similar en la embajada de su país en Washington. Cuando se desintegró la URSS, Kisliak prosiguió su carrera en la Federación Rusa, ocupando el cargo de responsable de ciencia y tecnología en el Ministerio de Exteriores en Moscú.

Kisliak era un hombre simpático. Un diplomático británico

que trabajó ocupando un asiento frente a él, sir Brian Donnelly, lo describía como una persona «amable, realista, pragmática y fácil de tratar». Donnelly lo conoció en la primera mitad de la década de 1990, cuando Estados Unidos, el Reino Unido y Rusia trabajaban en un tratado de no proliferación nuclear. Kisliak —explicaba Donnelly— era distinto de los enviados soviéticos de más edad, que tendían a ser bruscos, quisquillosos y obstinados.

> Yo siempre lo encontraba constructivo, fiable y dispuesto a cooperar. Era el primer diplomático ruso con el que me tropezaba que parecía sentirse cómodo trabajando en el mundo postsoviético y poscomunista —me dijo Donnelly—. Se sentía cómodo trabajando en inglés, que hablaba bien y con buen acento.

Kisliak volvió a Estados Unidos en 2008, tras un periodo como embajador primero en Bélgica y luego ante la OTAN, y después de desempeñar el cargo de subsecretario de Exteriores. Por entonces, ya bien avanzada la madurez, era una figura imponente de cabello blanco como la nieve y una complexión robusta que hacía parecer que las chaquetas le quedaban pequeñas.

Un alto funcionario de Obama que trató «bastante» con él me lo describió como un «duro interlocutor» y un infatigable exponente de la política del Kremlin. Era «un grano en el culo». Pero también —añadía el exfuncionario— «un diplomático profesional» que no merecía su posterior «vilipendio». Era buen conocedor de los asuntos estadounidenses, inteligente y exigente con sus subordinados. Andréi Kovalev, un antiguo diplomático ruso y soviético que trabajó en el mismo tratado de no proliferación y conocía a Kisliak de Bruselas, decía que tenía fama de ser «muy creativo».

¿Acaso era también un espía? Probablemente la respuesta era negativa. Pero a la vez era posible que Kisliak tuviera pleno conocimiento de los esfuerzos del Kremlin por ayudar a Trump en 2016, y habría sido consciente de las actividades del KGB en Estados Unidos en la década de 1980, una generación antes. En palabras de James Clapper, Kisliak supervisó «una operación de inteligencia muy agresiva», y Moscú tenía más espías en Estados Unidos que ningún otro país. «Sugerir que de algún modo él está al margen o ignora ese hecho resulta excesivo», añadía.

Los comentarios de Clapper se revelarían proféticos: Kisliak procedía de un célebre linaje familiar del KGB. Su padre, Iván Petróvich Kisliak, era un oficial muy apreciado en la agencia, que terminó su carrera como general de división.

Los Kisliak eran ucranianos. Iván Petróvich nació en Terny, una aldea de la región de Poltava, en la zona central de la Ucrania soviética. Tenía un origen humilde. Su padre trabajaba en la fábrica de azúcar local, y la familia vivía en una modesta casa de madera en Sovetskaya Ulitsa, la calle Soviética.

En la década de 1940, Iván Petróvich tomó parte en diversas operaciones contra los nacionalistas ucranianos que combatían contra el Ejército Rojo. Después de la guerra se incorporó a la MGB, la precursora del KGB. En 1949 le asignaron el puesto de guardaespaldas personal de Lavrenti Beria, el brutal y depravado jefe de seguridad de Stalin. Serguéi Kisliak nacería en Moscú un año después.

Según fuentes del antiguo KGB, en la organización Kisliak padre había ganado fama de tener una suerte extraordinaria. Así, fue destinado a otras tareas dos años antes de que Beria fuera detenido en el verano de 1953, juzgado en secreto y fusilado. El KGB le envió entonces a varios países del oeste y el sur de Europa: Grecia, Portugal, Francia y España. Tenía el nombre clave de «Maisky», y se especializó en operaciones secretas; concretamente, en detectar, siguiendo instrucciones de Moscú, a nuevas generaciones de agentes, por ejemplo, entre las filas del Partido Comunista griego (estos tenían que poseer «encanto» y ser «ideológicamente del todo fiables», afirmaba el propio Kisliak, según el archivo extranjero del KGB).

La carrera de Kisliak fue clandestina. Pero en muchos aspectos anticipó el papel —de carácter más público— que desempeñaría más tarde su hijo Serguéi de cara a influenciar y modelar la política estadounidense. Entre 1972 y 1977, Iván Petróvich fue el jefe de la base del KGB en París, donde dirigió a un gran número de agentes secretos, incluyendo a uno especializado en cifrado que trabajaba infiltrado en el Ministerio de Exteriores francés. Asimismo, coordinaba «medidas activas» para incrementar las tensiones entre los estadounidenses y los franceses. Su equipo del KGB afirmaba que había llegado a dirigir las páginas editoriales de *Le Monde*.

¿Trabajó Kisliak padre para el KGB en Estados Unidos? Es posible. En agosto de 1982, Kisliak volvió a Terny para asistir a una reunión de antiguos alumnos, llevándose consigo a Serguéi, su hijo diplomático. El historiador y residente local Anatoli Lesnov se reunió allí con los Kisliak. Iván se negó a salir en la fotografía del encuentro —afirmando que «las fotos estaban prohibidas»—, pero aparece en una borrosa instantánea. Lesnov me explicó que Iván hablaba inglés perfectamente, además de ucraniano y ruso. Había viajado hasta allí junto con su hijo desde Nueva York. «Era una persona muy agradable. Nos sentimos orgullosos de él», comentaba Lesnov de Kisliak padre. La casa de los Kisliak —añadió— fue demolida a comienzos de la década de 1990; lo único que queda de ella es un abeto del jardín.

Iván Petróvich Kisliak sirvió lealmente a Moscú. Y se diría que también Serguéi, que en 2016 asistió a varios eventos de la campaña republicana. En privado, no obstante, parece ser que este último albergaba ciertas dudas sobre la descarada estrategia de su gobierno. Según el dossier de Steele, Kisliak formaba parte de una cautelosa facción del Kremlin que advirtió del «potencial impacto negativo para Rusia» de aquella operación para ayudar a Trump. Entre quienes compartían aquella visión conservadora se contaban Yuri Ushakov, predecesor de Kisliak en Washington y asesor presidencial, y el Ministerio de Exteriores, según afirmaba el dossier.

Independientemente de cuáles fueran sus aprensiones, Kisliak realizaba sus tareas con energía. Cuando Trump dio un discurso sobre política exterior en abril de 2016, en Washington, Kisliak se sentó en primera fila: conocía al candidato.

El embajador también asistió a la convención del Partido Republicano en Cleveland, que se celebró poco después de que Page regresara de Moscú. Los principales ayudantes de Trump que hablaron allí con Kisliak olvidaron el encuentro al instante, como si de repente se hubieran visto envueltos en una niebla mágica. Uno de ellos era

Page. La versión que este dio de su encuentro era un tortuoso ejercicio de negación: primero que la reunión no tuvo lugar; luego que las conversaciones fueron «confidenciales», y después que apenas hubo más que un mero apretón de manos.

Las múltiples interacciones de Page con destacados personajes rusos constituían un motivo de creciente preocupación para la inteligencia estadounidense. Durante los meses siguientes en el FBI aumentó la creencia de que Page era un agente ruso. Aquel verano la agencia estadounidense decidió intervenir las llamadas telefónicas de Page. No era un asunto fácil. Para hacerlo legalmente, los agentes federales necesitaban obtener una orden judicial. Cualquier petición de ese tipo solía ser bastante voluminosa; en palabras del director Comey, a menudo eran más gruesas que sus muñecas.

La petición incluía la anterior declaración de Page al FBI. En junio de 2013, el agente de contraespionaje Gregory Monaghan le había interrogado en relación con la red de espionaje de Podobni y el SVR. Page declaró que él no había hecho nada malo. Desde entonces —añadía la petición—, había mantenido nuevas reuniones con agentes operativos rusos que no se habían hecho públicas.

El FBI presentó sus evidencias ante un tribunal secreto: el Tribunal de Vigilancia de Inteligencia Exterior (FISA), que trata casos confidenciales de seguridad nacional. La agencia argumentó que había razones contundentes para creer que Page actuaba como agente ruso. El juez estuvo de acuerdo. Desde aquel momento el FBI pudo acceder a las comunicaciones electrónicas de Page. La orden judicial inicial, válida para noventa días, fue posteriormente renovada.

Mientras tanto, la carrera de Page como asesor de Trump entraba en su fase terminal. Su discurso en Moscú había provocado comentarios, la mayoría de ellos negativos. Los vínculos de la organización de su campaña con Rusia se estaban convirtiendo en objeto de controversia. Según el *Washington Post*, que citaba las palabras de uno de los gestores de la campaña, Page escribió memorandos políticos y asistió a tres cenas en Washington en nombre del equipo asesor de política exterior de Trump. También participó en mítines de Trump. Aparentemente, sus deseos de establecer una relación personal con Trump fracasaron.

En la sesión informativa clasificada con líderes del Congreso celebrada a finales de agosto, el nombre de Page ocupó un lugar prominente. La CIA y el FBI estaban examinando una montaña de material interceptado donde se le mencionaba, en su mayor parte conversaciones de «rusos hablando con otros rusos», según un antiguo miembro del Consejo de Seguridad Nacional. Cuando el líder de la minoría en el Senado, Harry Reid, escribió a Comey a comienzos de otoño, mencionó los «preocupantes» contactos entre un asesor de Trump y determinados «individuos sancionados de alto rango». Se refería a Page. Y a Sechin.

Estos embarazosos detalles afloraron en una información publicada por *Yahoo! News*. En cuestión de horas, la organización de la campaña de Trump había desmentido a Page, calificándole de un don nadie que había exagerado sus vínculos con Trump. Page dejó la campaña a finales de septiembre. Fue un final ignominioso; y sus problemas no habían hecho más que empezar.

La fuente de Steele en Rosneft tenía razón. A primeros de diciembre —menos de un mes después de que Trump llegara a la Casa Blanca—, Rosneft anunció que vendía el 19,5 por ciento de sus acciones. Era una de las mayores privatizaciones desde la década de 1990, y a juzgar por las apariencias, un voto de confianza en la economía rusa.

Al menos fue así como Putin presentó la venta el 7 de diciembre, durante un encuentro televisado con Sechin. El presidente celebró la privatización como un signo de la confianza internacional en Rusia, pese a las sanciones de Estados Unidos y la Unión Europea, y la mayor adquisición del año en el sector del petróleo y el gas. Sin duda, el dinero recaudado —diez mil doscientos millones de euros— ayudaría al presupuesto ruso.

Sin embargo, había un enigma: no estaba claro quién había adquirido realmente la participación. Rosneft dijo que los compradores habían sido el gobierno de Catar y la comercializadora de petróleo suiza Glencore, afirmando que habían adquirido la participación al 50 por ciento. En realidad, Glencore solo había puesto trescientos millones de euros en la transacción. Los cataríes habían aportado más: dos mil quinientos millones de euros. Un banco italiano, Intesa Sanpaolo, había proporcionado otros cinco mil doscientos millones de euros. Según Reuters, se ignoraba la fuente de financiación de casi una cuarta parte del precio de compra.

Entonces, ¿quién estaba detrás de la operación? El banco público ruso VTB había financiado la compra. Poco antes de que se realizara la privatización había vendido bonos al Banco Central de Rusia. Parecía, pues, que la operación se sustentaba con dinero público del presupuesto ruso.

La venta también se había estructurado de una forma que hacía difícil responder a la cuestión de la propiedad. Uno de los socios del acuerdo era una empresa ubicada en las islas Caimán. No figuraba el nombre del titular. Casi con toda certeza, el «propietario» no era un individuo: probablemente el rastro de la empresa llevaría a otra situada también en un paraíso fiscal, y esta, a su vez, a otra, en una cadena infinita.

El topo de Steele había sabido del plan meses antes de que se informara al consejo de administración de Rosneft. Este último no se enteró del acuerdo hasta el 7 de diciembre, horas después de que Sechin hubiera grabado ya su reunión televisiva con Putin donde se revelaba la operación. Incluso se había mantenido en la ignorancia al propio gabinete ruso. «Sechin lo ha hecho todo por su cuenta; el gobierno no ha intervenido», declaraba una fuente a Reuters.

En las semanas siguientes, las agencias de inteligencia estadounidenses y de otros países occidentales examinaron meticulosamente aquella transacción. ¿A dónde había ido el dinero? Los periodistas rusos se mostraban escépticos ante la posibilidad de que hubiera terminado en manos de Trump; era más probable —razonaban— que hubiera ido a parar a Putin y a Sechin. Pero no había ninguna prueba de ello, y ni el Kremlin ni otras partes interesadas harían comentario alguno al respecto.

Al día siguiente de que se revelara la operación de Rosneft, Page viajó de nuevo a Moscú. Durante su visita anterior, en julio, había sido agasajado. Desde entonces, no obstante, Page se había convertido en una carga para la campaña de Trump y, por ende, también para Rusia. Esta vez Page era una persona *non grata*, un personaje tóxico, al menos oficialmente. Dmitri Peskov, el portavoz de Putin ante los medios, declaró que los líderes del gobierno no tenían planes de reunirse con él.

La propia explicación que dio Page de su visita era más bien vaga: había ido a ver a «líderes empresariales y líderes intelectuales», declaró a RIA *Novosti*, la agencia de noticias estatal rusa; permanecería seis días en Moscú, añadió.

En los meses siguientes, Page negaría con vehemencia las acusaciones formuladas contra él. Calificándose a sí mismo como alguien «que busca la paz», incluso expresó sus simpatías por Podobni, el espía, a quien describió como «un diplomático ruso de bajo rango». En un correo electrónico enviado al *Guardian*, Page se quejaba de que Obama les había perseguido a Podobni, a Spórishev y a él «siguiendo la tradición de la Guerra Fría». Escribía:

> Ha llegado el momento de escapar de esa mentalidad propia de la Guerra Fría y empezar a centrarse en amenazas reales, y no en «cocos» obsoletos e imaginarios de Rusia.

La lealtad de Page al SVR era impresionante. Podobni no era «un coco imaginario», sino un agente operativo profesional que trabajaba contra los intereses de Estados Unidos. Y además, alguien que hablaba pestes de Page a sus espaldas.

Fueran cuales fuesen los motivos de Page para ayudar a la inteligencia rusa —avaricia, ingenuidad, estupidez—, sus infortunios estaban a punto de empeorar.

El dossier secreto en el que él representaba un papel estelar había dejado de ser secreto: alguien iba a hacerlo público.

3

Publícalo y vete al infierno

Enero de 2017
Oficinas de BuzzFeed, Nueva York

> Conozco demasiado bien a la prensa. Casi todos los
> redactores se ocultan en nidos de araña… tramando
> cómo pueden engañar con sus mentiras, progresar en
> sus puestos y llenar sus codiciosos bolsillos calumnian-
> do a los estadistas.
>
> SINCLAIR LEWIS,
> *Eso no puede pasar aquí*

A comienzos de 2017, las acusaciones relativas a la relación entre Donald Trump y Rusia eran un secreto a voces tanto en el ámbito político como en los medios de comunicación. Prácticamente todo redactor jefe y columnista de prensa conocía las imputaciones, aunque
no sus pintorescos detalles. Julian Borger, del *Guardian*, así como otras
personas del *New York Times*, *Politico* y otros medios, habían visto copias del dossier. Yo sabía que existía, pero aún no lo había leído.

El dossier había pasado de mano en mano como si fuera un
samizdat, el término soviético que hacía referencia a las obras lite-
rarias —de autores como Pasternak, Solzhenitsin…— prohibidas
por las autoridades del Kremlin y que se leían en los hogares a altas
horas de la noche; una vez terminada su lectura, aquellos textos
mecanografiados se pasaban en secreto de unas personas a otras.
Steele no filtró su propia investigación; era Glenn Simpson quien

—convencido de la necesidad de que llegara a la opinión pública y consciente de que una investigación del FBI podría llevar años— estaba detrás de aquella campaña de información cuya fuente aparentemente no podía confirmarse.

Durante meses, diversos periodistas encargados de tomarle el pulso a la seguridad nacional y corresponsales en Moscú habían estado trabajando febrilmente para corroborar las acusaciones. Hubo correos electrónicos, reuniones editoriales clandestinas, llamadas telefónicas encriptadas y mensajes cifrados utilizando el programa PGP (sigla en inglés de Pretty Good Privacy). Hubo viajes a Praga, la presunta ubicación —en la misma ciudad o en sus inmediaciones— de un encuentro entre Michael Cohen, abogado de Trump, y agentes operativos rusos. También hubo viajes a Moscú.

En octubre llegó a mi bandeja de entrada un correo electrónico escrito por alguien del bando de Clinton. Exponía algunas de las acusaciones no probadas contra Trump, incluyendo la de mantener relaciones sexuales con prostitutas en Moscú, y afirmaba que las imputaciones procedían de una fuente del FSB. No era el trabajo de Steele, pero el dossier reflejaba algunos de sus hallazgos. Me pareció una especie de mala imitación de una obra de Shakespeare escrita a toda prisa de memoria por un miembro del público después de haberla visto. Resultaba intrigante. Pero ¿cómo fundamentarlo?

La opinión pública sabía poco de toda esta frenética actividad de investigación. Estaba el artículo de Corn en *Mother Jones*, y había otro de Franklin Focr en *Slate*. Este último aludía a un servidor de correo electrónico que vinculaba el banco ruso Alfa con el equipo de Trump: presuntamente dicho servidor se había utilizado para llevar a cabo comunicaciones secretas. De ser cierto, resultaba fascinante; pero ¿qué podía significar? Aparte de estos sugerentes fragmentos públicos, apenas se publicó mucho más. Los medios de comunicación y los servicios de inteligencia de Estados Unidos y Europa, además de varios representantes electos, estaban guardando un secreto gigantesco.

El dilema que afrontaban los jefes de redacción era evidente.

El dossier de Steele parecía fiable. Pero, a menos que pudieran verificarse sus principales afirmaciones —que Trump había conspirado activamente con los rusos, en especial en la divulgación de correos electrónicos robados—, no era fácil encontrar la forma de publicarlo. Divulgar información incorrecta no tenía ningún interés público: corrías el riesgo de quedar como un idiota. Además, estaba la posibilidad de que hubiera acciones legales. No era probable que Putin se querellara, ya que el KGB tenía otros métodos. Pero no se podía decir lo mismo de Trump, un «litigante en serie» cuya forma de acción preferida era atacar en los tribunales, derribar directamente al otro tío, como hizo en un famoso evento de la WWE.

Lo que cambió la dinámica editorial fue la decisiva intervención de McCain. Cuando Trump estaba a punto de tomar posesión de la presidencia, el senador hizo que la balanza se inclinara hacia la opción de dar publicidad al asunto. Si las agencias de inteligencia estadounidenses consideraban que Steele era creíble, y estaban tratando de corroborar sus afirmaciones, ¿no significaba eso que seguramente allí había una *historia*? Sin duda era un hecho noticiable que el FBI hubiera solicitado una orden judicial FISA (es decir, amparada en la Ley de Vigilancia de la Inteligencia Extranjera) para seguir investigando.

Fue la CNN la que dio las primeras noticias sobre el asunto, diez días antes de la toma de posesión de Trump. La cadena informó de que varios directores de agencias de inteligencia estadounidenses habían entregado documentos clasificados tanto a Obama como al presidente entrante. Estos incluían la acusación de que «agentes operativos rusos afirman tener información personal y financiera comprometedora sobre el señor Trump». La CNN atribuía el origen de su información a «múltiples funcionarios estadounidenses con conocimiento directo de los informes».

La misma cadena de noticias sostenía que una versión reducida del dossier había llegado a manos del Grupo de los Ocho: los cuatro principales líderes republicanos y demócratas en la Cámara de Representantes y el Senado, más el presidente y los miembros de mayor rango de las comisiones de inteligencia de ambas cámaras. El resumen, de dos páginas, era estrictamente confidencial, y por ello no se incluía en el informe clasificado sobre las actividades de hackeo rusas, compartido de forma más extensa dentro del gobierno.

La CNN afirmaba que no podía probar las afirmaciones más escabrosas del dossier, y que, en consecuencia, no informaría de ellas. Los directores de las agencias habían dado «el extraordinario paso» de hacer llegar el resumen a Trump porque querían que supiera que las acusaciones formuladas contra él se estaban difundiendo ampliamente; al menos en el ámbito de los servicios de inteligencia y en el Congreso.

La decisión de la CNN de emitir los aspectos generales de la noticia fue audaz; y seguramente acertada. Durante meses hubo un círculo de personas con acceso a información privilegiada que sabía de la existencia de ese material mientras se mantenía en la ignorancia a la opinión pública.

La decisión causaría una gran aflicción a la cadena. Entre los colaboradores que explicaron en televisión los orígenes del dossier figuraba Carl Bernstein, uno de los dos periodistas del Watergate original, convertido ahora en un personaje de setenta y tres años de cabello blanco y aspecto distinguido (su antiguo colaborador, Bob Woodward, que seguía trabajando en el *Washington Post*, no se mostró demasiado impresionado por el trabajo de Steele, que calificó de afrenta a Trump y «porquería de documento»).

Horas más tarde, BuzzFeed, la empresa de medios online hacía una de las apuestas más audaces de toda la historia del mundo editorial estadounidense.

La firma tenía su sede en Nueva York, en unas oficinas situadas en la calle Dieciocho. Este de Manhattan. Cerca estaba el Parque Union Square, una agradable zona verde con una librería Barnes & Noble y varias cafeterías de estilo artesanal. El personal de Buzz-Feed era joven, de entre veinte y treinta años, y la mayoría de sus integrantes nunca habían trabajado en algo tan pintoresco y anticuado como un periódico impreso. Fundada en 2006, BuzzFeed todavía hacía *listículos*, es decir, artículos integrados por bonitas listas de cualquier cosa, desde fotos de pasteles hasta productos baratos para el cabello. Pero en 2011 la empresa nombró jefe de redacción a Ben Smith y amplió su ámbito de actividad para dar cabida al periodismo serio. Ahora contaba con una red de corresponsales extranjeros, desvelaba noticias y realizaba investigaciones.

Tras la información de la CNN, BuzzFeed hizo lo que nadie más estaba dispuesto a hacer: colgar el dossier completo en la web. Irónicamente, Simpson había tenido el buen juicio de divulgar detalles del documento en Washington, pero no se lo había hecho llegar a Smith. BuzzFeed obtuvo una copia de una fuente distinta.

El dossier de treinta y cinco páginas de Steele ahora estaba disponible para que todo el mundo pudiera leerlo, desde Fénix, en Arizona, hasta la península de Kamchatka, en Rusia, al otro lado del Pacífico. BuzzFeed hizo algunas modificaciones. Suprimió algunas descripciones que podían permitir identificar a una fuente por el cargo que ocupaba, y también eliminó un «comentario de empresa». Pero, fuera como fuese, la información que prácticamente conocían ya todos los miembros de las élites del país se inyectó en el torrente sanguíneo de la democracia.

En el artículo que acompañaba al dossier, BuzzFeed explicaba que había publicado aquel documento sin verificar «para que los estadounidenses puedan formarse su propia opinión». Añadía que aquellas acusaciones habían «circulado por las instancias superiores del gobierno estadounidense», señalando asimismo que el informe no estaba verificado y contenía algunos errores.

La reacción del presidente electo fue atronadora. Se lanzó a través de su método habitual, sobre la cabeza de los detestados medios liberales, y dirigida a los millones de personas fervientes que le habían votado.

A la 1.19 del 11 de enero, Trump tuiteó:

¡NOTICIA FALSA! ¡UNA ABSOLUTA CAZA DE BRUJAS POLÍTICA!

La afirmación de que se trataba de una noticia falsa iría en aumento y se repetiría varias veces. Luego Trump pasaría a tildar a Steele de mercachifle de «falsas acusaciones» y «espía fracasado que teme que le demanden». Quienes le habían encargado el trabajo eran «depravados agentes políticos, tanto demócratas como republicanos. ¡NOTICIA FALSA! Rusia dice que no hay nada de eso».

En cuanto a BuzzFeed... bueno, era un «endeble montón de basura» y «un blog izquierdista».

Aquella especie de irritada fuga se convertiría en la música de fondo de la presidencia de Trump en la medida en que sus relaciones con muchos de los medios de comunicación pasarían a estar presididas por un conflicto abierto y resentido. Mientras tanto, los ayudantes de Trump repetirían las afirmaciones absolutistas de su jefe de que nada de todo aquello tenía una base real.

Cohen, el abogado de Trump, parecía casi afligido. Aquel era un complot tan feo como fantasioso, declaró a la revista *Mic*. «Resulta muy ridículo en muchos niveles —decía Cohen—. Es evidente que la persona que lo ha creado lo ha sacado de su imaginación o lo ha hecho confiando en que los medios liberales publicaran esa falsa historia por cualesquiera razones que pudieran tener.»

Era de esperar ese contraataque. La posición del equipo de Trump era inequívoca: el dossier era partidista, una falsificación, un invento, una puñalada, una chorrada y una fea calumnia liberal. O, por utilizar una expresión de Steele, una sarta de gilipolleces.

Smith, el redactor jefe de BuzzFeed, decía que no se arrepentía de nada, señalando el hecho de que los propios responsables del espionaje estadounidense se habían tomado el material en serio. De lo contrario, ¿para qué molestarse en informar al presidente? Smith argumentaba que el dossier ya estaba influyendo en el comportamiento de los políticos electos, llevando a Reid y a otros a plantear serias cuestiones públicas al FBI. «La luz del sol es un desinfectante», observaba.

Hay aquí una buena cantidad de material de debate para una clase de ética periodística, y para los futuros historiadores desde finales del siglo XXI en adelante. Sin duda, los estudiantes de periodismo sopesarán una y otra vez si BuzzFeed acertó en su decisión de publicar un material no verificado, o si, por el contrario, llevó la información periodística a nuevas cotas de mezquindad.

Durante un breve periodo de tiempo, la identidad del autor del dossier fue un misterio. Corría el rumor de que era un antiguo espía británico. En Londres, Nick Hopkins y yo nos preguntamos si podía ser Steele. Hopkins le envió un mensaje de texto. No hubo respuesta.

La tarde del 11 de enero participé en una mesa redonda sobre las relaciones entre Estados Unidos y Rusia y el ciberespionaje. El lugar —el Club Frontline— era el mismo donde en 2006 Litvinenko había denunciado a Putin tras el asesinato de Anna Politkóvskaia, la periodista conocida por su oposición crítica al líder ruso (Litvinenko sería envenenado tres semanas más tarde). Otro de los participantes en la mesa era Nigel Inkster, antiguo subdirector del SIS.

Hacia la mitad de nuestro debate, el *Wall Street Journal* reveló que Steele era el autor del dossier.

Entre las empresas mediáticas tradicionales existía un cierto resentimiento por la decisión de BuzzFeed de publicar. Los rivales decían que también ellos tenían el dossier, pero que habían decidido no divulgarlo. Varios columnistas arremetieron contra BuzzFeed. Margaret Sullivan, del *Washington Post*, escribió que nunca estaba justificado difundir rumores e insinuaciones. Smith se había deslizado por «una resbaladiza pendiente ética de la que no hay vuelta atrás». Y lo mismo en el caso de John Podhoretz, del *New York Post*, que afirmó que los periodistas debían mostrarse escépticos con todas las fuentes, especialmente las «de inteligencia».

Ese mismo argumento lo compartían diversos críticos de izquierdas como Glenn Greenwald, antiguo periodista del *Guardian* que había colaborado con Edward Snowden y en 2013 había publicado las revelaciones de este último sobre las operaciones de vigilancia masiva de la Agencia de Seguridad Nacional, la NSA. Habían sido —decían— las fuentes de inteligencia las que aseguraron antes de la ignara guerra de Irak de 2003 que Sadam Husein tenía armas de destrucción masiva. Y habían mentido. ¿Por qué creerles ahora? Trump tuiteaba en la misma línea.

Aun así, hubo algún interesante reconocimiento de que los medios de comunicación habían incumplido su principal deber: informar a la opinión pública. Los periódicos habían publicado la noticia fácil, el poco emocionante escándalo de los correos electrónicos de Hillary Clinton, y, en cambio, habían eludido la que resultaba más controvertida, la que involucraba a Trump, Rusia, el sexo, y la oscura premisa de que los rusos habían tratado de inclinar la balanza en unas elecciones presidenciales.

Liz Spayd, responsable de ética y defensora del lector del *New York Times*, explicaba que los reporteros del periódico habían dedicado una gran parte de los primeros días de otoño de 2016 a tratar de corroborar los rumores sobre Trump. Eran conscientes de que el FBI estaba investigando un servidor clandestino que conectaba con Moscú. Se reunieron con Steele. E incluso bosquejaron un reportaje. Pero, según Spayd, fuentes de alto rango del FBI persuadieron al *New York Times* de que no lo publicara. Después de acaloradas discusiones internas, y de una intervención decisiva del director ejecutivo Dean Baquet, decidieron no hacerlo.

La conclusión de Spayd era que el periódico había sido demasiado tímido. «No creo que nadie ocultara información por motivos innobles… Pero la idea de que solo publicas una vez que toda la información está completa y plenamente contrastada es un falso concepto», escribía.

Había aquí una paradoja. Por un lado, Trump había dejado claro que aborrecía los medios de comunicación. No solo daban noticias falsas, sino que también eran «enemigos del pueblo estadounidense», según otro de sus tuits. Entre dichos enemigos se incluían el «endeble» *New York Times*, la NBC News, la ABC y la CNN. Durante la campaña electoral, Trump había calificado a los periodistas de «deshonestos», «repugnantes» y «la forma más baja de humanidad»; los reporteros —sugirió— eran amebas con brazos y piernas, «basura humana».

Mark Singer, autor de una desternillante semblanza de Trump publicada en el *New Yorker*, escribió que la prensa se merecía algo de eso:

> Una gran parte del Cuarto Poder, primero por no tomarse en serio a Trump y después por *tomárselo* en serio, le ha seguido el juego como necios. Durante meses, Trump los ha tratado como tontos de feria. Cuanto más tiempo en antena y más tinta le dedicaban, más los vilipendiaba.

Por más invectivas que Trump lanzara a los medios, «las cámaras seguían grabando», observaba acertadamente Singer, que admitía que también él era un tonto en ese aspecto: «En el distante banquillo (más concretamente el sofá de mi sala de estar), mi vergonzoso secreto era que no podía apartar la mirada».

Puede que el tono anti-prensa de Trump fuera histérico, pero sus afirmaciones postelectorales no carecían de cierta lógica. El Partido Demócrata estaba debilitado y derrotado. El principal adversario de Trump —si no los estadounidenses en sí mismos— eran los medios de comunicación liberales, y en especial los equipos de investigación consagrados a indagar sobre sus conexiones con Rusia. El Cuarto Poder ocupaba ahora un destacado papel en la desgarbada versión real de la serie *House of Cards*. Ya no eran meros observadores, sino protagonistas. Eran, desde la perspectiva de Trump, villanos, conspiradores, enemigos y saboteadores.

Por otro lado, el 45.º presidente de Estados Unidos ejercía un extraordinario y beneficioso impacto en los medios informativos. Antes de él, la moral en los medios era más bien baja o, como mucho, se mantenía en un nivel medio. El modelo publicitario que había sustentado a rotativos antaño importantes como el *Baltimore Sun* o el *Philadelphia Inquirer* se había ido a pique. Los primeros años del siglo XXI se habían caracterizado por los despidos en las salas de redacción, la reducción de las delegaciones en el extranjero y el descenso de las ventas de ejemplares impresos.

Ahora el número de suscriptores digitales se disparaba, y los periodistas se sentían revigorizados por la que sin duda era la noticia más importante de su vida profesional. «Es la sala de redacción más optimista que he visto en toda mi carrera», me dijo Marty Baron, editor ejecutivo del *Washington Post*. Baron me explicaba que los insultos, el lenguaje deshumanizador y el hecho de que se prohibiera al *Post*, junto con otros destacados rotativos, asistir a los mítines de campaña de Trump, bueno… todo eso hacía que su personal se esforzara aún más.

Por primera vez en mucho tiempo, el *Washington Post* no estaba en números rojos. La elección de Trump había sido una bendición: ahora el diario que había destapado el escándalo Watergate necesitaba contratar a sesenta reporteros y ocho periodistas de investigación. El presidente ejercía un saludable impacto en sus métodos de verificación de datos. Trump decía tantas mentiras que la sección dedicada a contrastar datos se había duplicado en tamaño, pasando de una a dos personas. El periódico incluso se había dado un nuevo y desenfadado eslogan: «La democracia muere en la oscuridad».

Como señalaba acertadamente Baron, Trump amaba a los «enemigos del pueblo». Cada mañana estudiaba con atención sus recortes de prensa, que le facilitaban en el obsoleto formato de papel impreso. Pero su interfaz preferida con la realidad era la televisión, especialmente el canal Fox News, donde se veía reflejado a sí mismo en términos absurdamente halagadores.

En aquel momento era el presidente más accesible a los medios que hubo nunca en Estados Unidos. Concedió más de veinte horas de entrevistas a los reporteros del *Post*, que elaboraron una fascinante biografía del candidato, *Trump Revealed* (Mitt Romney, en cambio, ofreció solo cuarenta y cinco minutos de entrevistas, y se negó a ser entrevistado para la redacción de un libro biográfico similar como candidato).

Desde el Despacho Oval, Trump incluso llamaba a periodistas a sus teléfonos móviles. Uno de ellos fue Robert Acosta, del *Post*, un antiguo confidente. Como se trataba de un número oculto, Acosta creyó que le llamaba un lector chiflado con alguna queja. «¡Hola, Bob!», le saludó Trump. Nunca sabías cuándo iba a llamar. Cuando el Gran Hombre quería hablar con ellos, ocurría que los periodistas solían estar lejos de sus escritorios, en Starbucks, en el pasillo o en la mesa de la cocina.

También hubo otras consecuencias. La historia de la relación entre Trump y Rusia era tan variopinta y tan compleja que hacía necesaria la cooperación. Tenía más envergadura que una primicia individual.

En el *Guardian* seguíamos pistas de las dos orillas del Atlántico. Entre ellas, cómo las agencias de espionaje británicas habían detectado de entrada la existencia de interacciones sospechosas entre los rusos y la organización de la campaña de Trump, y el papel que había desempeñado el Deutsche Bank, el principal prestatario de Trump. Montamos un equipo de investigación: Harding, Hopkins, Borger y Stephanie Kirchgaessner, una antigua corresponsal en Washington de gran talento, que a la sazón estaba en Roma. Y creamos una cartera de fuentes.

Seguía habiendo una sana competencia, y los reporteros de diferentes rotativos empezaron a trabajar juntos en algunas historias. Se formaron consorcios de prensa oficiales y se mantenían conversaciones *ad hoc* entre antiguos rivales. Yo personalmente hablé con el *Times*, el *Post*, el *Financial Times* de Londres, Reuters, *Mother Jones*, el *Daily Beast*, la CNN y otros medios. Las conversaciones se produjeron en Nueva York, Washington, Londres, Munich y Sarajevo. Algunas de ellas tuvieron lugar en relucientes salas de reuniones; otras, en rincones de pubs delante de una cerveza tibia.

Jill Abramson, antigua editora ejecutiva del *New York Times*, sostenía que la «gravedad del asunto» exigía un cambio de comportamiento en el mundo de la prensa. Trump implicaba una nueva era. Y un nuevo pensamiento postribal. Escribía Abramson:

> Las agencias de noticias acreditadas que han destinado recursos a la información original sobre el asunto de Rusia no deberían competir entre sí; deberían cooperar y compartir información.

Los colegas republicanos de Trump mostraron poco interés en investigar si las acusaciones del dossier eran ciertas o no, de modo que la realización de esta función cívica se dejó en manos de los medios. Fareed Zakaria, de la CNN, señalaba que en la era Trump el periodismo tenía un renovado propósito elemental: «Nuestra tarea es simplemente mantener vivo el espíritu de la democracia estadounidense», decía.

Puede que los periodistas se imaginaran a sí mismos como los soldados de infantería del progresismo, pero tendrían otro importante papel: se convertirían en los receptores de las filtraciones de la que resultaría ser la historia más filtrada relacionada con la Casa Blanca desde la segunda administración Nixon. Cuanto más censuraba Trump las filtraciones y a sus responsables, como un niño caprichoso que no puede salirse con la suya, más material perjudicial filtraban sobre él sus enemigos.

Steele quería que su trabajo lo leyera solo un pequeño grupo de entendidos integrado por profesionales de la inteligencia; de hecho, personas como él, a las que respetaba. Pero ahora estaba en manos de todo el mundo. Para los periodistas, el dossier era una especie de combustible para cohetes, suficiente para hacerles despegar en una renovada misión de investigación cuyo destino final (¿el *impeachment*, o un escándalo que acabaría por extinguirse por falta de pruebas?) se ignoraba. No estaba claro cuánto podría durar el viaje. Seguramente meses, y es posible que incluso años. Había un montón de pistas, pero no tantos hechos comprobados.

Mientras tanto, en Moscú, el lenguaje utilizado por el Kremlin se hacía eco del de Trump. La tarea de denunciar el contenido del informe se dejó en manos de Dmitri Peskov, el portavoz de Putin ante los medios. El propio Peskov había representado un papel en el asunto. Según Steele era quien controlaba el «dossier de material comprometedor sobre Hillary Clinton» recopilado durante muchos años por los servicios de inteligencia rusos. Y ello se hizo —escribía Steele— «siguiendo órdenes directas de Putin».

Primero, Peskov negó las acusaciones sobre Trump. «Esa información no se corresponde con la realidad y no es más que ficción», declaró. Luego insistió en que el Kremlin «no se dedica a recopilar material comprometedor». Tras la divulgación del material había una intención política: poner fin a la mejora en las relaciones entre Estados Unidos y Rusia, que —afirmó Peskov— ahora se habían «degradado». Adoptando la misma expresión de Trump, Peskov calificó el dossier de «absoluta falsedad». Ni siquiera valía «el papel en el que estaba escrito».

Cualquier persona familiarizada con el espionaje ruso no habría podido menos que esbozar una sonrisa irónica ante el solemne desmentido de Peskov. Es cierto que nadie aparte del FSB podía saber si la agencia de espionaje realmente tenía o no un vídeo de Trump. Pero tanto el FSB como su predecesor, el KGB, tenían un rico historial en lo que se refiere a recopilar material comprometedor, y, en numerosas ocasiones, a filmar a sus objetivos cuando estos mantenían relaciones sexuales, aunque fuera con su propia esposa o esposo. Y tuve yo mismo ocasión de experimentarlo.

Durante mi estancia en Rusia como corresponsal, el FSB irrumpió en nuestro apartamento familiar en el marco de una campaña de acoso de baja intensidad. Por lo general, tal como hacía el KGB en la época de Steele, dejaban pistas que delataban su presencia. La embajada británica en Moscú nos proporcionó asesoramiento. Nos dijo que los diplomáticos estadounidenses y británicos, más su personal auxiliar ruso en la embajada, sufrían de «intrusiones domiciliarias» similares. Esos juegos psicológicos se remontaban a los tiempos del KGB. Probablemente figuraban en el manual de entrenamiento que utilizó Putin en la década de 1970, cuando asistió a la escuela de espionaje. Los diplomáticos británicos nos dijeron que ahora había escuchas en nuestro apartamento.

Tras regresar de unas vacaciones en Berlín, descubrí que el FSB había vuelto a visitarnos. En este último allanamiento habían dejado un libro junto a nuestro lecho matrimonial. Estaba en ruso, y se titulaba «Amor, libertad, soledad».

Era un manual de sexo y de relaciones de pareja.

Los hombres de Putin habían insertado amablemente una señal en la página 110. Pasé las hojas con curiosidad. La página en cuestión ofrecía consejos sobre los orgasmos. Fue un momento surrealista: sombrío, repugnante y ridículo. Visto después de un par de vasos de vodka, el regalo del FSB resultaba casi gracioso. ¿Había alguna dificultad técnica? ¿O algún problema con la frecuencia de nuestras relaciones sexuales? Sea como fuere, el mensaje estaba claro: *os estamos observando*.

Putin era bien consciente de lo que hacía su servicio de espionaje en el dormitorio. Especialmente cuando se trataba de filmar a sus objetivos en compañía de lo que la prensa rusa denomina «chicas de conducta fácil».

En 1999, el fiscal general de Rusia, Yuri Skurátov, se enemistó con Borís Yeltsin. Las investigaciones sobre corrupción de Skurátov sentaron mal a muchas personas influyentes en el Kremlin, incluido el oligarca Borís Berezovski (por entonces Berezovski, un intermediario y actor en la sombra que tenía el cargo de subdirector del consejo de seguridad de Yeltsin, estaba en la cúspide de su poder). Un canal de televisión controlado por el gobierno emitió un vídeo de Skurátov en la cama con dos prostitutas. El vídeo no resulta nada favorecedor: muestra a un tipo fofo de mediana edad reclinado en un sofá en compañía de dos mujeres rubias. El registro de la hora revela que eran las 2.04.

El episodio acabó con la carrera de Skurátov, que poco después presentó su dimisión alegando motivos de salud. Hubo un alto funcionario que desempeñó un papel prominente en la dimisión y la humillación nacional del fiscal. Dicho funcionario —por entonces jefe del FSB— declaró que él creía que el vídeo era auténtico. Era Putin, que en su declaración pronunció una frase memorable que quedaría grabada en la memoria de la opinión pública rusa.

La figura que aparecía en el vídeo era «una persona similar [en apariencia] al fiscal general», afirmó Putin lacónicamente.

Cuando Putin se convirtió en presidente, el FSB siguió filmando los momentos íntimos de sus objetivos. La vigilancia encubierta era tan generalizada que a los diplomáticos británicos recién llegados a Moscú para ocupar un cargo se les informaba de inmediato sobre los peligros de las trampas de seducción.

En el pasado, incluso algunos funcionarios ilustres habían sucumbido a ellas. En 1968, el embajador británico en la Unión Soviética, sir Geoffrey Harrison, tuvo una aventura con una criada que trabajaba en la embajada. La criada, Galya Ivanova, trabajaba para el KGB, como posiblemente supiera sir Geoffrey. El KGB le envió las fotos; Harrison lo comunicó a Londres, y le hicieron regresar de inmediato. «Bajé las defensas», admitiría el embajador.

Las rusas jóvenes y atractivas utilizadas para atraer a los diplomáticos occidentales tenían un nombre: «golondrinas». En la época soviética, el organismo encargado de gestionar sus actividades era la Segunda Dirección General del KGB.

En 2009, James Hudson —vicecónsul del Reino Unido en Ekaterimburgo, la principal ciudad de los Urales— fue filmado en un salón de masajes local. Como Skurátov, Hudson, vestido con una bata, tenía un lamentable aspecto en el vídeo. Aparece un beso, champán y momentos de sexo explícitos con dos mujeres. El FSB filtró el vídeo al tabloide *Komsomólskaya Pravda*, que lo publicó con el divertido título de «Las aventuras del señor Hudson en Rusia». Hudson abandonó discretamente Rusia y el Ministerio de Exteriores británico.

Un mes después, el FSB cazó a otra aparente víctima, esta vez estadounidense. El vídeo apareció en el mismo medio informativo, que afirmaba que mostraba al diplomático Kyle Hatcher llamando por teléfono a una prostituta. Las características de producción revelan que, sin duda, es obra de un aficionado. Suena una música de saxo de escasa calidad. Presuntamente, Hatcher pregunta a Inna, Sonia y Verónica en ruso con acento inglés: «¿Estáis libres dentro de una hora?». Verónica responde: «En una hora y media».

El periódico ruso afirmaba que Hatcher era un agente de la CIA. Su labor oficial era actuar de enlace con las comunidades religiosas rusas, incluidas las cristianas y musulmanas —se afirmaba—, justificando la publicación sobre la base de que Hatcher era un hipócrita. El embajador estadounidense, John Beyrle, afirmó que la filmación era falsa, y presentó una queja oficial al ministro de Exteriores ruso.

Los chanchullos sexuales del FSB no habían cambiado mucho desde los tiempos de la Guerra Fría. Y seguían realizándose por las clásicas y típicas razones de los servicios secretos: entrampar, reclutar, avergonzar y chantajear.

Sus agentes operativos podían realizar aquellas operaciones con relativa facilidad. Las cámaras ocultas eran mucho más pequeñas que en el apogeo del KGB. También la calidad de la imagen era mejor; lo bastante buena para emitir el vídeo en la televisión estatal si uno quería.

Las víctimas de los chanchullos sexuales eran mayoritariamente rusas. En abril de 2016, filmaron al líder opositor ruso Mijaíl Kasiánov con una cámara oculta situada en un tocador. Kasiánov había sido primer ministro de Putin durante cuatro años, hasta que fue destituido en 2004. Entonces se unió a la oposición. Y ahora aparecía desnudándose junto a una colaboradora de su Partido Republicano de la Federación Rusa (antes Partido de la Libertad del Pueblo), Natalia Pelevine. El canal NTV —utilizado para liquidar políticamente a varios críticos de Putin— emitió la filmación, obtenida en un apartamento privado de Moscú.

Incluso usó la misma frase que había empleado Putin con Skurátov dieciocho años antes. La voz en off declaraba: «Una persona similar en apariencia a Mijaíl Kasiánov».

Desde Moscú, la reacción de Putin al dossier de Trump fue una clase magistral acerca de cómo transmitir varios mensajes a la vez. ¿Por qué Trump —preguntó— habría de venir a Rusia y juntarse con las prostitutas de la ciudad nada más llegar? El estadounidense era un «hombre hecho y derecho», y además estaba acostumbrado a pasar tiempo con mujeres hermosas en espectáculos y competiciones celebrados en todo el mundo. Trump —sugería Putin— era un hombre a prueba de tentaciones. Y añadía el líder ruso:

> Saben que me resulta difícil imaginar que fuera a un hotel a encontrarse con mujeres con un bajo nivel de responsabilidad social, aunque desde luego [las prostitutas rusas] son las mejores del mundo, de eso no cabe duda. Pero dudo de que Trump esté enviciado con eso.

A primera vista, parecía que Putin estuviera defendiendo a Trump, que estaba a punto de convertirse en el líder de una poderosa superpotencia. En realidad, lo que subrayaba Putin era que las prostitutas rusas eran irresistibles («las mejores del mundo»). Había también cierto matiz equívoco («dudo de que…»); y una incómoda imagen según la cual Trump —como si fuera un pez— era inducido a morder el anzuelo («enviciado», de hecho, por unas «viciosas»).

Con su característico humor sardónico, es posible que Putin estuviera transmitiendo también un segundo mensaje, traslúcido, bajo las agitadas aguas del primero. Decía: ¡tenemos la cinta, Donald! Si ese era el significado oculto, el presidente electo debió de advertirlo.

Pasando de la luz a la oscuridad, el presidente ruso añadió que la prostitución no era culpa de las jóvenes que la ejercían. Estas apenas tenían opciones; simplemente intentaban ganarse la vida, explicó. Las verdaderas prostitutas eran quienes habían ordenado «engaños» para ir «contra Trump; esos eran «peor que prostitutas». No tenían «límites morales», añadió Putin. Se refería a Steele, y a los espías occidentales en general.

Fue un discurso breve y eficaz. Pero hizo que uno sintiera lástima por el presidente de Moldavia, Ígor Dodon, que estaba de visita en Moscú para mantener conversaciones con Putin. Ambos habían convocado una rueda de prensa conjunta. Dodon, que acababa de ganar las elecciones en su país con una plataforma prorrusa, ahora se encontraba allí, eclipsado por unos acontecimientos internacionales surrealistas, dando golpecitos nerviosos en un lado de su atril, mirando fijamente al micrófono o recolocando una y otra vez el bolígrafo.

A Putin y a Trump les unía el rechazo al trabajo de Steele. Utilizaban las mismas frases, la misma retórica airada, el mismo *nyet*; como un testigo que se pasara de Nueva York a Moscú, y luego otra vez de Moscú a Nueva York.

En sus tuits, el presidente electo mencionó el hecho de que Rusia había desmentido el dossier:

> Rusia acaba de decir que el informe no verificado pagado por opositores políticos es «UNA TOTAL Y ABSOLUTA INVENCIÓN, UN COMPLETO DISPARATE». ¡Muy injusto!

También:

> Rusia nunca ha tratado de ejercer influencia en mí. NO TENGO NADA QUE VER CON RUSIA. ¡NI TRANSACCIONES, NI PRÉSTAMOS, NI NADA!

Y después:

> Las agencias de inteligencia nunca deberían haber permitido que esa noticia falsa «se filtrara» a la opinión pública. Un último disparo contra mí. ¿Es que vivimos en la Alemania nazi?

No obstante, la estrategia de negación radical de Trump resultaba problemática por dos razones.

La primera es que citar favorablemente a Putin no hacía sino reforzar la idea de que los dos líderes trabajaban en equipo. La segunda, que el Kremlin tenía un historial extremadamente pobre en lo referente a contar la verdad sobre cualquier cosa. El líder ruso había mentido en cosas importantes (tropas clandestinas rusas en Crimea en 2014; el complot del Kremlin para asesinar a Litvinenko...) y otras que no lo eran tanto. Putin era un «especialista en mentir», había afirmado el líder opositor Borís Nemtsov, asesinado en Moscú en 2015; su hábito de engañar era «patológico».

También los políticos occidentales a veces decían mentiras, por supuesto. Pero el engaño y la falsificación tenían una larga historia en Rusia, cuyo origen se remontaba a la época zarista y los «pueblos Potemkin» erigidos para Catalina la Grande. En la literatura abundaba la mendacidad surrealista, especialmente en obras como *El inspector* y *Almas muertas*, de Nikolái Gogol. Y, para Lenin, la verdad estaba subordinada a la lucha de clases.

En el caso de Putin, la mentira era una táctica operativa del KGB. La estrategia mediática posmoderna de la Rusia del siglo XXI tomaba prestadas algunas de las ideas relativistas de Lenin. La verdad real carecía de importancia; lo que importaba era la versión «soberana» que el Kremlin daba de ella. Esta se difundía vigorosamente por todo el territorio ruso, y, cada vez más, también en el extranjero gracias a Russia Today (RT) y otras plataformas informativas estatales.

Entre bastidores, el FBI estaba comprobando que gran parte del contenido del dossier de Steele era cierto. En varios momentos clave resultaba asombrosamente exacto. Plasmaba una relación dinámica entre la organización de la campaña de Trump y los rusos, que involucraba material políticamente útil proporcionado por Moscú a cambio de alguna otra cosa. En palabras de Steele, existía «una conspiración de cooperación muy desarrollada».

¿Y qué podían ofrecer exactamente los estadounidenses?

Un elemento clave de la tensión entre Estados Unidos y Rusia era Ucrania. Según las fuentes de Steele, el equipo de Trump aceptó dejar al margen la intervención rusa en Ucrania durante la campaña. En lugar de ello, y para «desviar la atención», Trump plantearía el tema de los compromisos de defensa de Estados Unidos y la OTAN en el Báltico y Europa oriental. Esto ayudaría a Putin, «que necesitaba cauterizar el tema».

De modo que sí hubo un acuerdo. A cambio de la ayuda del Kremlin, Trump suavizaría la postura del Partido Republicano sobre Ucrania y desviaría su artillería hacia los estados bálticos de Letonia, Lituania y Estonia. Estos países, que se hallaban a las puertas de Rusia y eran miembros de la OTAN, mantenían tensas relaciones con Moscú. Además, contaban con una importante minoría étnica rusa entre su población, la cual recibía la mayor parte de la información que le llegaba a través de la televisión estatal rusa. Así pues, los países bálticos resultaban peculiarmente vulnerables: tanto a la agresión externa como a la subversión interna.

La aparente tarea de Trump era cambiar de tema, dejando a un lado las usurpaciones de tierras ilegales y las incursiones militares de Putin para centrarse en el hecho innegable de que pocos estados europeos estaban cumpliendo sus compromisos mínimos de gasto con la OTAN, establecidos en un 2 por ciento del PIB. Esta política reflejaba la propia agenda aislacionista de Trump, y también servía a los intereses del Kremlin.

Steele estaba en lo cierto. El 18 de julio, los líderes y delegados del Partido Republicano llegaban a Cleveland, Ohio. Su tarea oficial era nominar a Trump candidato presidencial del partido. Entre los asistentes se contaban Mike Pence, gobernador de Indiana y nuevo compañero de candidatura de Trump; el antiguo senador y candidato presidencial Bob Dole, y el exalcalde de Nueva York Rudy Giuliani. También estaban presentes el jefe de campaña, Paul Manafort, Carter Page y Corey Lewandowski, antiguo director de campaña de Trump, que ahora cubría la convención como experto para la CNN. Y Kisliak.

La semana anterior a la «coronación» de Trump, los delegados se reunieron para acordar una nueva plataforma de seguridad nacional. Uno de ellos era Diana Denman, miembro del comité de la plataforma de Texas que había apoyado a Ted Cruz. Denman, que era una veterana incondicional del partido y ferviente reaganiana, propuso una enmienda a la plataforma que previamente apenas habría provocado controversia.

Denman argumentaba que una futura administración republicana debería mantener o incrementar las sanciones impuestas a Rusia, aumentar la ayuda al gobierno prooccidental de Ucrania y proporcionar «armas de defensa letales» al asediado ejército ucraniano. «Hoy, el ideal surgido tras la Guerra Fría de una "Europa unida y libre" se está viendo gravemente cuestionado por la actual agresión militar de Rusia en Ucrania», escribía, añadiendo que los ucranianos merecían «nuestra admiración y apoyo».

Después de esto, ocurrió algo peculiar.

Los miembros del equipo de Trump que trabajaban con los delegados que respaldaban su candidatura hicieron reescribir la enmienda. Uno de los responsables de la campaña de Trump, J. D. Gordon, le dijo a Denman que tenía que «acomodar» su lenguaje «a Nueva York». Según *USA Today*, Gordon también habló con Kisliak al margen de la convención. El caso es que «Nueva York» hizo modificaciones. Se eliminó la mención a las armas letales para Ucrania, reemplazándola por algo más vago que, de hecho, apenas significaba nada: la «ayuda apropiada».

Denman declaró al *Washington Post* que había intentado salvar su lenguaje original, diciéndoles a los empleados de Trump: «¿Qué problema tenéis con un país que quiere seguir siendo libre?». Pero sus esfuerzos fueron en vano: la nueva —y aguada— declaración se aprobó como política oficial. Denman argumentó que eso implicaba el abandono de la idea reaganiana de la paz por la fuerza; es decir, apoyar la lucha de las democracias en todo el mundo, especialmente las que se enfrentaban a la agresión rusa o —como hizo Reagan en la década de 1980— soviética.

No estaba claro quién había sido el responsable de la alteración, pero aquel fue uno de entre varios cambios significativos en la plataforma del partido. Más tarde Trump afirmaría que no sabía nada al respecto. También había otras pistas que apuntaban a colusión. Trump había calificado a la OTAN de «obsoleta» y «desproporcionadamente cara (e injusta) para Estados Unidos». El candidato —o quienes le rodeaban— transmitía señales alentadoras a Moscú.

La semana siguiente, Trump hizo su célebre llamamiento a Putin en una rueda de prensa celebrada en Florida: «Rusia, si estás escuchando, espero que seas capaz de encontrar los treinta mil correos electrónicos [de Clinton] que faltan». Al día siguiente volvió a sacar el tema de los poco fiables europeos que hacían que Estados Unidos pagara por ellos. Lo dijo en un mitin celebrado en Scranton, Pensilvania. «Yo quiero mantener la OTAN, pero quiero que paguen.» También dejó entrever la posibilidad de que Estados Unidos pudiera reconocer legalmente la ocupación rusa de Crimea.

Todo aquello era demasiado para Carl Bildt, exministro de Exteriores sueco, que supo resumir muy bien el estado de ánimo de la escandalizada élite de la política exterior europea. Tras ver el discurso de Scranton, Bildt tuiteó: «Nunca habría creído que un candidato serio a presidente de Estados Unidos pudiera constituir una grave amenaza a la seguridad de Occidente. Pero ahí es donde estamos».

En tiempo real, a través de discursos y tuits, Trump estaba reconfigurando la política exterior estadounidense y socavando descaradamente a la OTAN, la base de las relaciones de Estados Unidos con Europa en la posguerra, y una organización a la que Putin había insultado desde sus días como joven espía del KGB. En ese contexto, la insolente invitación a las actividades de hackeo de Rusia tenía pleno sentido.

En las semanas siguientes a la publicación de BuzzFeed, Steele se desvaneció. Dejó de acudir a su oficina en Victoria. También desapareció de su casa de Surrey, donde vivía con su segunda esposa, sus hijos e hijastros, asediada ahora por los *paparazzi*. Los tabloides británicos especularon con la posibilidad de que hubiera «huido» porque temía por su vida. El *Daily Mail* publicó que podría haberse marchado al extranjero. O que estaba escondido en un «piso franco del MI6». También se reprodujeron las palabras de unos vecinos diciendo que había salido apresuradamente y les había pedido que cuidaran de sus tres gatos.

En realidad, Steele no había huido a ninguna parte. «Está bien. Solo trata de pasar desapercibido», me dijo aquel mes de enero una persona cercana a él. No huía de ningún comando asesino del Kremlin —me dijo su amigo—, simplemente trataba de evitar que los fotógrafos de prensa acamparan delante de su casa. Al no disponer de imágenes recientes, los redactores gráficos tuvieron que improvisar. Encontraron una foto borrosa de Steele tomada en un debate celebrado en 2015 en la Cambridge Union Society. Sin duda era él, con una corbata negra.

Todo este clamor público resultaba inoportuno. Entre la comunidad de espías y exespías se suponía que la gente no veía qué estabas haciendo. Convertirse en noticia —en el factor desencadenante de un escándalo político global— resultaba extremadamente embarazoso. «Si hay un criterio profesional para la gente del mundo de la inteligencia es que no deberían verte. Nada debería ser visible», me explicaba el mencionado amigo. Steele no deseaba que su dossier se hiciera público. Los de BuzzFeed eran unos «gilipollas», añadía.

También había una dimensión política que afectaba al Reino Unido. Tras el Brexit, algunos consideraban imperativo que la primera ministra, Theresa May, entablara buenas relaciones con Trump, con la esperanza de que ello pudiera traducirse pronto en un acuerdo comercial entre Estados Unidos y el Reino Unido. Cuando el dossier de Steele apareció publicado en la web, Downing Street intentaba organizar una reunión entre ambos mandatarios, que había de celebrarse poco después de la toma de posesión de Trump. Hasta estaban dispuestos a ofrecerle una visita oficial de estado con todas las de la ley, incluyendo la alfombra roja y la cena con la reina en el palacio de Buckingham.

Era comprensible, pues, que May tuviera interés en recalcar que su gobierno no tenía nada que ver con Steele. «Está absolutamente claro que el individuo que ha elaborado este dossier hace años que no trabaja para el gobierno del Reino Unido», declaró May.

El enfoque de May causó inquietud en el antiguo servicio secreto de Steele. Algunos creían que Trump era una mera aberración temporal, y consideraban que, al hacerle la pelota, el gobierno se arriesgaba a dañar su colaboración en materia de inteligencia, un intercambio de información que resultaba de vital importancia. Un antiguo agente me dijo que la administración Trump constituía una «amenaza existencial» para la inteligencia occidental.

Al mismo tiempo, los periódicos conservadores favorables al Brexit se mostraban impacientes por echar por tierra a Steele y su historial profesional. El antiguo espía era un «socialista inveterado»; sus afirmaciones eran «infundadas» y «exageradas». El *Financial Times* de Londres ofrecía una visión más sofisticada, declarando que el asunto Steele demostraba una de las leyes del mundo crepuscular de la inteligencia comercial privada: «Podría denominarse el principio de Frankenstein: una vez que desentierras una información, esta puede cobrar vida por sí misma», afirmaba el rotativo.

Era evidente que al gobierno británico le aterrorizaba la posibilidad de que la administración Trump lo culpara del dossier, y de que pensara que la inteligencia británica estaba en la sombra tirando de los hilos. Así lo vio la embajada rusa en Londres. Para el FSB, no había diferencia alguna entre la CIA, el MI6 y Steele: todos ellos formaban una única entidad hostil. En opinión de la embajada, el dossier constituía una manera útil de abrir una brecha entre Londres y la naciente administración de Washington.

En un tuit adornado con enigmáticos signos de interrogación en negrita, sostenía la embajada:

> La historia de Christopher Steele: los agentes del MI6 nunca son ex: facilitando información a la vez contra Rusia y el presidente estadounidense.

Steele, mientras tanto, creía que no tenía mucho sentido hablar con los periodistas. Inevitablemente, estos querrían preguntarle por tres cosas: sus fuentes, sus clientes y sus métodos. Y él no podía hablar de ninguna de las tres. También le preocupaban las posibles consecuencias legales. Steele no era el responsable de la publicación del dossier —era BuzzFeed—, pero ahora Orbis podría tener que hacer frente a demandas de terceros.

De hecho, había ya un inversionista de capital-riesgo, Alekséi

Gúbarev, que había emprendido acciones legales. Gúbarev era dueño de una empresa de tecnología informática de ámbito global, XBT, y de una filial de Webzilla con sede en Dallas. Contrario a lo que Steele mencionaba en el memorando de diciembre, negaba rotundamente cualquier implicación en la operación de hackeo.

A pesar de estos problemas, según los más cercanos a Steele, tenía la moral alta y no estaba en absoluto deprimido. La gran cantidad de información morbosa e inexacta que se publicaba sobre él no le molestaba demasiado. Uno de sus amigos decía:

> Él no tiene que reconstruir su credibilidad. Hay un montón de material de dominio público que es negativo. Su relación con la gente que le preocupa sigue siendo buena. Le importa solo un número muy pequeño de personas. No la opinión pública.

En ese grupo de personas se contaban sus clientes y sus colegas de profesión, agentes de inteligencia de ambos lados de Atlántico, incluidos los que ahora en el FBI tiraban de los hilos para desentrañar la relación entre Trump y Rusia. La bandeja de entrada del correo electrónico de Orbis se llenaba de mensajes. La mayoría eran de apoyo: amigos acomodados que le buscaban un lugar donde vivir. Steele hizo una única concesión al estatus de fugitivo que le atribuían los tabloides: se dejó crecer la barba.

Él sabía a la perfección cómo funcionaba el FSB. Y, en consecuencia, sabía que probablemente no corría un peligro físico inminente. Por regla general, los servicios secretos rusos no mataban a los espías extranjeros. Puede que los hostigaran, entorpecieran su trabajo y les pusieran trampas; que les pusieran escuchas y los sometieran a vigilancia; que les enviaran «golondrinas» para seducirles; que los expulsaran del país como en la época de la Guerra Fría, o que los humillaran en la televisión estatal. Pero no los asesinaban. El asesinato estaba reservado a los rusos. A aquellos a quienes consideraban traidores.

Quienes sí estaban en riesgo eran las fuentes anónimas de Steele. Fueran quienes fuesen, ahora corrían un gran peligro.

4

Hackers

2016-2017
Cuartel general del FSB, Plaza Lubianka, Moscú

> Nosotros no hacemos eso a nivel nacional. Además, ¿de verdad importa quién ha hackeado la base de datos del equipo de campaña electoral de la señora Clinton?
>
> Vladímir Putin,
> septiembre de 2016

La sala de conferencias tenía cierto aspecto fúnebre. Pesadas cortinas marrones, paredes de color beige y, delante, un estrado envuelto en sombras. Había un podio y una gran pantalla. Y un emblema: el águila bicéfala de la Federación Rusa, de color dorado sobre un fondo de un escarlata intenso, enmarcada por una espada y un escudo. En el escudo plateado se leían tres palabras en cirílico: *Federálnaya Sluzhba Bezopásnosti*. Era la sede del FSB.

La misión del FSB —proteger al estado y golpear a sus enemigos— no había cambiado mucho desde los días de Lenin y la revolución bolchevique, casi un siglo antes. Un amigo de Lenin, Félix Dzerzhinski, había dirigido la originaria policía secreta destinada a combatir la actividad contrarrevolucionaria, la Checa. Cuando Putin se convirtió en jefe del FSB, en 1998, tenía una estatuilla de Dzerzhinski en su escritorio; o al menos eso afirmaba el oligarca Berezovski, antaño amigo de Putin y más tarde su más encarnizado adversario en el exilio.

El auditorio formaba parte de la Lubianka, un edificio neoclásico situado en el centro de Moscú que había sido sede del KGB, y antes de la NKVD de Stalin. Por fuera mostraba todo el esplendor artificial propio de una Checa; por dentro —en palabras de un visitante— era sombrío y anodino. En la época comunista, desde el cuartel general del espionaje podía verse una estatua de Félix «el Hierro» Dzerzhinski, el policía secreto de la policía secreta. La plaza que dominaba la Lubianka todavía estaba dedicada a su nombre.

Dzerzhinski había dirigido e ideado una de las mayores operaciones de espionaje jamás realizadas. Sus agentes persuadieron a los rusos blancos más acomodados para que donaran dinero a un «fondo» antibolchevique, aparentemente creado para hacer frente al comunismo. Su supuesto objetivo: el regreso de la monarquía. En realidad, la que controlaba la organización era la Checa. Con ello, Dzerzhinski logró que los exiliados financiaran su propia caída. «Fue una operación absolutamente brillante. La obra de un auténtico genio», me aseguró, llena de admiración, una persona con contactos en la inteligencia estadounidense.

En 1991, la estatua de Dzerzhinski fue derribada y arrancada de su pedestal. Periódicamente estallaba un debate en los periódicos en torno a si tenía o no que devolverse a su lugar. Al fin y al cabo, los *chequistas* —los actuales y antiguos agentes de inteligencia profesionales como Putin— eran los indiscutibles amos de Rusia. En la época soviética, el KGB estaba subordinado al partido y al Politburó; ahora los servicios secretos rusos no se subordinaban a nadie. Nikolái Pátrushev —que sucedió a Putin como jefe del FSB— resumió ese cambio de discurso a sus subordinados: el FSB —declaró Pátrushev— se había convertido en «nuestra nueva nobleza».

En diciembre de 2016 se celebró una reunión de oficiales del FSB en el auditorio de la Lubianka. Se sentaron en unas cómodas sillas rojas. Uno de ellos era un personaje de unos treinta y tantos o cuarenta y pocos años, todavía de aspecto juvenil y con el cabello negro y ralo. Era el coronel Serguéi Mijáilov, subdirector del Centro de Seguridad de la Información del FSB, la principal unidad de ciberespionaje del servicio, conocida en ruso con el acrónimo de TsIB. Un veterano espía que trabajaba en el frente electrónico.

Lo que ocurrió a continuación fue asombroso. Al menos según la versión que haría pública el FSB.

Alguien se dirigió hacia Mijaílov. Le pusieron una bolsa en la cabeza, y luego se lo llevaron fuera de la antigua cámara soviética por una puerta de madera de color marrón. Desapareció sin dejar rastro.

Mijaílov había sido detenido. Su espectacular detención delante de sus colegas de mayor rango y sus compañeros espías transmitía un escalofriante mensaje, evidente para todos los que la presenciaron. A saber: que cualesquiera potenciales traidores podían esperar la misma suerte.

Ninguna cámara grabó el suceso: raras veces se permitía la entrada de periodistas a la Lubianka (y cuando les dejaban entrar con ocasión del discurso anual de Putin a los miembros de su antiguo servicio, tenían que dejar fuera todos los dispositivos electrónicos). Pero los agentes del FSB filtraron la noticia a Tsargrad, el canal de televisión de la Iglesia ortodoxa rusa en Moscú, fundado por Konstantín Maloféyev, empresario conservador y destacado partidario de Putin.

Otras fuentes del FSB confirmaron la historia al *Nóvaya Gazeta*, el periódico liberal que leía la intelectualidad antigubernamental de Moscú. El mensaje, pues —eso es lo que les ocurre a los traidores—, se difundió deliberadamente en todas direcciones.

La detención de Mijaílov, que aconteció el 4 o el 5 de diciembre de 2016, no fue un caso único. Su segundo en el mando, el mayor Dmitri Dokucháyev —un antiguo delincuente informático contratado por el FSB—, presuntamente fue detenido al mismo tiempo. Y lo mismo ocurrió con un tercer sospechoso, Ruslán Stoyanov, miembro de la dirección de Kaspersky Lab, la principal empresa de ciberseguridad de Rusia. Este último había trabajado previamente en el Ministerio del Interior ruso, en el denominado Departamento K, su unidad de lucha contra la ciberdelincuencia. Quienes conocían a Stoyanov, un hombre con perilla y de complexión fuerte, lo describían como un patriota, cuya anterior empresa, Indrik, llevaba el nombre de un animal del folclore ruso parecido al toro. Stoyanov fue detenido en el aeropuerto cuando se disponía a viajar a China. También se arrestó a un cuarto acusado cuya identidad se desconoce.

La detención de dos altos oficiales de la inteligencia rusa, junto con dos civiles, sugería que el Kremlin intentaba cubrir sus huellas. Se produjeron después de que la administración Obama hubiera acusado a Putin, en octubre de 2016, de hackear la campaña electoral estadounidense. Mijaílov fue detenido días antes de nuestra reunión con Steele en el pub. Por entonces el dossier de Steele se había difundido ampliamente entre los periodistas, así como en Washington. Era casi seguro que también lo tuviera el Kremlin.

Cualquier gobierno extranjero que afrontara un informe así trataría de averiguar quién estaba detrás. Para las agencias estadounidenses, las preguntas podrían ser: ¿quiénes son las fuentes?, ¿tienen acceso a esa clase de información?, y ¿cuál es su historial? Para el FSB, en cambio, las preguntas eran: ¿quiénes son los traidores?, y ¿cómo debemos castigarlos? Sus operativos de contraespionaje examinarían la información revelada y tratarían de cotejarla con los agentes conocidos.

Según Tsargrad, el FSB ya estaba en ello, realizando una *zachistka*, un término militar que designaba la limpieza de un área de fuerzas enemigas. La agencia de noticias moscovita Interfax hizo públicos los cargos, declarando que a Mijaílov y Dokucháyev se les acusaba de «traicionar su juramento y trabajar para la CIA». Se decía que habían pasado información secreta a la inteligencia estadounidense; si los declaraban culpables, serían condenados a veinte años de cárcel. Su juicio, y todo lo que le rodeaba, eran un secreto de estado.

No estaba claro qué relación tenían estas detenciones con la operación de injerencia rusa y el hackeo de los correos electrónicos del Partido Demócrata entre 2015 y 2016. Stoyanov tenía buenos contactos con los servicios de seguridad, y también con Occidente, incluidos cuerpos policiales estadounidenses, alemanes, británicos y holandeses. La sección de Mijaílov se especializaba en ciberespionaje. ¿Acaso este último facilitó a Washington detalles sobre la operación, ya fuera directamente o a través de intermediarios? ¿Estaba en contacto con Steele? O, como parecía más probable, ¿no era más que una víctima accidental de una guerra interna en el seno de la inteligencia rusa?

Todas estas aparentes purgas mostraban también otra dimensión, que implicaba a la banda de delincuentes informáticos más conocida de Rusia. El grupo se autodenominaba Shaltái-Boltái en ruso, o su equivalente inglés Humpty Dumpty (un personaje de la literatura inglesa al que se representa como un huevo antropomorfo). Durante tres años libró con espectacular éxito una especie de guerra de guerrillas informativa basada en una mezcla de hackeo, filtraciones y chantaje al viejo estilo: «¡o pagas o te jodemos!». A diferencia de WikiLeaks —un grupo con una sola cara visible, el célebre Julian Assange—, el colectivo de hackers de Shaltái-Boltái prefería permanecer en el anonimato.

Para empezar, la misión del grupo tenía ciertos tintes idealistas. Desde finales de 2013 estuvo filtrando correspondencia oficial, entre la que figuraban correos electrónicos que revelaban el papel que había tenido Moscú de cara a generar el malestar en Ucrania oriental. Entre sus víctimas estaba el primer ministro ruso, Dmitri Medvédev, a quien hackearon la cuenta de Twitter. Como declaró al *Guardian* Aleksandr, uno de los hackers: «Pensé que estaría bien trolear al Kremlin e intentar cambiar algo en el país».

Pero el fundador del grupo, Vladímir Anikeyev, tenía mayores ambiciones. En lugar de filtrar gratis material online, ¿por qué no venderlo a cualquiera que estuviera dispuesto a pagar? Anikeyev había trabajado para una agencia de San Petersburgo que se especializaba en las denominadas «relaciones públicas negativas». Shaltái-Boltái empezó a apuntar directamente a los secretos electrónicos de personajes influyentes: personas vinculadas al Kremlin, diputados rusos y empresarios ricos; para chantajearlos, colgaba en la web una muestra del material hackeado.

La víctima podía pagar, y el material comprometedor desaparecería. Si no lo hacía, todo saldría a la luz; o bien un tercero podía comprar los correos electrónicos filtrados. Según Aleksandr, el propio Anikeyev no era ningún maestro del hackeo, sino que subcontrataba a otros a través de foros de internet para que obtuvieran las contraseñas de correo electrónico de altos funcionarios rusos. La suya era una lucrativa empresa clandestina, que llegó a ganar entre uno y dos millones de dólares en tres años. Los pagos se realizaban en bitcoins. Nadie hacía preguntas.

Luego Shaltái-Boltái empezaría a ofrecer el material al mejor postor. En el verano de 2014, Shaun Walker, el corresponsal del *Guardian*, se reunió con uno de los representantes del grupo en una capital europea. El encuentro tuvo lugar en un club náutico poco frecuentado en las afueras de la ciudad. El hombre —de unos cuarenta años, rechoncho y con una camisa de flores— se mostró extremadamente cauteloso, incluso paranoico, según cómo se mire. Llevó un barco hasta el centro del río, y solo empezó a hablar después de poner música a todo volumen en el camarote para evitar que nadie le oyera. También utilizó un teléfono de prepago desechable.

El representante, que se identificó como Shaltái, le explicó a Walker que Shaltái-Boltái tenía un archivo impresionante. Incluía archivos sobre todas y cada una de las comidas de Putin, además de miles de correos electrónicos enviados por miembros del círculo de confianza del presidente. Leer aquellos documentos internos —afirmó— le había dado una rara perspectiva acerca de cómo se gobernaba realmente Rusia. Putin era un hombre «sin emociones humanas» —añadió Shaltái—, y un patriota convencido que creía que su gobierno redundaba en interés de Rusia.

—Creo que lleva demasiado tiempo en el poder —le aseguró Shaltái a Walker—. Se ha distanciado. En realidad es como un zar. Por debajo de él hay personas que luchan unas con otras, pero tienen demasiado miedo para discrepar con él. No tiene amigos en un sentido normal. Puede que haya gente que le guste, pero es extremadamente paranoico.

Tras la conversación, Shaltái invitó a Walker a tomar algo y reunirse con unas mujeres en tierra, una oferta que el periodista declinó. Parecía evidente que Shaltái-Boltái vendía a cualquiera. ¿Podía incluir a miembros de la inteligencia británica o estadounidense?

Según cierta versión, Mijaílov, el jefe del FSB, se puso en contacto con Shaltái-Boltái a comienzos de 2016. Ofreció un trato a los hackers: el grupo podía continuar con sus actividades a condición de que el FSB tuviera derecho de veto sobre el material que quisieran hacer público en el futuro; y pasó a utilizar a Shaltái-Boltái como una vía para difundir las propias filtraciones del FSB. Una segunda versión sustentaba que había sido el mismo Mijaílov quien había fundado el grupo; y una tercera, que era su *krisha* o «tejado», es decir, su patrono o poder protector en la burocracia estatal rusa.

Fuera cual fuese la versión correcta, estaba claro que el muro que separaba los activos del estado de los piratas informáticos no era más que una fina pared de papel. Según los expertos occidentales en ciberdelincuencia, la agencia de inteligencia extranjera rusa, el SVR, también empleaba a hackers en operaciones delicadas relacionadas con otros países.

El ciberespacio de la segunda década del siglo XXI se parecía a lo que antaño fueron los mares: surcados, uno y otros, por «piratas» que a veces actuaban en beneficio de un «estado» y otras veces contra él.

No había reglas claras ni tratados; internet era un espacio pre-soberano no regulado, donde era relativamente fácil hacer incursiones y luego escapar cubriendo las propias huellas. Emplear a terceros ayudaba a la hora de negar toda responsabilidad. Hasta ahora los estados modernos no han decidido qué leyes deberían regular el ciberespacio. De manera que todo vale.

Según Steele, era frecuente que la inteligencia rusa incorporara a hackers, a los que apenas daba otra opción que cooperar. El FSB «utiliza la coacción y el chantaje para reclutar [a] los ciberoperarios más capaces de Rusia para sus programas patrocinados por el estado», escribía Steele en su memorando de julio de 2016, el segundo que envió a Fusion.

El dossier de Steele resumía todo lo que se sabía sobre las ciberoperaciones rusas, tanto oficiales como delictivas. Moscú —escribía— tenía un «amplio» programa de ciberoperaciones que contaban con el patrocinio estatal. El Kremlin solo había tenido un éxito limitado en las dirigidas contra importantes objetivos extranjeros: gobiernos del G-7, grandes corporaciones, bancos… pero había obtenido mejores resultados con los objetivos «de segunda línea», entre los que se incluían bancos occidentales privados y estados más pequeños como Letonia.

Según Steele, el FSB era «la principal organización del aparato estatal ruso en lo relativo a ciberoperaciones». Tenía cuatro grandes objetivos: gobiernos occidentales; empresas extranjeras, sobre todo bancos; la élite nacional, y los «opositores políticos tanto en su territorio como en el extranjero». Por lo general lograba sus éxitos mediante «puertas traseras de TI»; eso significaba, por ejemplo, sacar partido de los dispositivos de los visitantes estadounidenses o los exiliados rusos cuando viajaban a Moscú.

Steele decía que sus fuentes eran «varios personajes rusos con un detallado conocimiento de la ciberdelincuencia nacional, independientemente de que cuente o no con el patrocinio estatal». A una de ellas se la describía como «un ciberoperario del FSB».

Con la ayuda de Mijáilov o sin ella, era evidente que en el otoño de 2016 Shaltái-Boltái se había pasado de la raya. Su víctima más reciente había sido el viceprimer ministro Arkady Dvorkovich, que se había negado a pagar. Los hackers habían estado viviendo como proscritos, instalados en Tailandia y operando generalmente desde fuera de Rusia. En mayo habían persuadido a Anikeyev de que regresara a Moscú para reunirse con un funcionario del FSB. En noviembre volvió, pero esta vez fue detenido.

La cuenta del grupo en Twitter —que incluía una imagen de fondo de *Alicia en el país de las maravillas* y un Humpty Dumpty a rayas de color amarillo y verde— se cerró en diciembre. Tsargrad afirmó que el colectivo de hackers era una tapadera de la CIA.

Andréi Soldatov, el mayor experto ruso en ciberdelincuencia, discrepa. Él cree que las filtraciones de Shaltái-Boltái delatan «una operación de encubrimiento realizada a toda prisa» para desviar la atención de la injerencia rusa en las elecciones estadounidenses. Soldatov sostenía que posiblemente Mijáilov y Stoyanov conocieran a los responsables extraoficiales del hackeo al Comité Nacional Demócrata; si había informado de ello a los estadounidenses, eso explicaría la acusación de traición. Soldatov se muestra escéptico con respecto a la posibilidad de que el FSB realmente sacara a rastras a Mijaílov con una bolsa en la cabeza.

Mientras tanto, Mijaílov, Stoyanov y Dokucháyev eran retenidos en Lefortovo, un centro de interrogatorio y detención preventiva del FSB. Lefortovo estaba en un lugar que yo conocía. En 2007, el FSB me ordenó acudir allí después de que el *Guardian* publicara una entrevista con Berezovski. El oligarca había afirmado desde Londres —sin ofrecer pruebas— que estaba «preparando una revolución contra Putin». La noticia no gustó en el Kremlin, y el FSB la investigó. Me llamaron como testigo.

Lefortovo era un lugar desalentador: entré por la puerta principal y me encontré en una desértica recepción desprovista de sillas. El oficial de turno me veía a través de un espejo argentado, pero yo no podía verle a él. Entregué mi pasaporte y mi teléfono. Los cogió una mano velluda. Luego, mi abogado —Gari Mirzoyan— y yo recorrimos un largo pasillo dejando atrás un ascensor con aspecto de jaula que descendía a la prisión de Lefortovo, un recinto en forma de «K» situado más abajo donde una vez estuvo encerrado Litvinenko. En las paredes pude advertir la presencia de varias cámaras del KGB de aspecto anticuado que grababan nuestros movimientos. Si algo había cambiado desde los tiempos de la Unión Soviética, yo era incapaz de identificarlo. En los pasillos reinaba el silencio. Una desgastada alfombra roja y verde conducía a una serie de despachos que semejaban cajas.

La entrevista con el mayor Andréi Kuzmín —un joven oficial del FSB de cabello rubio— fue mera rutina. Hizo algunas preguntas sobre el reportaje con Berezovski, arrojándome una fotocopia en color de la portada del *Guardian*.

En la mesa, delante de mí, había una botella de agua con gas y unos vasos. Los vasos llevaban cuatro acrónimos grabados: Checa, OGPU, KGB y FSB; representaban las distintas encarnaciones de la policía secreta del Kremlin. Cuando habían transcurrido cincuenta y cinco minutos, Kuzmín anunció que nuestra entrevista había terminado. Firmé mi declaración como testigo, y me alegré de poder marcharme de allí.

A Mijaílov, Stoyanov y Dokucháyev los retuvieron en un lugar realmente sombrío. Pero en un aspecto tuvieron suerte.

Seguían vivos.

El vehículo aparcado en las inmediaciones de Kitai-gorod era un Lexus 460; un elegante turismo negro con aspecto de coche oficial. Eran las 11.50. La zona, situada cerca del Kremlin y su plaza catedralicia, forma parte del centro histórico de Moscú; si uno se dirige hacia el sur, llega hasta el dique y el río Moscova, que en los últimos días del año es de color gris y está cubierto de gruesas capas de hielo.

A la vuelta de la esquina se halla el viejo palacio que en el siglo XVI habitara un noble llamado Nikita Románovich. En 1547, la hermana de Romanov, Anastasia, se casó con Iván el Terrible. Tras la muerte de ella, en 1560, Iván dio comienzo a su reinado de terror. Sospechaba que Nikita y otros aristócratas podían haber envenenado a Anastasia y que estaban formando un grupo paralelo subversivo. Su respuesta fue crear una nueva fuerza de policía secreta cuya misión era aterrorizar a los enemigos del zar: los *opríchniki*.

El vehículo se había detenido en Kitaigorodski Proyezd, una calle vacía de peatones que albergaba edificios del gobierno y un bloque de oficinas inacabado. Era el lunes 26 de diciembre, habían pasado tres semanas desde la detención de Mijaílov. En el número nueve hay una academia militar que lleva el nombre de Pedro el Grande, y cuyos guardias obligan a dar la vuelta a cualquier conductor despistado que intente entrar en el patio.

Sentado en el asiento trasero del Lexus había un hombre. No se movía; de hecho, estaba muerto. Se llamaba Oleg Erovinkin, y tenía sesenta y un años. Según las noticias publicadas en la prensa rusa, el chófer de Erovinkin llamó a emergencias. Cuando llegaron los médicos, solo pudieron confirmar que ya no podían hacer nada. Poco después aparecieron unos agentes no identificados y se llevaron el cadáver de Erovinkin al depósito del FSB.

Erovinkin conocía los asuntos privados del estado. En la última etapa de la Unión Soviética asistió a la Escuela Superior del KGB, a la que daba nombre Dzerzhinski. Se graduó en 1980, y pasó más de una década trabajando en inteligencia. Más tarde, en el gobierno de Yeltsin, ocupó un nuevo y delicado cargo en la administración presidencial: se convirtió en el responsable de los secretos oficiales. Su trabajo consistía en mantenerlos a buen recaudo.

Erovinkin era próximo a Sechin. Cuando este último se convirtió en viceprimer ministro, en mayo de 2008, Erovinkin se unió a él en el gobierno como jefe de gabinete. Y cuando Sechin dejó el gobierno en 2012 para dirigir Rosneft, Erovinkin se fue con él. Inicialmente se encargó de la secretaría de Sechin, y más tarde pasó a desempeñar otras funciones. Según el canal de noticias ruso RBK, Erovinkin era el responsable de la transmisión y recepción de documentos secretos, actuando como enlace entre Rosneft y el Kremlin. Era un cargo de confianza. Él preparaba las declaraciones anuales de su jefe sobre ingresos y propiedades, que enviaba al gobierno mediante un correo secreto.

Rosneft se mostró ansiosa por recalcar que no había nada sospechoso en la repentina muerte de Erovinkin. «Según la información provisional, murió de un infarto», declaró un portavoz de la empresa. Mientras, el FSB realizaba sus propias comprobaciones; al fin y al cabo, Erovinkin era un general del FSB, de modo que no hacían otra cosa que seguir el protocolo estándar. En la calle donde encontraron el coche con el cuerpo de Erovinkin no hay ni tiendas ni cafeterías; así que mis tentativas de indagar en la zona no me llevaron a ninguna parte.

Nada de todo eso pudo sofocar la especulación obvia: que Erovinkin había sido asesinado. Había dos posibles opciones. La primera, que Erovinkin era la fuente de Steele en las entrañas en Rosneft, alguien con un cargo de la confianza y rango suficientes para estar al tanto de la presunta oferta de comisión a Carter Page. La segunda, que él no era el misterioso informante privilegiado de Steele, pero que, pese a ello, se le había considerado culpable de aquella embarazosa revelación de información secreta. Alguien había cantado; los espías británicos habrían logrado penetrar en la empresa, y Erovinkin había pagado el precio.

Steele se mantenía firme en que Erovinkin no era su fuente, ni tampoco «uno de nosotros». Una persona próxima a él me dijo: «A veces la gente simplemente se muere».

Esa persona admitió, no obstante, que tras la divulgación del dossier el Kremlin ciertamente daba la impresión de estar liquidando algún tipo de red de espionaje estadounidense u occidental. «Si se están desmontando operaciones, son operaciones de la CIA, no suyas [de Steele] —me dijo—. Para los rusos no hay diferencia entre Chris, la CIA y el SIS.»

Desde luego, eso parecía. En el periodo previo a la revelación del informe de Steele, y en las semanas posteriores, también murieron otras personas directamente vinculadas al gobierno ruso. No había una pauta obvia: las muertes se produjeron en Europa, Moscú, Estados Unidos y el sur de Asia. El día de las elecciones estadounidenses, el 8 de noviembre, un ciudadano ruso llamado Serguéi Krivov fue hallado muerto en el consulado de Rusia en Nueva York. Los primeros informes señalaron que se había caído de la azotea. Los funcionarios del consulado hablaron de un infarto.

Según BuzzFeed, Krivov era un comandante destinado al consulado, lo que significaba que su trabajo consistía en impedir que la inteligencia estadounidense penetrara en el edificio. Habría tenido acceso a la denominada «criptotarjeta» del consulado, el descifrador secreto utilizado para encriptar y desencriptar los mensajes transmitidos hacia y desde el centro de Moscú. Su tarea consistía en gestionar cables secretos. ¿Era posible que hubiera fallado, como Erovinkin, de modo que ese canal de comunicación se hubiera visto comprometido?

Otros diplomáticos rusos tuvieron también un misterioso final. Entre ellos se contaban Piotr Polshikov, el principal asesor del departamento latinoamericano del Ministerio de Exteriores ruso (muerto a tiros en diciembre en su apartamento de Moscú); Andréi Malanin, el cónsul de Rusia en Atenas (hallado muerto en enero en su casa), y Aleksandr Kadakin, el embajador ruso en la India (fallecido de un infarto en Delhi; al menos este último estaba enfermo).

La muerte repentina más destacada fue la de Vitali Churkin,

durante largo tiempo representante de Rusia en las Naciones Unidas. Su muerte, a la relativamente temprana edad de sesenta y cuatro años, se atribuyó a un infarto. La policía de Nueva York declaró que no encontró nada sospechoso. Fuera lo que fuese lo que supiera Churkin sobre Trump —ambos se conocían desde 1986—, desapareció con él.

Tres días después de la muerte de Erovinkin, en una mansión campestre situada a unos noventa minutos de Washington en coche, había signos de una actividad frenética. Un grupo de agentes operativos rusos empaquetaban cajas, desmantelaban redes de comunicaciones y salían a toda velocidad eludiendo a los equipos de televisión que aguardaban en los límites de la propiedad. Daba la impresión de que no pensaban volver.

Pioneer Point, en Maryland, era una apacible hacienda situada a orillas del mar. Adquirida por Moscú en la década de 1970, pertenecía al gobierno ruso, y los fines de semana era frecuentada por diplomáticos de dicho país. Tenía canchas de tenis, una piscina y un jardín. Si uno cerraba los ojos, podía imaginar que estaba de regreso en la Gran Moscú, con sus dachas de verano, sus bosques de pino perfumados de resina y sus lagos de aguas frescas aptos para el baño.

Pero el idilio había terminado. La administración Obama anunció que clausuraba la hacienda, junto con otro complejo de propiedad rusa, Norwich House, este situado en Long Island, Nueva York. Según declararon los funcionarios estadounidenses, la mansión de estilo georgiano de Maryland no era solo un lugar de retiro diplomático: también se utilizaba para el espionaje.

Tres semanas antes, Obama había ordenado que los servicios de inteligencia realizaran una revisión exhaustiva de todo lo que había ocurrido durante las elecciones. Aquella mañana, la Casa Blanca había hecho públicas algunas conclusiones plasmadas en un documento de trece páginas, redactado en gran parte para profesionales de tecnología de la información, titulado «Grizzly Steppe» («Estepa de osos pardos»), con el subtítulo «La ciberactividad maliciosa rusa».

Existía la costumbre de asignar a todos los grupos hostiles del ciberespionaje ruso nombres clave relacionados con los osos. A los involucrados en este caso se les dieron los de «Oso Caprichoso» y «Oso Acogedor». El primero era el GRU (el Departamento Central de Inteligencia); el segundo, el FSB. Había muchos otros grupos, detectados en anteriores ataques, por ejemplo, «Oso Venenoso», «Oso Vudú», «Oso Vigoroso», «Oso Enloquecido» y «Oso Colaborador». De ahí lo de «Estepa de osos pardos», para dar continuidad al tema osuno.

El informe, elaborado por el Departamento de Seguridad Nacional y el FBI, era irrefutable. Citando «indicadores técnicos», afirmaba que dos grupos distintos del espionaje ruso habían hackeado con éxito a un partido político estadounidense. No se mencionaba su nombre, pero era evidente que se aludía a los demócratas. El primer grupo, Oso Acogedor, identificado en un lenguaje más técnico como «Amenaza Persistente Avanzada 29» (o APT29, su sigla en inglés), había accedido a los sistemas del partido en diciembre de 2015. El otro, Oso Caprichoso, o APT28, irrumpió en los mismos sistemas en la primavera de 2016.

Según el informe, ambos grupos estaban integrados por experimentados agentes operativos. Previamente habían apuntado a organizaciones gubernamentales, laboratorios de ideas, universidades y empresas de todo el mundo. Su operación para hackear al Partido Demócrata involucraba «campañas de *spearphising** contra objetivos concretos», que incluían el uso de enlaces a «*droppers*** maliciosos» y «URL acortadas». Los ciberatacantes rusos ocultaban sus huellas; o, como lo expresaba el informe, «ofuscaban su infraestructura fuente y sus dominios anfitriones».

Para quienes pudiera resultarles difícil entender los detalles técnicos, se incluía un gráfico donde se representaba a un hacker

---

* El *spearphishing* es una estafa focalizada por correo electrónico cuyo propósito es obtener acceso no autorizado a datos confidenciales; a diferencia del *phishing*, que consiste en lanzar ataques indiscriminados, el *spearphishing* se centra en un grupo u organización específicos. *(N. del T.)*

** Un *dropper* es un programa diseñado para instalar algún tipo de *malware*, o software malicioso, en un sistema de destino. *(N. del T.)*

sobre un fondo rojo vestido con una sudadera con capucha. Los encapuchados piratas utilizaban «túneles» e «implantes» (representados mediante el símbolo de la calavera y las tibias cruzadas) para irrumpir en ordenadores o «sistemas específicos», de donde luego podían «exfiltrar datos subrepticiamente».

Puede que la lectura del informe resultara un tanto árida, pero no dejaba ninguna duda acerca del extraordinario éxito de la operación. Oso Acogedor envió correos electrónicos que contenían un enlace malicioso a más de un millar de destinatarios. Hubo «múltiples víctimas del gobierno estadounidense», y el grupo logró «comprometer con éxito a un partido político». En la primavera de 2016, Oso Caprichoso volvió a poner en aprieto a los demócratas, esta vez persuadiendo a las víctimas de que cambiaran sus contraseñas. Los hackers consiguieron robar información de «numerosos miembros de alto rango del partido».

«El gobierno estadounidense evalúa que la información se filtró a la prensa y se reveló públicamente», afirmaba el informe.

Fue esa filtración la que hizo que la operación de hackeo rusa al Comité Nacional Demócrata tuviera un cariz distinto. Como explicaba el general Mike Hayden, antiguo director de la NSA y de la CIA, acceder a los correos electrónicos de tu adversario y robar la información allí contenida se situaba en el marco de un «honorable espionaje internacional». Todo el mundo lo hacía, incluyendo los estadounidenses, los británicos, los franceses, los alemanes y otros países occidentales. «Es una práctica internacional aceptada. Si yo hubiera podido entrar en los servidores rusos, lo habría hecho», añadía.

Lo que hizo distinta aquella operación de hackeo —sugería Hayden— fue lo que ocurrió después: el hecho de que Rusia «convirtiera esos datos en un arma» y luego «la introdujera en el espacio estadounidense». Un ejército de troles rusos se dedicó a tuitear la información hasta convertirla en tendencia. El resultado fue una campaña de influencia encubierta diseñada para sembrar la confusión y desconcertar a los votantes estadounidenses —añadía—, muchos de los cuales ya se mostraban escépticos con respecto a Clinton.

Hayden creía que Trump seguía siendo el legítimo presidente de Estados Unidos, puesto que era imposible saber si la injerencia rusa revelada en el informe —«poniendo el dedo en la balanza»— había influido o no en el resultado final. Pese a ello, el general la consideraba «la campaña de influencia encubierta más exitosa de la historia», que había logrado «poner patas arriba» —añadía— una democracia occidental madura.

La respuesta de Obama a todo esto fue contundente. En una declaración hecha pública desde Hawái, donde estaba de vacaciones con su familia, el presidente estadounidense anunció que iba a imponer nuevas y duras sanciones a Moscú. Estas incluían la expulsión de treinta y cinco diplomáticos rusos. Según indicaron los funcionarios estadounidenses, todas las personas expulsadas eran espías. La red de espionaje oficial del Kremlin estaba siendo desmontada, aunque no estaba claro en qué medida aquellos diplomáticos en concreto habían fraguado o colaborado en la trama de la operación de hackeo.

Asimismo, Obama tomó represalias contra las dos agencias que presuntamente estaban detrás de Oso Caprichoso y Oso Acogedor: el GRU y el FSB, respectivamente. En una orden ejecutiva, el presidente decretó sanciones a nueve entidades e individuos de las dos agencias de espionaje rusas. Entre estos últimos figuraban los generales responsables del GRU: el jefe de la organización, Ígor Korobov, y los segundos en la cadena de mando, Serguéi Gizunov, Ígor Kosiukov y Vladímir Alekséiev.

Obama también impuso sanciones a tres empresas que presuntamente habían dado «apoyo material» a las ciberoperaciones ofensivas del GRU. Estas eran el Centro de Tecnología Especial, con sede en San Petersburgo; un grupo llamado Zorsecurity, y una tercera que llevaba el anodino nombre de Organización No Comercial Autónoma y Asociación Profesional de Diseñadores de Sistemas de Procesamiento de Datos; presuntamente esta última proporcionaba entrenamiento especial a los hackers.

Estas medidas reflejaban la profunda exasperación de Obama con Putin después de ocho años difíciles. Durante el primer mandato de Obama —y con Hillary Clinton como secretaria de Estado—, el presidente estadounidense había intentado «restablecer» los vínculos con Moscú. Pero la política había fracasado. Se había partido de la idea de que Dmitri Medvédev —por entonces presidente en funciones de Rusia— era un personaje más liberal y maleable que el recalcitrante Putin; pero en realidad este último seguía dominando la política rusa desde la propia Casa Blanca moscovita y desde su puesto temporal como primer ministro.

A la luz de los acontecimientos de 2016, el bienintencionado intento de acercamiento de Obama parecía una locura. El presidente declaró que todos los estadounidenses debían sentirse «alarmados por las acciones de Rusia», que se habían llevado a cabo para perjudicar a Clinton y ayudar a Trump.

Pero, si ese era el caso, ¿por qué la administración Obama no había hecho públicas antes las evidencias; de hecho, antes de las elecciones? En octubre ya existía un informe al respecto, pero este no revelaba el alcance del problema; en diciembre ya era demasiado tarde.

Según varios antiguos funcionarios de la administración Obama, se produjo un vigoroso debate interno sobre el ciberataque ruso. Posteriormente algunos funcionarios expresaron su profundo pesar por el hecho de que no se hubieran revelado más detalles, pero la administración había decidido no hacer públicos diversos intentos anteriores de hackeo atribuidos a Rusia —que no habían tenido éxito— contra la Casa Blanca, la NSA y la Junta de Jefes del Estado Mayor. De haberse hecho públicos con anterioridad —argumentaban dichos funcionarios—, podría haberse disuadido a Rusia de realizar el ataque masivo al Comité Nacional Demócrata.

La inteligencia estadounidense sí dio la voz de alarma. El 4 de agosto el director de la CIA, John Brennan, llamó a Moscú para hablar con el jefe del FSB, Aleksandr Bortnikov. Brennan advirtió a Bortnikov de que la injerencia rusa en las elecciones estadounidenses debía cesar. Este último no reconoció nada, pero dijo que le transmitiría el mensaje a Putin.

Un informe especial del *Washington Post* proporcionó nuevos y fascinantes detalles: más tarde, aquel mismo mes, un correo de la CIA entregó un sobre a la Casa Blanca con la advertencia de que su contenido era «estrictamente confidencial». Dentro había un informe. Solo podía mostrarse a un reducido grupo de personas: el presidente y tres de sus principales asesores.

La información de inteligencia recabada en las propias entrañas del Kremlin afirmaba que Putin había dirigido personalmente la ciberoperación contra Estados Unidos. El objetivo era derrotar —o al menos perjudicar— a Clinton y ayudar a la elección de Trump. El grado de confidencialidad del material era tal que no se incluyó en el informe diario que recibe el presidente estadounidense. Brennan creó entonces un equipo secreto de analistas y agentes especializados en Rusia, algunos de ellos procedentes de la NSA y el FBI, con sede en el cuartel general de la CIA.

Obama se enfrentó a Putin al cabo de un mes, en una reunión de líderes mundiales celebrada en Hangzhou, China. Según el *Post*, le dijo al presidente ruso que sabían «lo que estaba haciendo, y que más le valía parar o se atendría a las consecuencias». Putin exigió pruebas, y acusó a Estados Unidos de interferir en los asuntos internos de Rusia.

La decisión de Obama de dar poca publicidad al asunto podía explicarse. Para empezar, él, junto con el resto de su partido, además de los expertos y casi todos los altos cargos republicanos, daban por supuesto que ganaría Clinton. En segundo término, desenmascarar la envergadura de la operación de hackeo rusa para ayudar a Trump habría provocado indignadas quejas de parcialidad e injerencia electoral por parte del candidato republicano, que ahora se estaba aprovechando del material hackeado.

Un antiguo alto funcionario de la administración Obama me dijo que la información de inteligencia que señalaba la injerencia rusa era cada vez mayor. Al principio no era gran cosa, pero para cuando Trump ganó las elecciones resultaba ya arrolladora. El funcionario afirmaba que el equipo de hackers del GRU era mucho menos meticuloso que el del FSB y dejaba «un montón de pistas». Entre las pruebas se incluían conversaciones de «rusos con otros rusos» sobre el hackeo de las elecciones y otras medidas. El funcionario leyó el dossier de Steele en noviembre, y alertó a varias personas del gobierno.

El 6 de enero, la administración Obama hizo público un nuevo informe. En él trataba de responder a una cuestión fundamental.

Tal como la formula Soldatov, la cuestión era la siguiente: anteriormente el Kremlin se había mostrado temeroso del poder de internet y apenas había sabido entender la naturaleza de la red global. Putin ni siquiera utilizaba el correo electrónico. Entonces, ¿cómo había encontrado Rusia la forma de utilizar la red contra Estados Unidos, el país que la había inventado y que todavía constituía su innovador centro neurálgico?

El informe había sido elaborado en conjunto por las tres principales agencias de inteligencia estadounidenses, la CIA, el FBI y la NSA. Había varias versiones, una de las cuales era estrictamente confidencial. Los jefes de las agencias de inteligencia, junto con la Oficina del Director de Inteligencia Nacional, informaron a Trump de su contenido durante una sesión de dos horas celebrada en la Torre Trump. Poco después se haría pública una segunda versión, no confidencial y con las mismas conclusiones.

El informe era una detallada evaluación de lo que había ocurrido entre 2015 y 2016. Decía:

> Consideramos que en 2016 el presidente ruso, Vladímir Putin, ordenó la realización de una campaña de influencia que apuntaba a las elecciones presidenciales estadounidenses. Los objetivos de Rusia eran socavar la confianza pública en el proceso democrático estadounidense, denigrar a la secretaria Clinton, y dañar su candidatura y su potencial presidencia. Consideramos asimismo que Putin y el gobierno ruso han desarrollado una clara preferencia por el presidente electo Trump. La opinión de las tres agencias es la misma. La CIA y el FBI tienen un alto grado de confianza en estos juicios; la NSA tiene una moderada confianza.

El informe sostenía que la operación representaba «la expresión más reciente del antiguo deseo de Moscú de socavar el orden democrático liberal liderado por Estados Unidos». El intento de influencia de Putin «no tenía precedentes» y era «el más audaz» realizado hasta la fecha en Estados Unidos. También representaba una «escalada significativa en cuanto a descaro, nivel de actividad y alcance del esfuerzo».

La operación para hackear a Estados Unidos emanaba directamente de las tácticas empleadas durante la Guerra Fría. Por entonces la Unión Soviética utilizaba a agentes encubiertos, oficiales de inteligencia, falsificaciones y «colocaciones de prensa» para menoscabar a los candidatos que se oponían al Kremlin. Tras el desmoronamiento del comunismo, los espías rusos dejaron de intentar alterar los acontecimientos y, en lugar de ello, pasaron a centrarse en recabar información interna de la administración estadounidense para ayudar a los líderes rusos a estar al tanto de sus planes.

Según las agencias, el enfoque de Moscú fue evolucionando a lo largo del proceso electoral. Como ocurriera con su operación para ser la sede del mundial de 2018, el Kremlin necesitaba recurrir a la «negación creíble»; de modo que optó por hacer un amplio uso de los servicios de terceros. Entre estos se contaba un hacker llamado Guccifer 2.0 —que estaba en contacto con Roger Stone, estrecho colaborador de Trump desde hacía largo tiempo— y la plataforma DCleaks.com, registrada en abril.

Luego estaba también WikiLeaks, una plataforma a la que Trump había elogiado abiertamente en los meses anteriores a las elecciones. «Creemos con un alto grado de confianza que el GRU transmitió a WikiLeaks material obtenido del Comité Nacional Demócrata y de altos funcionarios demócratas —decía el informe, añadiendo—: es muy probable que Moscú haya elegido WikiLeaks debido a su autoproclamada reputación de autenticidad.»

Assange, el redactor jefe de WikiLeaks, discrepa, y afirma que las filtraciones no provenían de un «partido estatal». Las agencias no le creen. El informe sugiere que WikiLeaks se había convertido, de hecho, en una filial de la inteligencia rusa y su departamento de publicación interna. En septiembre, WikiLeaks trasladó su alojamiento web a Moscú.

El informe contenía nuevos e intrigantes detalles. Los hackers rusos habían entrado en los sistemas de las juntas electorales locales y estatales de Estados Unidos —se afirmaba—, pero no habían hecho ningún intento de alterar los recuentos de votos. Según el Departamento de Seguridad Nacional, se habían centrado en veintiún estados concretos, realizando un escaneo de sus sistemas. Su actividad se comparaba con la de los ladrones que empujan y golpean las puertas tratando de romperlas (más tarde se desentrañó en parte la historia cuando el departamento admitió que los hackers no siempre habían apuntado a los sistemas de votación; en Wisconsin y California —se explicaba—, habían atacado una red perteneciente a otros organismos del estado).

Los hackers también recopilaron material sobre algunos «objetivos de filiación republicana». De ese material republicano no llegó a filtrarse nada.

También se especulaba acerca de por qué Putin había ordenado la operación. El presidente ruso —sostenía el informe— tenía una larga lista de agravios. Entre ellos, las protestas anti-Kremlin realizadas en 2011-2012, de las que Putin culpaba a Clinton; la revelación del programa de dopaje de deportistas patrocinado por el estado ruso, y los denominados «Papeles de Panamá». Yo había participado en este último proyecto y formaba parte del consorcio de periodistas que habían descubierto la fortuna oculta en paraísos fiscales de Serguéi Rolduguin, uno de los más antiguos amigos de Putin.

El documento del 6 de enero afirmaba que Putin tenía una clara preferencia por los socios internacionales del estilo del italiano Silvio Berlusconi o el alemán Gerhard Schröder. Ambos eran «líderes políticos occidentales cuyos intereses comerciales les hacían mostrarse más dispuestos a tratar con Rusia».

Trump entraba definitivamente en esa categoría.

En general, el informe de la CIA, el FBI y la NSA resultaba persuasivo: Moscú había intentado inclinar las elecciones a favor de Trump, aunque al final el resultado —la victoria de Trump— había cogido al Kremlin por sorpresa. Pero omitía una gran verdad: que la operación había tenido tanto éxito porque había sabido sacar partido de las divisiones preexistentes en la sociedad estadounidense.

A partir de junio de 2015, varios agentes operativos rusos contrataron una serie de anuncios en Facebook. Aunque se hallaban en

San Petersburgo, fingían ser activistas estadounidenses. Sus falsas cuentas de Facebook promovían opiniones contrarias a los inmigrantes. Así, por ejemplo, un eslogan sobreimpreso en una bandera estadounidense proclamaba: «Estamos completos. Iros a casa». En otra aparecía una viñeta de Trump sosteniendo a un mexicano en miniatura, con un pie que rezaba: «¡Tienes que volverte, cuate!». Según las propias declaraciones de Facebook, había «mensajes sociales y políticos divisivos» sobre la raza, las armas de fuego y los derechos del colectivo LGBT.

A la larga, Facebook admitiría que Rusia había utilizado cuatrocientas setenta «cuentas y páginas falsas» como parte de su campaña de influencia. Y funcionó. Una de las páginas, llamada «Fronteras Seguras», llegó a acumular ciento treinta y tres mil seguidores antes de que se clausurara; la página calificaba a los inmigrantes de «gorrones» y «escoria». Facebook informó de que Moscú se había gastado cien mil dólares en más de tres mil anuncios; pero según reconocería más tarde el presidente de la empresa, Mark Zuckerberg, la cifra podría ser mayor.

Según el *New York Times*, la inteligencia rusa también hizo un amplio uso de los denominados «bots» con el fin de difundir mensajes contrarios a Hillary Clinton en Twitter.

En uso de dichos bots, junto con los correos electrónicos filtrados y los anuncios de Facebook, alimentaron la animadversión que los votantes de Trump sentían ya hacia Clinton. En palabras del general Hayden, el antiguo director de la NSA, las divisiones de la sociedad estadounidenses se hicieron más profundas. El modelo de Trump era Andrew Jackson, séptimo presidente de Estados Unidos, cuyo retrato colgó en el Despacho Oval. Jackson era un nacionalista blanco ajeno al sistema que veía Estados Unidos como una «nación», un *volk*, un *narod*, explicaba Hayden, mencionando respectivamente los términos alemán y ruso.

En cambio, los partidarios de Clinton tenían otro punto de vista. Para ellos, Estados Unidos era una idea de progreso, antes que un trozo de tierra perteneciente exclusivamente a un solo grupo étnico. Quienes mejor lo expresaban eran Alexander Hamilton, el presidente Woodrow Wilson y el lema: «Nosotros, el pueblo». Este enfoque hamiltoniano —decía Hayden— era empírico, humilde ante la complejidad y respetuoso con las evidencias. Nada de eso se aplicaba a la nueva Casa Blanca de Trump.

Mientras tanto, el Departamento de Estado declaraba que las expulsiones de ciudadanos rusos no se debían únicamente a las operaciones de hackeo: también eran una represalia por la «pauta de acoso» de la que habían sido objeto los diplomáticos estadounidenses en Moscú durante los cuatro años anteriores. Se afirmaba que entre 2015 y 2016 se había producido un «significativo incremento» de la actividad agresiva.

El acoso del FSB era tan omnipresente como desagradable. Incluía los allanamientos que mi familia había experimentado en Moscú entre 2007 y 2011, y que Steele y su esposa también habían vivido anteriormente. Que los diplomáticos estadounidenses descubrieran que alguien les seguía o fueran hostigados por la policía era algo rutinario. En junio de 2016, un policía derribó a la fuerza a un diplomático estadounidense cuando intentaba entrar en su embajada. Moscú dijo que el diplomático era un espía de la CIA; y los canales de la televisión estatal difundieron detalles personales de varios diplomáticos que, según afirmaba Washington, los pusieron en peligro.

A los diplomáticos rusos expulsados se les dio un plazo de setenta y dos horas para hacer las maletas. Moscú envió un avión a buscarlos. La reacción del Kremlin fue predeciblemente cáustica: Serguéi Lavrov, el ministro de Exteriores, señaló que Rusia respondería con la misma moneda. En Facebook, la portavoz del Ministerio, María Zajárova, describió a Obama y su equipo como «un grupo de fracasados en política exterior, airados e ignorantes». Al mismo tiempo, la embajada rusa en Londres tuiteó una imagen: era un pato con la palabra «cojo» escrita.* El pie decía: «Guerra Fría *déjà vu*».

---

* En inglés, *lame duck* (literalmente, «pato cojo») significa «fracasado», «nulidad», «cero a la izquierda», etc. *(N. del T.)*

El gobierno ruso se mostraba igualmente despectivo con respecto al informe sobre la operación de hackeo, que, según Peskov, era un documento sin base alguna, infundado, chapucero y emocional. El presidente electo Trump opinaba igual. Anteriormente había rechazado las acusaciones de injerencia rusa como un pretencioso, absurdo y ridículo complot de los «demos» para desviar la atención de su humillante fracaso electoral.

¿Quién demonios sabe quién es el responsable? Podría haber sido Rusia o China —había afirmado en un debate—, o incluso un tío gordo de doscientos kilos sentado en su cama en New Jersey. Ahora Trump moderaba su postura, declarando que se reuniría con los servicios de inteligencia para que le informaran de «los hechos de la situación», sugiriendo al mismo tiempo que «es hora de que nuestro país pase a dedicarse a mayores y mejores cosas».

Parecía inevitable que Putin echara a treinta y cinco diplomáticos estadounidenses de Moscú y del consulado de Estados Unidos en San Petersburgo. En anteriores crisis el Kremlin había dado una respuesta simétrica. En 2007, el entonces gobierno laborista del Reino Unido expulsó a cuatro diplomáticos rusos como protesta por la negativa de Putin de extraditar a Andréi Lugovói, una de las dos personas que envenenaron a Litvinenko con polonio. Rusia expulsó entonces a cuatro enviados británicos. Para los estándares del Kremlin, era una respuesta comedida.

Esta vez Lavrov anunció que Rusia clausuraba la dacha de la embajada estadounidense situada en Serebriani Bor, en Moscú.

Serebriani Bor (o «Bosque Plateado») es una bucólica isla de pinos y playas de arena que se asoman al río Moscova, a la que se accede en taxi, en tranvía o en un traqueteante trolebús. Era uno de los lugares que más nos gustaba frecuentar durante nuestra estancia en Moscú, y albergaba a muchos expatriados y sus familias. Había cafeterías con forma de cabañas de troncos que vendían té helado y kebab. En verano podías bañarte o tomar el sol; en invierno, por patinar en el río, llevar a tus hijos a montar en trineo, o —en la Epifanía ortodoxa— sumergirte en el agua helada en compañía de los fieles rusos.

Al otro lado de la isla se halla Troitse-Lykovo. En este pueblo, con su reluciente iglesia barroca de cúpula plateada, vivió Aleksandr Solzhenitsyn, que reveló al mundo el sistema soviético del Gulag y más tarde dio un amplio apoyo a Putin.

La dacha de la embajada estadounidense no era gran cosa. Tenía una mesa de billar, una diana de dardos y una zona de picnic. Un visitante la comparó con una cabaña de explorador. Aun así, ofrecía un refugio de fin de semana para los estadounidenses ansiosos por escapar de la inexorable rutina urbana de Moscú.

Cuando se produjo, la respuesta del Kremlin fue una sorpresa. Después de dieciséis años en el poder, Putin había logrado dominar el arte de coger a contrapié a sus enemigos y tener a todo el mundo especulando. Ese era uno de aquellos momentos. En una declaración, Moscú dijo que no expulsaría a ningún diplomático de Estados Unidos: «No descenderemos a ese nivel de diplomacia irresponsable». En lugar de ello, la administración Putin «daría nuevos pasos para ayudar a resucitar las relaciones ruso-estadounidenses».

El presidente electo se sintió cautivado, y su reacción fue de lo más servil.

Trump tuiteó:

> ¡Gran jugada con efecto retardado! (de V. Putin). ¡Siempre he sabido que era muy inteligente!

Era obvio que Putin había calculado que una Casa Blanca con Trump sería más comprensiva con Moscú que una que alojara a Clinton. Pero ¿realmente era así? Por su parte, la administración Obama se sintió desconcertada por el poco habitual comedimiento de Putin y sospechaba que podía haber alguna especie de acuerdo clandestino con el equipo del presidente entrante. Según el *New York Times*, las agencias de inteligencia estadounidenses empezaron a buscar información y pistas.

En el periodo comprendido entre el anuncio de sanciones por parte de Obama y la clemente respuesta de Putin, el general Michael Flynn estuvo hablando con Kisliak, el embajador de Moscú en Washington. Flynn estaba a punto de convertirse en asesor de seguridad nacional de Trump. Hubo cinco llamadas telefónicas. Más tarde, Flynn insistiría en un primer momento en que en aquellas conversaciones no se habló de las sanciones estadounidenses impuestas a Rusia, ni de la posibilidad de que la nueva administración pudiera levantarlas.

Flynn aseguraría que solo quería desearle feliz Año Nuevo al embajador.

5

General Misha

2013-2017
Moscú-Cambridge-Londres

> SUVÓROV: ¿Qué clase de peces nadan por aquí?
> JEFE: Solo hay de una clase: pirañas.
>
> VÍKTOR SUVÓROV, *Acuario*

Acuario es el apodo con el que se conocía un edificio de Moscú que pertenecía a la organización más secreta de Rusia: el GRU, o Departamento Central de Inteligencia del Estado Mayor de las Fuerzas Armadas de la Federación Rusa. De las tres agencias rusas dedicadas al espionaje, el GRU era la mayor y la más poderosa.

Su trabajo consistía en recabar información de inteligencia militar, a través de diversos métodos: escuchas, satélites militares y espionaje tradicional. Se cree que el GRU cuenta con una red de agentes en el extranjero aun mayor que el SVR, su homólogo de inteligencia exterior. Se sabe muy poco de su estructura organizativa. Dado que no posee oficina de prensa, no hay nadie a quien preguntar. Sus actividades son un secreto de estado.

En la tenebrosa entrada del Acuario hay un gran mapa del mundo de color amarillo y azul, con Rusia en el centro. En el suelo de granito y mármol está grabado el símbolo de un murciélago con las alas extendidas: representa la Spetsnaz, o tropas de «propósito especial». Estas constituyen la propia brigada de fuerzas especiales de élite del GRU, desplegadas en Afganistán y en Chechenia, y también en acciones militares de Rusia más recientes, como Siria.

Los generales más veteranos tienen despachos que dan a un agradable patio interior. Hay una fuente; en invierno y en verano puedes sentarte a charlar y tomar un café. Otros oficiales viven con sus familias en la circundante colonia de bloques de pisos de color gris que protegen el edificio desde fuera. También los oficiales retirados se alojan allí. Hay una piscina en el sótano, un gimnasio y un helipuerto en la azotea. Putin aterrizó allí en 2006, cuando inauguró el nuevo complejo Acuario.

En 2013, el Acuario recibió a un visitante inusual: quien llegó ese día al cuartel general del GRU era un militar de carrera. Estuvo treinta y tres años trabajando en inteligencia militar y había servido en Afganistán, Irak y América Central. Ahora era el director de una poderosa agencia de espionaje. No había nada extraño en todo ello, si no fuera porque el visitante era de Estados Unidos y había crecido en Middletown, Rhode Island, como uno de los nueve hijos de una familia católica irlandesa y pobre.

Se trataba de Michael T. Flynn, que más tarde afirmaría ser el primer estadounidense al que se había permitido entrar en las instalaciones de espionaje más secretas del Kremlin. Aquel era un raro honor. Por entonces Flynn era el jefe de la DIA (la Agencia de Inteligencia de la Defensa de Estados Unidos) y el oficial de inteligencia militar de mayor rango del Departamento de Defensa estadounidense. También se consideraba un inconformista, «un caso atípico de alguien que no encaja en ningún sitio», según él mismo decía.

Obama había nombrado a Flynn en abril de 2012. Cuando visitó Moscú en 2013 se sentía decepcionado por la administración Obama, pues consideraba que había sucumbido a la debilitadora corrección política y era incapaz de darse cuenta de que Estados Unidos estaba perdiendo una guerra mundial, una librada por radicales islamistas y «malas personas». La Casa Blanca ni siquiera era capaz de reconocer a su principal enemigo: la República Islámica de Irán.

Los oficiales del estado mayor del GRU que presenciaron la llegada de Flynn debieron de experimentar un momento de asombro cognitivo. Durante décadas habían estado trabajando para socavar al que el KGB denominaba *glavny protivnik*: el adversario principal, el gran enemigo; Estados Unidos. La pausa producida en la Guerra Fría no había cambiado esa situación, y la mayoría de ellos nunca habían visto a un espía estadounidense. Ahora tenían uno delante en carne y hueso, un objeto de intenso interés profesional.

Flynn había viajado a Moscú para dar una conferencia sobre liderazgo. «Pude dirigirme a todo su estado mayor. Hablé mucho sobre cómo está evolucionando el mundo», declaró al *Washington Post*. La charla del GRU —comentó— obtuvo «plena aprobación», añadiendo: «Fue un gran viaje». En opinión de Flynn, Moscú y Washington tenían un interés mutuo en derrotar al Dáesh y al terrorismo en todo Oriente Próximo. Podían trabajar juntos.

Lo que no estaba tan claro era por qué el GRU, de entrada, había invitado a Flynn. Víktor Suvórov —un antiguo comandante del GRU que desertó a Occidente— me describió la visita de Flynn como «muy extraña». Conocí a Suvórou, que era un amigo de Litvinenko, tras la muerte de este último. Vivía en el Reino Unido desde 1978 después de que desertara de la misión soviética en Ginebra, donde trabajaba como «tercer secretario» bajo cobertura diplomática.

Su verdadero nombre era Vladímir Rezún. Como Suvórov, su seudónimo, había escrito una emocionante novela titulada *Acuario*, en parte basada en su carrera en el GRU, y varios libros sobre el ejército y el espionaje militar soviéticos. La novela comienza con una escalofriante escena: un hombre, todavía vivo y atado a una camilla con cables metálicos, es introducido en el crematorio del Acuario. Había traicionado a la madre patria. Cuando el GRU reclutó a Rezún-Suvórov, le hizo ver una película en blanco y negro de los últimos momentos de aquel hombre.

Suvórov decía que el GRU era distinto del KGB, añadiendo que las dos organizaciones solían atacarse mutuamente. El GRU mantenía un perfil más discreto, «siempre en las sombras», y quemaba sus propios documentos secretos, de modo que constantemente salía un humo fino y transparente de la chimenea. Suvórov decía que, cuando se enteró de la visita de Flynn al Acuario, se quedó estupefacto: «¡Dios mío, no me lo podía creer!», me comentó. Y añadía: «Aquí hay gato encerrado. ¿Se imagina que invitaran a un alto asesor ruso a visitar el MI6 o a dar una conferencia en la CIA?: "Nosotros no entendemos de liderazgo; por favor, enséñenos"». Para Suvórov, lo que estaba haciendo el GRU era sondear a Flynn, y la invitación podría haber sido «una especie de amable chantaje». «Puede que los rusos tuvieran algún tipo de material sobre él —especulaba—, o que lo tuvieran bajo su control.»

El anfitrión de Flynn era el director del GRU, Ígor Sergún. Más de dos años después, Sergún moriría en circunstancias misteriosas en el Líbano, aparentemente mientras llevaba a cabo una misión secreta en dicho país. Durante su estancia en Moscú, Flynn se reunió con el embajador Kisliak, que sería el primero de numerosos encuentros. Según explicaría el propio Flynn, había sido Kisliak quien le invitó a visitar Rusia y había coordinado su viaje.

¿Se trataba simplemente de un acercamiento amistoso a un veterano general estadounidense? ¿O —como cree Suvórov— estaba en juego una maniobra más calculada? El dossier de Steele sugiere que el cortejo de Kisliak a Flynn era deliberado y formaba parte de una operación estratégica de cara a Estados Unidos. Uno de sus aspectos consistía en identificar a «actores estadounidenses bien dispuestos». Y, entre otras cosas, llevarlos a Moscú.

En febrero de 2014, Flynn dio una nueva conferencia, esta vez en Inglaterra. Su anfitrión era el Seminario de Inteligencia de Cambridge, un foro que reunía a eruditos de la Universidad de Cambridge, antiguos espías y algún que otro periodista para debatir sobre temas de espionaje del pasado y del presente.

Varios de los rusos que habían hablado en este foro posteriormente murieron de forma misteriosa. En enero de 2003, uno de los invitados había sido Borís Berezovski, al que más tarde encontrarían ahorcado en casa de su exesposa. Un joven estudiante de Cambridge, Vladímir Kara-Murza, fue a recoger a Berezovski a Londres, junto con un amigo de este último, Litvinenko.

Berezovski actuó como moderador. De pie, en el extremo de

una larga mesa, Litvinenko habló brevemente en ruso sobre Putin, mientras Kara-Murza le traducía. En 2006, Litvinenko fue envenenado. Después de graduase, Kara-Murza volvió a Rusia y se unió a la oposición democrática. También él fue envenenado, no una, sino dos veces. Un equipo de médicos de Moscú le salvó la vida (las pruebas sugerían que Kara-Murza había sufrido un envenenamiento binario, con dos toxinas desconocidas administradas por separado).

La persona que invitó a Flynn a Cambridge fue Christopher Andrew, actualmente profesor emérito e historiador oficial del MI5. Andrew organiza el seminario en colaboración con sir Richard Dearlove, exdirector del servicio de inteligencia secreta británico, el MI6. Dearlove era el antiguo jefe de Steele.

El lugar elegido para la charla de Flynn (y para la de Berezovski) fue el Corpus Christi College, que presidía el propio Andrew. Esta institución de Cambridge, cuyo origen se remonta al siglo xiv, es un lugar dotado de un sereno encanto: un edificio construido en torno a un patio cuadrangular de estilo gótico perpendicular, en el que destacan una colección de plata que sobrevivió a la guerra civil inglesa y un cuadro colgado junto a la sala común del personal docente atribuido (¿erróneamente?) a Poussin. Los retratos de los antiguos rectores de la institución cuelgan en las paredes de un comedor de techo alto.

Cambridge tenía numerosos vínculos con el mundo del espionaje. Uno de los graduados del Corpus Christi en el siglo xvi fue el poeta y dramaturgo Christopher Marlowe, que realizó varias misiones secretas para el gobierno isabelino y murió apuñalado en un pub londinense en 1593, posiblemente durante una reyerta suscitada a la hora de pagar la cuenta.

Pero fue en el siglo xx cuando Cambridge se convirtió en sinónimo de espionaje y pasó a definir la política de la Guerra Fría. En la década de 1930, los soviéticos reclutaron a un grupo de estudiantes y a un tutor con inclinaciones comunistas, un grupo que pasaría a conocerse como los «Cinco Magníficos». Tres de ellos —Kim Philby, Guy Burgess y Donald Maclean— desertaron a Moscú. En el momento en que desapareció, estando en Beirut, Philby escribía para el *Observer*, el futuro periódico hermano del mío, el *Guardian*.

También había tráfico en la otra dirección. En 1974, el rector del Corpus Christi, sir Duncan Wilson, acogió al violonchelista soviético Mstislav Rostropóvich cuando este huyó de la URSS. Una década más tarde, el espía del KGB y agente doble británico Oleg Gordievski escapó de Rusia. Andrew se hizo amigo de Gordievski, y juntos los dos escribieron libros. Durante las Navidades de 1989, ambos presenciaron por televisión el desmoronamiento del bloque soviético sentados en el sofá de Andrew. Seis años después, Andrew colaboró con otro desertor y antiguo archivista del KGB, Vasili Mitrojin. Fue el SIS el que sacó a Mitrojin de Rusia, que se llevó consigo seis grandes cajas de material secreto, un exhaustivo registro de las operaciones del KGB en todo el mundo.

La conferencia de Flynn en Cambridge era una atracción obvia en un programa que incluía una charla sobre George Blake, otro espía británico del KGB que había huido a Moscú. Entre el público figuraban académicos, estudiantes y profesionales de la inteligencia retirados. Flynn se llevó consigo a su propio séquito de la DIA. Después hubo una cena en el Pembroke College, del que Dearlove había sido rector.

Andrew recordaría la velada en un artículo publicado en 2017 en el *Sunday Times*. Allí explicaba que Flynn entabló conversación con una estudiante de posgrado ruso-británica de gran talento. La mujer, nacida en Moscú, le mostró algunos de sus recientes descubrimientos en archivos rusos. Flynn quedó tan impresionado con ella —escribió Andrew— que la invitó a acompañarle en su siguiente visita a Moscú como su intérprete oficial.

El viaje no llegó a producirse debido a que poco después Putin se anexionó Crimea. Según Andrew, posteriormente Flynn y la estudiante de posgrado mantuvieron una «correspondencia no clasificada» mediante el correo electrónico. Sus conversaciones versaban sobre la historia soviética. La mujer había escrito su tesis sobre la Checa, y estaba investigando para un futuro libro el papel desempeñado por los espías del GRU que se habían infiltrado en el naciente programa nuclear estadounidense.

Parece que la mujer, Svetlana Lojova, discrepa de algunos aspectos de la versión de Andrew. No hay ningún indicio de que esté vinculada a la inteligencia rusa. Por lo general se esperaba que Flynn informara a la DIA de cualquier encuentro con un ciudadano extranjero. Esta vez no lo hizo.

En sus correos electrónicos, Flynn firmaba de una forma muy poco habitual para un espía estadounidense: se llamaba a sí mismo «general Misha».

Misha era el equivalente ruso de Michael.

El mandato de Flynn como jefe de la DIA era controvertido. Tanto en la agencia como en la administración Obama existía una creciente inquietud por su errático comportamiento. Una fuente, que a su vez citaba fuentes de la DIA, hablaba de la obsesión de Flynn por Irán y de su incapacidad de «pensamiento lineal»; tenía tendencia a «saltar de una cosa a otra». «La gente pensaba que Flynn estaba loco», aseguraba la fuente.

Otros mencionaban la preferencia de Flynn por las teorías conspirativas, una propensión que desembocó en lo que pasaría a conocerse como «hechos de Flynn»: explicaciones alternativas de hechos verdaderos con escaso fundamento en la realidad. A veces parecía que se dedicara a sabotear deliberadamente las políticas de la Casa Blanca.

Otra persona que trabajó con él me dijo que Flynn siempre había gozado de «protectores» durante toda su carrera militar. Uno de ellos fue el general Stanley McChrystal, jefe del JSOC, el Mando Conjunto de Operaciones Especiales. Fue en el JSOC donde Flynn revolucionó el modo de recabar información de inteligencia militar sobre el terreno en Irak y Afganistán: datos en tiempo real de teléfonos móviles incautados, recortes de periódicos… Todo lo que se obtenía se enviaba a los analistas y se utilizaba como base para realizar incursiones de manera inmediata. Según me explicó esta fuente, McChrystal supo mantener a raya las tendencias más detestables de Flynn.

Esa misma persona me comentó que, cuando Flynn se convirtió en el jefe de la DIA, dejó de tener un mentor o un supervisor. Ahora solo dependía de sí mismo. Las peculiaridades de su carácter —la impetuosidad, el ensimismamiento, la convicción de tener siempre razón— se convirtieron en un pasivo. «Francamente —añadía—, a Flynn le pusieron por encima de su nivel de competencia.»

Entonces se impuso el caótico estilo de gestión del general. Según un correo electrónico filtrado del exsecretario de Estado Colin Powell, Flynn se mostraba «abusivo con el personal» y «no escuchaba». En una presentación, Flynn incluso llegó a aconsejar cómo vestirse a las empleadas de la DIA. Les dijo que evitaran el estilo de las «feúchas» y que «El maquillaje ayuda a las mujeres a parecer atractivas».

En agosto de 2014, Flynn abandonó el gobierno y el ejército un año antes de tiempo. El director de Inteligencia Nacional, James Clapper, le dijo que había llegado el momento de marcharse. Flynn se quejó amargamente de su destitución, de la que culpó a Obama, alegando que le habían despedido porque al presidente estadounidense no le gustaban sus inflexibles advertencias sobre el Dáesh. Dos meses después, la DIA envió una carta a Flynn en la que le especificaba las restricciones éticas que se aplicaban en su situación de retiro. Si cobraba dinero de una potencia extranjera, tenía que declararlo.

Los siguientes movimientos de Flynn fueron los típicos de un antiguo general. Se inscribió en una agencia de oradores, y se dedicó a dar conferencias y a participar como experto en tertulias televisivas. También creó una empresa de consultoría, Flynn Intel Group. Y escribió un libro, un farragoso y oscuramente alarmante manifiesto neoconservador que redactó en colaboración con el erudito de derechas Michael Ledeen. La obra tomaba prestado su título de la *Ilíada* de Homero: «El campo de lucha», con el subtítulo «Cómo podemos ganar la guerra global contra el islam radical y sus aliados».

El libro da rienda suelta a la frustración de Flynn con Obama, uno de los «dos peores presidentes jamás elegidos» (el otro era Jimmy Carter). Flynn también ofrece una idea; se trata de una única obsesión enfermiza: que Occidente está perdiendo la lucha internacional contra los malvados islamistas. Lo que necesitaba Estados Unidos era un nuevo líder, un anti-Obama, uno poco dado a sentimentalismos, patriótico y resuelto.

Hay pasajes interesantes en los que Flynn recuerda a sus difuntos padres: su padre, Charlie, que pasó veinte años en el ejército, combatiendo en la Segunda Guerra Mundial y en Corea; y su «brillante y valerosa» madre, Helen. Flynn recuerda que siendo adolescente lo detuvieron por «actividades ilícitas».

«Yo era uno de esos repugnantes niños difíciles, totalmente decidido a romper las reglas y lo bastante osado para que no me importaran las consecuencias —escribe—, una especie de granuja irreverente.» Pero el ejército —añade— lo salvó. Como oficial, seguía identificándose con quienes desafiaban al sistema: con «los inadaptados, los rebeldes y los alborotadores» del famoso eslogan de Apple.

Gran parte del libro de Flynn, no obstante, es el equivalente literario de un hombre airado despotricando en un bar. El autor critica la política de Obama con respecto a Rusia: ¡demasiado blanda! Y escribe que los dos países podrían trabajar juntos para vencer al islam radical.

Las visiones en contra del poder establecido y la mentalidad monolítica de Flynn sobre el mundo musulmán tenían mucho en común con el pensamiento de Trump al respecto. En agosto de 2015 —unas semanas después de que este último anunciara su candidatura—, supuestamente se reunieron por primera vez en Nueva York. El encuentro, que duró noventa minutos, fue bien, y Flynn empezó a ejercer las funciones de asesor extraoficial de política exterior del candidato.

Mientras tanto, Flynn no había desaparecido del radar de Moscú, sino más bien todo lo contrario. En diciembre de 2015 volvió a Rusia, invitado por el Kremlin a un evento especial: una gala para celebrar el décimo aniversario del lanzamiento del canal de televisión RT.

Estuvieron presentes las personalidades favoritas del Kremlin. Julian Assange —encerrado en la embajada ecuatoriana en Londres— apareció vía satélite. La presentadora de RT Sofiko Shevardnadze entrevistó a Flynn en directo delante de unos cien invitados. Hubo unas cuantas preguntas, todas ellas cordiales con Putin. Flynn estaba sentado, con el logotipo de color verde del canal como telón de fondo.

También asistió otra conocida personalidad estadounidense: la candidata del Partido Verde, Jill Stein. En la cena de gala, Flynn y Stein se sentaron en la mesa principal. Los organizadores encontraron un lugar especial para él: justo a su lado se sentaba Vladímir Putin.

Estaban presentes asimismo Peskov, el portavoz de Putin ante los medios; Serguéi Ivanov, jefe de gabinete del presidente, y Aleksandr Grómov, número dos de Ivanov; además de la jefa de redacción de RT, Margarita Simonián, y toda una serie de oligarcas y famosos rusos. También asistían algunos europeos: el político alemán Willy Wimmer y el director de cine bosnio Emir Kusturica (este último era un gran fan de RT, y había declarado al canal que, si fuera ruso, votaría a Putin).

¿Por qué los rusos habían invitado a Flynn? Para Mike McFaul, antiguo embajador estadounidense en Moscú, la respuesta era fácil: se debía a su proximidad con el candidato Trump.

En una entrevista con Dana Priest, del *Washington Post*, Flynn declaró que no había tenido nada que ver con la disposición de los asientos. Aseguró que él no había pedido sentarse al lado de Putin, y que les presentaron, pero no hablaron. Descubrió que el presidente ruso tenía una pobre opinión de Obama y no tenía «ningún respeto por los líderes estadounidenses».

La conversación de Flynn con Priest en torno a RT resulta reveladora: parece olvidar el hecho de que se trata de un canal de propaganda.

PRIEST: ¿Aparece usted regularmente en RT?
FLYNN: Aparezco en Al-Yazira, Sky News Arabia, RT... No me pagan ni un céntimo. No tengo contratos con medios... [Me entrevistan] en la CNN, la Fox...
PRIEST: ¿Por qué va a la RT si la controla el estado?
FLYNN: Bueno, ¿y la CNN?
PRIEST: No la controla el Estado. ¿Se encoge de hombros?
FLYNN: Bueno, pues la MSNBC. Quiero decir... ¡venga! ¿Y Al-Yazira? ¿Y Sky News Arabia? Muchas organizaciones me han pedido que colabore como experto [pagado], pero yo no quiero.

PRIEST: ¿Porque no quiere verse atado de pies y manos?
FLYNN: Así es. Quiero poder hablar libremente de lo que creo.

Flynn se negó a decir cuánto había cobrado de RT. Más tarde se supo que la respuesta era 33.750 dólares. El dinero era una retribución de un gobierno extranjero, de modo que Flynn debería haber pedido permiso por adelantado al Departamento de Defensa para aceptar ese pago; pero, una vez más, no lo hizo. También dio otras dos conferencias remuneradas en Washington en representación de intereses rusos.

En la primavera de 2016, Flynn era un vehemente partidario de Trump, además de asesor de su campaña en materia de política exterior. En Twitter se mostraba cada vez más estridente en sus críticas a Clinton, a la que calificaba de mujer corrupta, deshonesta y terrible. También difundía teorías conspirativas fraguadas por otros —como que Obama era un «yihadista» que blanqueaba dinero—, y tuiteó que «el miedo a los musulmanes es RACIONAL». Corría el rumor de que Flynn podría ser nominado como candidato a la vicepresidencia de Trump.

No ocurrió tal cosa, pero fue recompensado con un papel protagonista en la convención de la Conferencia Nacional Republicana en Cleveland. Su discurso fue una muestra de arrogancia que perseguiría a Flynn en los meses siguientes; prácticamente una invitación a que los dioses lo fulminaran por su insensatez, su ignorancia y su necio orgullo. Por no hablar de su criminal hipocresía.

En la sala, los ánimos se caldearon. «No necesitamos a una presidenta imprudente que se cree por encima de la ley», proclamó Flynn ante los delegados, que prorrumpieron en cánticos de «¡Que la encierren!».

Flynn lanzó una mirada adusta, asintió con la cabeza, y dijo: «¡Sí señor, que la encierren!» El uso que había hecho Clinton de un servidor de correo electrónico privado la convertía en una amenaza para la «seguridad de la nación», aseguró Flynn a la multitud, provocando más gritos de «¡Que la encierren!».

Y prosiguió diciendo:

«Pues sí, ya lo creo que sí, no pasa nada por eso… ¿Y sabéis por qué lo decimos? Lo decimos porque, si yo, un tío que sabe de este asunto, si yo hiciera una décima parte de lo que ha hecho ella, hoy estaría en la cárcel.

»Así que ¡Hillary Clinton, corrupta, abandona ahora mismo esta carrera!»

Incluso para lo que resultaba habitual en la contienda electoral de 2016, aquella era la peor forma de vileza; un ataque ignominioso y miserable de un hombre que, sin que lo supieran los partidarios republicanos ni los votantes estadounidenses, en realidad estaba a sueldo de Moscú. El Kremlin era la única parte que conocía todos los detalles, y seguía de cerca los acontecimientos de Cleveland; Kisliak estaba allí.

Después de lo de Cleveland, Steele envió dos memorandos a Fusion GPS. Se basaban en conversaciones con las que él calificaba de sendas «fuentes del Kremlin bien situadas y establecidas».

Las dos fuentes hablaban de «divisiones y reacción adversa» en Moscú, y mencionaban una disputa entre Ivanov y Peskov, dos de los hombres que habían compartido mesa con Flynn en la gala de RT. A Ivanov se le consideraba en general el miembro más poderoso del círculo de confianza de Putin después de Sechin. El memorando afirmaba que estaba «enfadado por el reciente giro de los acontecimientos»: el hackeo y la divulgación de los correos electrónicos del Comité Nacional Demócrata, de lo que se culpaba a Rusia. Él creía que el equipo del Kremlin, liderado por Peskov, se había excedido, había «ido demasiado lejos». «Ahora la única opción sensata para los líderes rusos era "cruzarse de brazos y negarlo todo"», había dicho presuntamente Ivanov.

Medvédev, el primer ministro, compartía la aparente inquietud de Ivanov. Medvédev quería buenas relaciones con quienquiera que ocupara el poder en Estados Unidos, «entre otras cosas para poder viajar allí en el futuro, ya sea de manera oficial o privada». En el Kremlin se especulaba con la posibilidad de que Trump se viera forzado a retirarse de la carrera presidencial, «aparentemente debido a su estado psíquico y su ineptitud para el alto cargo».

El segundo memorando de Steele —fechado el 10 de agosto— da más detalles. Cita a Ivanov «hablando en confianza con un colega cercano a él a primeros de agosto». Ivanov, que había sido oficial del KGB, ministro de Defensa y viceprimer ministro, se mostraba ahora optimista. Consideraba que, aunque ganara Clinton, se quedaría «empantanada» tratando de curar las divisiones internas de Estados Unidos, lo que la haría menos capaz de centrarse en una «política exterior que dañara los intereses de Rusia». Para Ivanov, Putin se mostraba «satisfecho en general con los progresos de la operación anti-Clinton hasta la fecha».

Añadía el memorando:

> Esta había implicado el respaldo del Kremlin a varias figuras políticas estadounidenses, incluida la financiación indirecta de sus recientes visitas a Moscú. En ese sentido se mencionaba una delegación integrada por Lyndon LAROUCHE; la candidata presidencial Jill STEIN, del Partido Verde; el asesor de política exterior de TRUMP, Carter PAGE, y el exdirector de la DIA Michael FLYNN, la cual se consideraba un éxito en términos de resultados perceptibles.

Así pues, el Kremlin estaba satisfecho con su inversión en Flynn. El dinero estaba bien gastado.

Dos días después del memorando, Putin echó inesperadamente a Ivanov de su equipo presidencial. La prensa rusa no dijo nada sobre la probable causa: una disputa en torno a la prudencia de hackear a Estados Unidos. La televisión estatal mostró imágenes de Putin aceptando la dimisión de Ivanov «por deseo propio». Ivanov sonreía; se esforzaba al máximo en aceptar su suerte con dignidad. Aun así, parecía afligido.

A finales de verano, Flynn se había convertido en el más ferviente defensor de Trump. Era un personaje fijo en los estudios de televisión y los programas de entrevistas. Y también tenía acceso a información clasificada. El 17 de agosto se unió a Trump en la Torre Trump para celebrar sendas reuniones informativas con cada uno de los dos candidatos. Posteriormente varios funcionarios estadounidenses declararían a NBC News que Flynn interrumpió repetidamente a los informantes, hasta el punto de incitar al gobernador de New Jersey, Chris Christie, a pedirle que se calmara. Flynn lo negaría.

Al mismo tiempo, Flynn ganaba dinero con sus actividades en un grupo de presión, esta vez en nombre del gobierno turco. En julio, el presidente de Turquía, Recep Tayyip Erdoğan, sobrevivió a un intento de golpe de estado. En medio de una serie de detenciones masivas y saqueos, Erdoğan culpó de la sublevación a los partidarios de Fethullah Gülen, un clérigo exiliado que vivía en Pensilvania. En Cleveland, Flynn se había mostrado favorable a la tentativa de golpe, alegando que Erdoğan era un líder «cercano al presidente Obama».

Sin embargo, en los dos meses previos a las elecciones estadounidenses, Flynn empezó a pedir la extradición de Gülen. Incluso describió al predicador como el Osama bin Laden turco. ¿Qué había cambiado? La respuesta: la empresa de consultoría de Flynn había firmado un nuevo y lucrativo contrato. Oficialmente era con una compañía holandesa, Inovo BV; pero en realidad la firma estaba vinculada al gobierno turco. El contrato era por valor de seiscientos mil dólares.

Hubo sospechas —que no pudieron probarse— de que Rusia podría haber facilitado el acuerdo. Putin y Erdoğan se enemistaron profundamente en noviembre de 2015, después de que Turquía derribara un avión ruso en su frontera con Siria. Pero en verano habían hecho las paces, en medio de lo que los críticos denominaron la «putinización» de Turquía. El contrato de Flynn se cerró el mismo día en que Putin y Erdoğan mantuvieron conversaciones en San Petersburgo.

Una vez más, Flynn no se registró como agente extranjero. Al día siguiente de las elecciones estadounidenses, Erdoğan llamó a Trump para darle la enhorabuena.

En el seno de la administración saliente, y en la comunidad de inteligencia estadounidense en general, existía el temor de que Flynn pudiera ocupar un puesto importante en materia de seguridad. Dicha inquietud se derivaba del propio comportamiento del general.

Los múltiples contactos de Flynn con Rusia, el hecho de que aceptara dinero de oscuras fuentes extranjeras, su conducta inapropiada, su costumbre de engañar... todo ello planteaba dudas sobre su idoneidad para un alto cargo.

Obama dijo otro tanto durante su reunión con Trump en el Despacho Oval, al día siguiente de la asombrosa victoria electoral del republicano. Según manifestaron tres antiguos funcionarios en declaraciones a NBC, Obama le dijo a Trump explícitamente: no contrates a ese tío. Trump ignoró la advertencia de Obama: tres días después, anunció que Flynn sería su nuevo asesor de seguridad nacional. Era un puesto del gobierno que revestía un gran poder: implicaba que Flynn pasaría más tiempo con Trump que ningún otro miembro de su equipo de seguridad nacional.

Durante el periodo de transición, Flynn siguió interactuando con Kisliak. A primeros de diciembre se reunió con el embajador en la Torre Trump junto con Jared Kushner. No hubo fotos: aparentemente el diplomático se deslizó en el edificio por una entrada trasera.

Cuando el embajador ruso en Turquía fue asesinado a tiros —a manos de un pistolero en una galería de arte de Ankara—, Flynn volvió a llamar a Kisliak para ofrecerle sus condolencias. Esto sucedía a mediados de diciembre. El día de Navidad, Flynn le envió un mensaje de texto felicitándole las fiestas. El 28 de diciembre hubo otra llamada. Esta vez se habló de una conversación telefónica que habían mantenido Trump y Putin, y de las inminentes negociaciones de paz sobre Siria que iba a organizar Moscú en Kazajstán.

Al día siguiente, Flynn llamó un montón de veces a Kisliak, según declararían antiguos funcionarios de la Casa Blanca. Habían pasado veinticuatro horas desde que Obama expulsara a los diplomáticos rusos como protesta por la operación de hackeo del Kremlin. Esas últimas llamadas resultarían fatídicas, ya que poco después llevarían a la caída de Flynn, y a plantear de nuevo la misma pregunta que el senador republicano Howard Baker había formulado ya en 1973 durante las audiencias del Watergate: ¿qué sabía el presidente, y cuándo lo supo?

Flynn ingresó en el ejército estadounidense a comienzos de la década de 1980. Puede que esperara unirse a la infantería; pero, en lugar de eso, pasó a integrarse en un campo nuevo y emergente: se formó como oficial de inteligencia especializado en inteligencia de señales y guerra electrónica. Su misión era interceptar las comunicaciones del enemigo.

Flynn fue destinado a Panamá, Honduras y otros lugares de América Central, donde la administración Reagan libraba una serie de guerras subsidiarias contra los que consideraba insurgentes respaldados por la Unión Soviética. Como jefe de pelotón del 313.º Batallón de Inteligencia Militar, Flynn participó en la invasión estadounidense de la isla caribeña de Granada. Corría el año 1983.

En *El campo de lucha*, Flynn recuerda que le enviaron a derrotar a una milicia rebelde de extrema izquierda que acababa de deponer y ejecutar al primer ministro, Maurice Bishop, además de varios cubanos que estaban en la isla. Flynn avanzó rápidamente con su equipo y tomó la compañía telefónica situada en el centro urbano de Saint George. Una vez allí, se pusieron manos a la obra: «Intervenimos la red de telecomunicaciones de la isla y empezamos a escuchar las comunicaciones cubanas de los que trataban de escapar», escribía.

Más tarde volvió al aeródromo que estaba bajo el control estadounidense. Este constituía «una magnífica posición que ofrece una visual de la ciudad, y de toda la parte sur y oeste [de Granada]». «Básicamente, podíamos "ver" y "oír" electrónicamente cualquier comunicación», explicaba Flynn.

Así pues, Flynn lo sabía todo sobre la capacidad de Estados Unidos para interceptar conversaciones, ya que esa era su especialidad profesional. En las tres décadas siguientes, tal capacidad se había incrementado. Como antiguo jefe de la DIA, él debía de saber que los enviados rusos a Nueva York y Washington eran objeto de vigilancia rutinaria. Todo ello hacía que su comportamiento aquellos meses de diciembre y enero resultara bastante extraño. El 12 de enero —dos días después de que se divulgara el dossier de Steele—, el periodista y escritor David Ignatius publicaba una columna en el *Washington Post*.

En ella comparaba el oscuro drama creado en Washington en torno a las relaciones entre Trump y Rusia con los fantasmas y otros sucesos extraños que rondaban Elsinor en el *Hamlet* de Shakespeare. «Después de esta última semana de filtraciones salaces sobre complots de espionaje extranjeros e indignantes negaciones, la gente debe de estar preguntándose si algo huele a podrido en el estado de nuestra democracia», escribía Ignatius (en su relato, Obama hacía el papel del príncipe de Dinamarca, desconcertado ante las «ruines acciones» que se desarrollaban ante sus ojos, como el hackeo de Rusia).

Ignatius examinaba aquellas inquietantes cuestiones. Y luego, casi como si lo hubiera recordado en el último momento, mencionaba que un «alto funcionario del gobierno estadounidense» le había dicho que el 29 de diciembre, al día siguiente de que Obama expulsara a los treinta y cinco diplomáticos, Flynn había estado hablando con Kisliak. Luego vino la curiosa respuesta de Putin: no se expulsaría a ningún estadounidense de Moscú. El columnista se preguntaba entonces si Flynn había violado la Ley Logan, que impide a los ciudadanos estadounidenses mantener correspondencia con la intención de influir en los gobiernos extranjeros en torno a sus «disputas» con Estados Unidos.

Parecía que Flynn había hecho un trato extraoficial durante sus charlas con Kisliak. Obviamente, no había pruebas públicas de ello. Pero una explicación lógica de los acontecimientos parecía sugerir que el general había hecho ciertas insinuaciones, transmitiendo el mensaje de que una futura administración Trump levantaría las sanciones que Obama había impuesto a Rusia. O, como mínimo, las reduciría.

Los funcionarios encargados de gestionar la transición de Trump rechazaron esa interpretación. Uno de ellos declaró al *Post* que «no se habló en absoluto de las sanciones». Sean Spicer, el portavoz de Trump ante los medios, repitió el mismo argumento. Dos días después, Flynn habló con el vicepresidente electo, Mike Pence, y le transmitió el mismo mensaje: no se había hablado de las sanciones. Pence y Reince Priebus, el nuevo jefe de gabinete de Trump, transmitieron el mismo mensaje en televisión el domingo por la mañana: «No ocurrió nada de eso», declaró Priebus.

Pronto se descubriría que Flynn estaba mintiendo.

Desde luego, le mintió a Pence. Y posiblemente también al FBI, que lo interrogó en la Casa Blanca el 24 de enero. Supuestamente habló con los investigadores sin que estuviera presente un abogado. Mentir a los agentes federales sería imprudente. Además era un delito.

En el Departamento de Justicia, los comentarios públicos de Flynn fueron motivo de alarma. Aparentemente, en el gobierno circulaba una transcripción clasificada de la conversación entre Flynn y Kisliak.

Sally Yates, la fiscal general en funciones de la administración Obama, que de momento se mantenía en el cargo, comprendió que la situación se estaba descontrolando. Flynn le mentía a Pence, este engañaba al pueblo estadounidense y, aún peor: los rusos eran conscientes de esa discrepancia, lo que convertía a Flynn —el nuevo asesor en materia de seguridad nacional— en un posible objeto de chantaje.

Dos días después de que el FBI interrogara a Flynn, Yates llamó a Don McGahn, el abogado de la Casa Blanca. Le dijo que «tenía un asunto muy delicado que necesitaba comentar con él». No podía ser por teléfono. Aquella tarde, según el testimonio de Yates ante la Subcomisión Judicial del Senado, ella fue a ver a McGahn en su despacho de la Casa Blanca. La conversación se mantuvo en lo que se conoce como Instalación de Información Confidencial Compartimentada (o SCIF, por su sigla en inglés), un espacio específicamente diseñado para examinar material secreto.

Yates explicó la situación: que la «conducta subyacente» de Flynn había «creado una situación comprometida» que Moscú podía explotar. Añadió que Pence tenía derecho a saber que la información que estaba transmitiendo «no era cierta». McGahn se interesó por la conversación de Flynn con el FBI, preguntándole: «¿Qué tal lo hizo?». Yates se mostró esquiva: ella no había visto el formulario FD-302, el resumen oficial de la declaración de Flynn al FBI; alguien se lo había leído por encima.

Por la mañana del día siguiente, viernes 27 de enero, McGahn llamó a Yates y le pidió que volviera a la Casa Blanca. Allí se habló de la posibilidad de que Flynn tuviera que afrontar cargos criminales. La visión que McGahn tenía de la situación era extrañamente displicente. Según Yates, le preguntó:

—¿Por qué le importa al Departamento de Justicia que un funcionario de la Casa Blanca le mienta a otro funcionario de la Casa Blanca?

Yates replicó:

—Ha sido mucho más que eso… Me parece una obviedad decir que a nadie le gusta ver al asesor de seguridad nacional comprometido por los rusos.

Yates había supuesto que la administración Trump haría algo al respecto. Pero al parecer la Casa Blanca tenía otra prioridad: averiguar qué tenía el FBI sobre Flynn. McGahn le dijo a Yates que quería examinar las pruebas subyacentes, ella le respondió que sus funcionarios trabajarían durante el fin de semana para que pudiera hacerlo.

Era el momento propicio para que el presidente Trump mostrara sus dotes de mando y echara a Flynn: su conducta y sus engaños habían dejado a Estados Unidos expuesto a la influencia de Rusia, o algo peor… Las mentiras se acumulaban. En lugar de ello, Trump reaccionó echando a Yates. La destituyó después de que esta diera instrucciones a los fiscales del Departamento de Justicia de que no defendieran la nueva orden ejecutiva del presidente que prohibía la entrada en Estados Unidos a los ciudadanos de siete países de mayoría musulmana.

¿Transmitió McGahn la advertencia de Yates e informó a Trump? ¿Por qué la asombrosa reacción de la Casa Blanca fue quedarse de brazos cruzados? Las respuestas no estaban nada claras, y Yates no llegó a descubrir lo que ocurrió.

Durante los dieciocho días siguientes Flynn se mantuvo en su puesto. El senador demócrata Sheldon Whitehouse hizo una analogía con el Watergate, y los dieciocho minutos y medio desaparecidos de la cinta grabada en el Despacho Oval de Nixon (el trozo, que nunca se encontró, correspondía a una conversación mantenida en 1973 entre Nixon y su abogado Bob Haldeman).

El 28 de enero, Putin telefoneó a Trump para felicitarle. Flynn estuvo presente en el Despacho Oval cuando se produjo la llamada.

Los dos líderes hablaron durante una hora, pero el resumen de prensa de su conversación tenía un solo párrafo. Una semana después, Flynn declaraba al *Washington Post* que «negaba categóricamente haber hablado de las sanciones» con Kisliak.

La aparente estrategia de Flynn era aguantar el tipo y esperar que sus múltiples problemas desaparecieran de algún modo. Pero esa estrategia murió al día siguiente, cuando el *New York Times*, citando a antiguos y actuales funcionarios estadounidenses, reveló que, de hecho, sí se había hablado de las sanciones durante la llamada de finales de diciembre. Entonces el portavoz del general admitió que Flynn «no estaba seguro de que no hubiera surgido el tema». Mientras tanto, Trump hacía todo lo posible por fingir que no se estaba produciendo ningún escándalo. Cuando los periodistas que le acompañaban en el *Air Force One* le preguntaron si Flynn le había engañado, él respondió: «No sé nada de eso».

Hubo una última —y surrealista— escena cuando Trump, Flynn y el primer ministro japonés, Shinzo Abe, se reunieron en la terraza del restaurante de Mar-a-Lago, el complejo turístico que el presidente tiene en Florida. Allí hablaron de cómo responder a la última prueba con misiles balísticos de Corea del Norte. Sin duda los otros comensales, y cabe imaginar también que algún que otro espía extranjero camuflado de huésped ricachón, les observaron con atención mientras los líderes escudriñaban sus teléfonos móviles.

El 13 de febrero, Trump echó a regañadientes a Flynn. Como de costumbre, el presidente culpó a la prensa en lugar de a la persona que había fingido y engañado, posiblemente cometiendo de paso delitos federales. Flynn era un «hombre maravilloso». Lo que le había ocurrido era «realmente triste», declaró Trump, añadiendo: «Creo que ha sido tratado muy, muy injustamente por los medios, o, como yo los llamo, los medios de las noticias falsas, en muchas ocasiones».

Flynn había durado veinticuatro días en el cargo, el mandato más corto de un asesor de seguridad nacional estadounidense. Tuvo el raro honor de ser destituido dos veces. En su carta de dimisión, Flynn admitía que «sin querer» había dado información incompleta a Pence. Afirmaba asimismo que se había sentido «extremadamente honrado» de servir a Trump, Pence y su magnífico equipo, añadiendo que «pasarán a la historia como una de las mejores presidencias de Estados Unidos».

Flynn tenía razón en lo de la historia, ya que esta no iba a olvidar fácilmente a Trump. Pero el tono casi mesiánico del general chocaba con lo que realmente se estaba produciendo: toda una serie de meteduras de pata, errores y burdas heridas autoinfligidas de una presidencia que apenas acababa de nacer. La implosión de Flynn era un ejemplo de ello: ¿qué podía explicar que el asesor de seguridad nacional actuara como un kamikaze?

Una posible explicación era que en sus tratos con los rusos Flynn se hubiera embarcado en una imprudente aventura actuando por su cuenta; y que la Casa Blanca no supiera nada al respecto.

Pero había una segunda explicación, más inquietante: que Flynn no actuara por su cuenta en absoluto, sino que, en lugar de ello, siguiera instrucciones de Trump, o de alguien cercano a él. Dichas instrucciones consistirían en transmitir a los rusos, a través de Kisliak, el mensaje de que la administración Trump se sentía inclinada a descartar las sanciones. El texto de Flynn en la obra: denos tiempo y nosotros cumpliremos.

De ser así, eso significaba que el propio Trump podría no tardar en verse implicado en la investigación del FBI. Cualquier conversación que este pudiera mantener con Flynn sería clave. El deshonrado general se hallaba ahora en una posición de insólito poder: si decidía cooperar con los federales —lo cual estaba por verse—, podía arrastrar a Trump al abismo.

En los meses siguientes, Trump seguiría defendiendo a Flynn, y hasta le enviaría mensajes de ánimo. «Ese nivel de lealtad resulta desconcertante —escribía Charles M. Blow, en mayo, en el *New York Times*—. Me parece que aquí hay algo más en juego, algo que hasta el momento se ignora.»

Y añadía: «El apego de Trump a Flynn me parece menos un acto de fidelidad que una expresión de miedo. ¿Qué sabe Flynn que Trump no quiere que sepa el mundo?».

Tres días después de que Flynn dejara la Casa Blanca, abordé un taxi en una estación de tren de Londres. No supe mi destino hasta el último momento. Era un jueves, en plenas vacaciones escolares de mitad de trimestre. Por las aceras paseaban familias con niños, y reinaba un ambiente animado en toda la ciudad. Bajo los altos plátanos asomaban las primeras campanillas de invierno. Mientras nos dirigíamos hacia el sur por Hyde Park, el sol de primavera se abrió paso a través de la ligera capa de nubes.

Hojeé un ejemplar del periódico gratuito *Metro*. En la portada aparecía un foto de Donald Trump junto al titular: «Los espías que me irritan: Un airado Trump en guerra con sus propios servicios de seguridad por las filtraciones de Rusia». Según leí, Trump estaba furioso por el modo en que sus jefes de inteligencia informaban a los periodistas. Su último tuit:

> Aquí el verdadero escándalo es que la «inteligencia» está repartiendo ilegalmente información clasificada como si fueran caramelos. Muy poco americano.

El taxi rodeó un monumento neogótico con una figura dorada en el centro: era una estatua del príncipe Alberto, el amado esposo alemán de la reina Victoria. Llegamos al Royal Albert Hall. Pagué el taxi y recorrí a pie el exterior de la célebre sala de conciertos hasta llegar a una cafetería situada en la parte de atrás. A los diez minutos llegó Steele; la misma persona con la que me había reunido en diciembre, pero ahora con una barba entrecana. Más tarde les diría a unos amigos que se parecía un poco a Sadam Husein. Encontramos un par de taburetes de bar en el fondo de la cafetería, lejos de miradas indiscretas. Saqué mi bolsa de Faraday, una bolsa negra que bloquea las señales de radio e impide las escuchas electrónicas, y metimos en ella nuestros teléfonos móviles.

El objetivo de la reunión era hablar de cómo Steele podría volver a una vida normal. Llevaba más de un mes viviendo fuera de casa, viendo a su esposa, a sus hijos y a sus hijastros solo en fugaces encuentros. A pesar de ello, resistía. Había seguido de cerca los acontecimientos de Washington, y había oído las declaraciones de los colaboradores de Trump negando que hubiesen tenido nada que ver con Rusia.

—Todos mienten —se limitó a decirme.

Steele consideraba que las mejores respuestas a la historia de la colusión había que buscarlas en Moscú, donde se había producido un importante encubrimiento. Pero encontrar información en Rusia —señalé— no era nada fácil. El Kremlin se mostraba evasivo e impenetrable. Mi propia investigación sobre el asesinato de Litvinenko prácticamente se frenó en seco en febrero de 2011 cuando las autoridades y el FSB me deportaron del país, un tipo de suceso que no se producía desde la Guerra Fría.

Coincidimos en nuestra apreciación de que en Estados Unidos el FBI estaba haciendo progresos y reuniendo algunas pruebas.

Sobre la conspiración Trump-Rusia en general, Steele me dijo:

—Es enorme. Absolutamente enorme.

La cuestión inmediata era el retorno de Steele a su vida profesional y a su despacho en Victoria. En su casa de Surrey había instalado unas nuevas puertas de seguridad, pero, aun así, los *paparazzi* seguían dejándose caer por allí. La solución era que Steele volviera a aparecer en público. No hacía falta que hablara mucho —le expliqué—, pero podía hacer una breve declaración ante las cámaras. Eso podría arreglarse. Luego la prensa le dejaría en paz.

Steele fue el primero en salir de la cafetería. Yo me fui poco después. Había resultado ser el lugar más apropiado para encontrarnos. Las escaleras que conducían a la parte trasera del Royal Albert Hall habían aparecido en un clásico filme de espionaje británico, *The Ipcress File*, de 1965, protagonizado por Michael Caine en el papel de Harry Palmer (Palmer, un espía británico, lucha con Housemartin, la mano derecha del traidor Eric Grantby; Palmer tira a Housemartin escaleras abajo, pero este escapa y sale huyendo en un coche).

Volví a la oficina del *Guardian* en el típico autobús rojo de dos pisos. Me senté en la parte de arriba y terminé de leer el periódico. La noticia de la portada de *Metro* continuaba en la página 5, donde se citaban las palabras de Trump en defensa de Flynn calificándole como un «hombre maravilloso». También mencionaba a otro colaborador de Trump que se había visto envuelto en la investigación.

Esa persona había sido el cerebro de la campaña presidencial de Trump. Y tenía unos vínculos con Moscú aún más estrechos que el general Misha.

6

Especialista en bastardos

2004-2017
Ucrania

> Un genio del mal.
>
> Alex Kovzhun, refiriéndose
> a Paul Manafort, director de
> campaña de Trump, verano de 2016

Era media mañana. En una agradable plaza, bañada por el sol otoñal y flanqueada de abetos, aguardaba una muchedumbre. Un personaje alto salió a un escenario. Sus partidarios lo aclamaron y empezaron a agitar las banderas que llevaban. Había globos y eslóganes electorales. El candidato parecía un moderno político occidental. Iba vestido con traje. Pero también mostraba un pequeño signo de informalidad: llevaba desabrochado el botón superior. Tenía el cabello rígido. Me pregunté si se lo habría fijado con un secador.

La ciudad no estaba en Texas, tampoco en los estados del llamado «cinturón de herrumbre» estadounidense, Michigan, Wisconsin o Iowa. Lejos de ello, nos encontrábamos en Europa oriental, concretamente en Ucrania, en una ciudad llamada Ostroh. Al llegar, en un helicóptero, había divisado debajo un castillo medieval y un monasterio de reluciente cúpula dorada. El candidato no era Trump, se trataba del primer ministro de Ucrania, un hombre que aspiraba a la reelección: Víktor Yanukóvich.

Corría el mes de septiembre de 2007, y faltaba una semana para el día de los comicios. La muchedumbre prorrumpió en cánticos de «¡Ya-nu-kó-vich, Ya-nu-kó-vich!». Antes, en Kiev, la capital ucraniana, había tenido ocasión de conocer a los partidarios de la archirrival de Yanukóvich, Yulia Timoshenko. En general eran de clase media y con un nivel cultural más alto: jóvenes estudiantes de aspecto agradable que llevaban camisetas ajustadas de color naranja y en su mayoría hablaban inglés.

Los partidarios de Yanukóvich, por el contrario, carecían claramente del menor encanto. Eran provincianos y rusófonos. La mayoría eran ancianas nacidas en la época soviética que llevaban un pañuelo en la cabeza. Agitaban banderas azules, el color del bloque parlamentario de Yanukóvich, el Partido de las Regiones. Algunas esgrimían iconos ortodoxos.

Después de varios meses de agitación política, los ucranianos estaban a punto de votar. El presidente del país, el prooccidental Víktor Yúshchenko, había convocado elecciones anticipadas debido a que había llegado a un punto muerto con Yanukóvich, primer ministro desde agosto de 2006. Previamente Yúshchenko se había distanciado de Timoshenko, una aliada a la que había destituido como primera ministra.

En 2004, Yanukóvich era el villano de la Revolución Naranja que recorría el país. Respaldado por Rusia, había intentado amañar las elecciones presidenciales utilizando la intimidación y el fraude. Durante la campaña de ese año, Yúshchenko sobrevivió por poco a un intento de asesinato: fue envenenado con dioxina, y como resultado se le llenó la cara de ampollas. No pudo probarse nada, pero las sospechas recayeron en Moscú. Se repitió la votación, y ganó Yúshchenko.

Desde entonces, los protagonistas de la Revolución Naranja se habían dispersado, y Yanukóvich —prácticamente sin que Occidente lo advirtiera— había hecho una inesperada reaparición. Su Partido de las Regiones iba el primero en las encuestas, con aproximadamente el 32,9 por ciento de los votos. Yúshchenko convocó las elecciones aquel mes de mayo, después de que Yanukóvich atrajera a varios de los colaboradores del presidente para que se incorporaran a su partido.

La tarde anterior, me había reunido con el responsable del insólito retorno electoral de Yanukóvich. No era ruso, sino estadounidense. Se llamaba Paul Manafort.

Originario de Connecticut, es un veterano consultor político. El abuelo de Manafort, James, había emigrado de Sicilia a Estados Unidos en 1919. Su padre había llegado a ser alcalde de la ciudad de New Britain y líder de la comunidad italoamericana local.

Y al igual que en la famosa obra *Pigmalión*, de George Bernard Shaw, en la que Henry Higgins había convertido a la florista *cockney* Eliza Doolittle en una refinada dama, Manafort había trasformado a Yanukóvich, pasando de ser un tosco perdedor de corte soviético a convertirse en un demócrata creíble al estilo occidental. Yanukóvich había crecido en la región industrial del Donbáss, en Ucrania oriental. Hablaba ruso. Manafort había logrado, con cierto éxito, que aprendiera también ucraniano, la lengua oficial y la que se hablaba en la parte occidental del país.

Yo había viajado a Ucrania con el fin de hacer un reportaje para el *Guardian*. Me alojaba en el hotel Dnipró, situado en el centro urbano de Kiev, al final de la calle Jreshchátyk, flanqueada de elegantes castaños. Los nuevos asesores occidentales de Yanukóvich me habían prometido una entrevista con el candidato. Aquella tarde me invitaron a reunirme con algunos de los miembros de su equipo. Entre ellos figuraban Konstantín Grischenko —el futuro ministro de Exteriores de Yanukóvich— y Manafort, cuyo nombre me resultaba por completo desconocido. Los observadores políticos en Kiev me dijeron que era la persona que había incorporado a la campaña de Yanukóvich una serie de movimientos de manos que atraían a los votantes y le había hecho desabrocharse el primer botón. Garabateé su nombre por primera vez en mi cuaderno de notas, escribiendo «Maniford».

Nuestra reunión tuvo lugar en la sede del gabinete ministerial. Esta se hallaba a un corto paseo colina arriba desde mi hotel por una calle adoquinada que llevaba a la Rada, el Parlamento ucraniano. De cerca, Manafort parecía calcado al típico miembro de un grupo de presión de Washington. Llevaba un traje caro y elegante, de corte conservador y tonos oscuros. Era un personaje alto y corpulento, con cabello lustroso de color castaño. Me sorprendió que su aspecto no fuera muy distinto del de Yanukóvich, el político al que estaba asesorando. ¿O era al revés?

La desastrosa campaña de Yanukóvich de 2004 había sido planificada por técnicos políticos rusos. Las encuestas a pie de urna se habían mostrado favorables a Víktor Yúshchenko, pero los resultados habían dado la victoria a Yanukóvich. Luego se supo que eso había ocurrido después de que el equipo de este último hackeara a la comisión electoral central de Ucrania desde un cine cercano, situado nada menos que en la calle de Moscú (el equipo añadió 1,1 millones de votos al cómputo de Yanukóvich). Decenas de miles de personas salieron a la calle a manifestarse, convirtiendo la plaza central de Kiev, Maidán, en un auténtico campamento. La derrota de Yanukóvich en la posterior repetición de los comicios fue una rara humillación para Putin.

Manafort tenía una historia interesante que contar. Según su versión, Yanukóvich era una persona agraviada, y alguien a quien Occidente había malinterpretado de manera deliberada. Eso era especialmente cierto en el caso de sus partidistas medios de comunicación. Desde 2004, Yanukóvich había «crecido» y «aprendido mucho» de su tiempo alejado del poder. Uno de los símbolos de ese cambio se hallaba sentado frente a mí: Yanukóvich había traído a asesores estadounidenses.

«El otro bando no es el otro bando —me dijo Manafort—. La gente sigue viendo el sistema político de este país a través del prisma de 2004. Pero esa no es en absoluto la situación.» Y añadió: «Puedo entender que se produjera ese malentendido en las pasadas elecciones. Pero ya no hay ninguna excusa para que la gente no se lleve la impresión correcta».

Comprendí que Manafort me estaba haciendo un reproche. Los medios de comunicación habían asignado a Yanukóvich el papel del malo prorruso de la película. En realidad —me dijo—, el primer ministro había dado «más pasos para acercarse a Occidente que a Rusia». La cultura, la historia y la geografía de Ucrania —por no hablar de su precaria situación económica— implicaban que no se podía ignorar a Moscú. Aun así, «él ha hecho más cosas con Occidente», e incluso había habido «consultas» con Estados Unidos, añadió.

Otros asesores repitieron ese mismo tema. «Ha cambiado mucho. Se ha convertido en un demócrata», me aseguraba Serhiy Lyovochkin, jefe de la oficina privada de Yanukóvich. Ahora el candidato estaba estudiando inglés. ¡Hasta había empezado a jugar al tenis con el embajador estadounidense!

Según Manafort, en 2004 Yanukóvich no había conspirado contra la democracia. Simplemente era el «candidato de un sistema que estaba atado a Rusia». Cuando Yanukóvich volvió a la escena política como primer ministro en 2006, «era fiel a sí mismo». No estaba en contra de Estados Unidos. Había devuelto la estabilidad a Ucrania. Era un líder fuerte. Y tenía un plan.

Manafort añadió: «Sigue siendo fiel a sí mismo. En esta campaña no hay ninguna influencia rusa. La percepción de que es el candidato de Rusia contra los intereses de Occidente es información incorrecta».

No logré tener mi exclusiva con Yanukóvich. Solo me permitieron hacerle una única pregunta en Ostroh, arrodillado en un semicírculo con una manada de colegas de la prensa y la televisión. Le pregunté por sus prioridades en política exterior. Yanukóvich me respondió que bajo su liderazgo Ucrania sería «un puente fiable entre Europa y Rusia».

Aun así, el discurso de Manafort fue fascinante. Y lo haría aún más extraordinario el hecho de que la persona que lo daba hubiera sido un importante asesor del Partido Republicano: en 1976, Manafort había trabajado en la campaña electoral de Gerald Ford para las elecciones presidenciales. Y después había hecho lo mismo en las campañas de Ronald Reagan, George Bush hijo y Bob Dole. Sin duda, eso contaba algo, ¿no?

Conservé mis notas de la entrevista con Manafort y las guardé en un armario. Cuando me echaron de Moscú, viajaron conmigo a Londres. Durante los años siguientes resultaría que la versión de Manafort de la historia estaba más que equivocada. No se trataba de mero maquillaje, o de lo que suele ser admisible en las relaciones públicas políticas.

Todo lo que me había dicho era mentira.

Ucrania estaba muy lejos de Washington; de hecho, a casi ocho mil kilómetros. ¿Y qué hacía un veterano intermediario republicano en aquel oscuro rincón postsoviético, dominado por oligarcas y otras personas cuyas fuentes de riqueza nunca resultaban demasiado transparentes? Al parecer, la respuesta era el dinero. Montones de dinero.

Manafort empezó trabajando para Oleg Deripaska, un oligarca milmillonario ruso que hizo su fortuna en la industria del aluminio en la década de 1990. Sus presuntos vínculos con la mafia supusieron que durante unos años no se le concediera el visado para entrar en Estados Unidos. Deripaska niega estas acusaciones. Como todos los multimillonarios rusos, supo entender a la perfección los requisitos de Putin: cuando te llamaban, hacías lo que el presidente mandaba (el caso de Mijaíl Jodorkovski, antaño el hombre más rico de Rusia, ilustra lo que les ocurría a quienes ponían reparos).

Según Associated Press, Manafort firmó un contrato con Deripaska por valor de diez millones de dólares al año. A cambio, el estadounidense propuso un plan político de amplio alcance para socavar a los oponentes de Putin en Europa, Estados Unidos y las antiguas repúblicas soviéticas. El plan de Manafort abarcaba el ámbito político, las transacciones comerciales y la cobertura informativa: influiría positivamente en todo ello en beneficio de Moscú.

En un memorando de 2005, Manafort le decía a Deripaska: «Actualmente somos de la opinión de que este modelo puede beneficiar enormemente al gobierno de Putin si se emplea en los niveles adecuados con el apropiado compromiso con el éxito». Ello ofrecería «un gran servicio que puede reenfocar, tanto interna como externamente», las políticas del Kremlin. El plan no se hizo público.

Se desconoce la envergadura del trabajo que realizó Manafort bajo los términos de su contrato. A continuación, Deripaska recomendó al republicano que colaborara con el oligarca Rinat Ajmétov, el hombre más rico de Ucrania. Este último era el principal valedor financiero del Partido de las Regiones. Por entonces estaba considerando la posibilidad de que su consorcio, System Capital Management, cotizara en la Bolsa de Londres, y necesitaba asesoramiento en materia de relaciones públicas.

A instancias de Ajmétov, Manafort visitó Ucrania en diciembre de 2004, entre la segunda y tercera rondas de la votación presidencial. La opinión de Manafort —que resultaría ser acertada— era que la campaña de Yanukóvich estaba condenada al fracaso.

Los dos hombres se reunieron por primera vez en el verano de 2005, en la ciudad balneario checa de Karlovy Vary, en Bohemia occidental. Era este un lugar conocido por sus vínculos con la mafia rusa, en un país utilizado durante largo tiempo como base de operaciones por la inteligencia soviética y rusa. La reunión fue bien. Aquel otoño, el Partido de las Regiones contrató a Manafort y su equipo —incluyendo a su antiguo ayudante, Rick Gates— como asesores.

Los estadounidenses mantuvieron una actitud discreta. Alquilaron una oficina anónima en Kiev, en el número 4 de la calle de Sofía. Estaba situada delante de la parada de los trolebuses 16 y 18, y frente a las instalaciones de la compañía Golden Telecom. Normalmente, las persianas, de color blanco, estaban bajadas. Cuando el principal periodista de investigación de Ucrania, Mustafá Nayem, se pasó por allí, le invitaron amablemente a marcharse.

Pese a ello, poco a poco se fue corriendo la voz. En un cable confidencial enviado en 2006 al Departamento de Estado en Washington, y posteriormente filtrado, los diplomáticos estadounidenses destinados en Kiev informaron de que el Partido de las Regiones había experimentado una transformación. «El partido —durante largo tiempo un refugio para los gángsteres y oligarcas de Donetsk— se halla en medio de un "intenso cambio de imagen"», observaban.

El partido había reclutado «la ayuda y el consejo de veteranos técnicos políticos de la Calle K», se informaba al Departamento de Estado, haciendo referencia al nombre con el que se conoce al distrito que alberga a los principales grupos de presión de Washington. La empresa de Manafort —Davis, Manafort & Freedman— se entregaba a tareas de «cirugía estética», con el objetivo de librar al partido de su burda imagen de gángster y cambiarla, en la mente de los ucranianos y también fuera del país, por la de una «fuerza política legítima».

No volví a reunirme con Manafort. Pero regresé a Ucrania con regularidad. En 2009 tuve ocasión de oír hablar a Yanukóvich en el Foro Europeo de Yalta, una conferencia para peces gordos y destacadas figuras internacionales que se celebraba cada año en el palacio de Livadia, en la costa de Crimea, el mismo lugar donde Churchill, Roosevelt y Stalin, en la conferencia de Yalta de 1945, se repartieron la Europa de la posguerra.

Yanukóvich seguía siendo un político aburrido, y su discurso resultó bastante anodino. Tal vez fuera eso lo que se buscaba. En cualquier caso, su entrenamiento con Manafort iba bien. En mi cuaderno de notas escribí: «Sereno. Con aire de estadista. Tranquilo». Yanukóvich no había vuelto a ser primer ministro (su Partido de las Regiones encabezó las elecciones parlamentarias de 2007, pero Timoshenko le ganó la mano tras un acuerdo de coalición). En lugar de ello, ahora apuntaba más alto: ganar las elecciones presidenciales de 2010.

A finales de 2009, Yanukóvich se hallaba muy cerca de lograr aquella ambición. Los sondeos auguraban un triste resultado para Yúshchenko. Manafort confirmó a la embajada estadounidense —con la que mantenía muy buenas relaciones— que su cliente llevaba «una ventaja de dos dígitos». El novelista Andréi Kurkov me dijo en Kiev que la gente estaba cansada de lo que él denominaba «el nacionalismo ucraniano semi-romántico» de Yúshchenko. También estaba hastiada de Timoshenko, cuya pasión en campaña tenía un aire demasiado familiar.

Los ayudantes de Yanukóvich habían afilado sus críticas a Timoshenko. En general se esperaba que esta acabaría enfrentándose a Yanukóvich en la segunda vuelta de las elecciones presidenciales, y argumentaban que era ella, y no Yanukóvich, la opción de Putin como líder, además de un peligro para la frágil democracia del país.

El objetivo clave de Timoshenko era frenar a los poderosos oligarcas de Ucrania, algo que solo podía hacer con la ayuda de Putin. Esos mismos oligarcas —Ajmétov y el ahora magnate del gas Dmitro Firtash— eran los principales partidarios de Yanukóvich.

Las elecciones fueron tal como se había previsto. En enero de 2010 estuve en Kiev y pude presenciar la eliminación de Yúshchenko. Volví en febrero para la segunda vuelta entre Yulia y Víktor. La noche de las elecciones, la mayoría de los periodistas asistieron a la fiesta de celebración de Timoshenko, que tuvo lugar en el lujoso entorno del hotel Hyatt de Kiev. Allí encontré a la habitual multitud de jóvenes de habla inglesa. Había canapés, vino y gente guapa.

Sin embargo, el que tenía más motivos de celebración era el Partido de las Regiones. Sus miembros se congregaron en el hotel InterContinental, situado justo enfrente del Hyatt, en la misma plaza de Santa Sofía, y al lado del Ministerio de Exteriores ucraniano. El hotel había servido de base de operaciones a Manafort. La sala de baile de la planta baja estaba llena. Muchos de los partidarios de Yanukóvich parecían capos mafiosos que se hubieran tomado un día libre. Eran enormes, con gruesos cuellos de gorila embutidos en esmóquines. Había menos mujeres que en la fiesta de Yulia.

Durante toda la campaña, Yanukóvich había hablado en ucraniano. Eso se debía a Manafort. Pero tenía también un aspecto siniestro. El Partido de las Regiones había utilizado la lengua rusa y su estatus político como arma electoral, un instrumento de campaña para ganarse el apoyo de las áreas tradicionales rusófonas del este de Ucrania. Esa misma táctica había alejado a muchos en la zona occidental del país y, a su vez, había alimentado el apoyo al nacionalismo ucraniano radical.

Yanukóvich no era un mal alumno. Seguía cometiendo meteduras de pata verbales; por ejemplo, describiendo a Antón Chéjov como un «poeta ucraniano»; pero al final su ucraniano resultaba más que decente. Apareció en la fiesta en las primeras horas de la madrugada. Aunque no vi a Manafort entre los asistentes, no cabía duda de que aquella victoria era suya. Un antiguo maleante, encarcelado dos veces en la época soviética por vandalismo, y tildado de inepto, acababa de convertirse en presidente de un estado europeo de cuarenta y cinco millones de habitantes.

Yanukóvich hizo una breve declaración a los medios. Esta vez habló en ruso. Era un signo de lo que iba a venir.

Poco después, una fría mañana de febrero, Yanukóvich fue investido presidente. El conocido periodista Serhiy Leshchenko observaba el evento, mientras hombres y mujeres con fracs y vestidos de noche se dirigían hacia el monumento a Lenin, en Kiev.

«Hubo una ligera conmoción en la entrada —escribiría Leshchenko en el *Guardian*— Rinat Ajmétov, el hombre más rico de Ucrania y brazo derecho de Yanukóvich, trataba de abrir paso a un estadounidense que procuraba no llamar la atención. Solo yo y algunos de mis colegas reconocimos el rostro del misterioso extranjero: era Paul Manafort.»

A los pocos meses se hizo evidente que Yanukóvich estaba plenamente resuelto a revertir los escasos logros democráticos de la Revolución Naranja. Su objetivo era sencillo: destruir a la oposición, lo que significaba destruir tanto a Timoshenko como a la independencia de las instituciones de Ucrania.

Yanukóvich actuó con rapidez para consolidar todos los instrumentos del poder: los tribunales, el Parlamento, la fiscalía… además de los medios y la televisión. La pretensión de que era un hombre reformado resultó infundada. Una vez en el poder, se comportaba —como Manafort debía de saber que haría— como un clásico matón. Bajo su comportamiento agresivo, parecía una persona llena de inseguridad y cobardía.

Los jueces acusaron de corrupción a Timoshenko. Las acusaciones se remontaban a la década de 1990, cuando se le conocía como «la princesa del gas», así como a los recientes acuerdos con Rusia. Nadie estaba por encima de la ley, sostenía el Partido de las Regiones. Fuera cierto o no, parecía un caso de justicia selectiva, ya que esas mismas acusaciones de malversación podían formularse contra prácticamente todos los políticos de Ucrania, incluido Yanukóvich.

En 2011, Timoshenko estaba en la cárcel. Occidente pedía repetidamente su liberación, y Yanukóvich no hacía ni caso. En el frente de la política exterior, Yanukóvich renovó el acuerdo de arrendamiento de la flota de Rusia en el mar Negro, estacionada en Crimea. A cambio, Putin hacía un descuento en la factura de gas de Ucrania. Asimismo, continuaron las negociaciones de cara a un acuerdo de asociación con la Unión Europea.

Entonces, en noviembre de 2013, Yanukóvich anunció que renunciaba al plan de la Unión Europea y aceptaba un préstamo de quince mil millones de dólares de Moscú. La decisión implicaba que Ucrania había renunciado a una mayor integración con Occidente; en lugar de ello, seguiría formando parte del espacio político y económico de Rusia, donde el Kremlin tomaría en la práctica las decisiones clave sobre el futuro del país y su política exterior. Yanukóvich sería, pues, el virrey provincial de Putin. El préstamo era un soborno.

Para algunos ucranianos, esa visión del futuro resultaba poco atractiva. Era la guinda que coronaba cuatro años de desgobierno durante los cuales el presidente había robado al estado. En particular, Yanukóvich había enriquecido a los miembros de su familia y a sus amiguetes. Su hijo Oleksandr, que era dentista, acumuló una fortuna estimada en cientos de millones de dólares.

Nayem, el periodista, no llegó a conocer a Manafort, aunque me dijo que en cierta ocasión lo vio de lejos en el vestíbulo del hotel InterContinental. En noviembre de aquel año, Nayem planteó una pregunta en Facebook: ¿alguien tenía la intención de ir a la Maidán? En el plazo de una hora su post tenía más de mil «me gusta». «Aquella noche se presentaron cuatrocientas personas. Se quedaron hasta las seis de la mañana. La mayoría de ellas eran amigos míos de Facebook. Era la llamada clase creativa», me explicó.

La protesta de Nayem en la Maidán se repitió varias veces. Durante semanas fue pacífica, pero en un momento dado el gobierno empleó una fuerza brutal. Eso resultó contraproducente, ya que las manifestaciones no hicieron sino aumentar. Acudieron los líderes de la oposición oficial de Ucrania —Vitali Klitchkó, Arseni Yatseniuk y Oleg Tiagnibok—, pero los manifestantes casi siempre los abuchearon, refiriéndose a ellos como «esos tres payasos». En febrero de 2014, el ambiente en Kiev era febril. Hubo desapariciones de destacados activistas. Algunos aparecieron muertos; otros, vivos, pero con evidentes señales de tortura. Había grupos de matones pro-Yanukóvich a sueldo —los llamados *Titushki*— deambulando por la calle, golpeando y matando a la gente. Las multitudes de manifestantes construían barricadas. Y la policía antidisturbios lanzaba gases lacrimógenos.

La revolución tenía múltiples facetas. Por una parte, no era muy distinta del movimiento Ocupa Wall Street y otros movimientos similares de «indignados» surgidos a raíz de la crisis financiera que llenaron las calles de Nueva York, Londres o Madrid. También era sorprendentemente «retro»: los manifestantes llevaban escudos y cascos de fabricación casera, y utilizaban catapultas de estilo medieval para lanzar piedras a la policía. Y era asimismo la revolución antisoviética que no había llegado a cuajar cuando Ucrania abandonó la URSS en 1991. Se derribaron muchas estatuas de Lenin.

En las horas finales del régimen, los francotiradores del gobierno mataron a docenas de personas. Hay grabaciones de vídeo donde se les ve disparando a personas desarmadas mientras tratan de avanzar a campo abierto. También murieron veinte policías.

Yanukóvich estaba en su palacio, en las afueras de Kiev. No se hallaba en peligro físico, pero optó por huir del país. Se llevó consigo treinta y dos mil millones de dólares (se calcula que durante cuatro años había robado unos cien mil millones), escapando en helicóptero y dirigiéndose a Rusia. También huyeron otros miembros de su gobierno, con el equipaje lleno de dinero y joyas como si fueran gángsteres de sainete.

La respuesta de Putin fue apoderarse de Crimea y declarar que el levantamiento de Ucrania era un «golpe fascista». Asimismo, prometió defender a los rusos étnicos a los que previamente había apuntado Manafort como carnaza electoral. Poco después, Putin inició una guerra en Ucrania oriental, aunque sería una guerra encubierta, con tropas clandestinas y agentes secretos. El conflicto que asoló Ucrania en 2014 no fue, como afirmaría Moscú, una guerra civil; en realidad fue más bien un conflicto-Frankenstein, creado artificialmente por el gobierno ruso, y al que dio vida el brutal choque externo de la fuerza militar y la invasión. El GRU —la organización que más tarde hackearía al Comité Nacional Demócrata estadounidense— desempeñó un papel clave en él.

El verdadero golpe se produjo en Crimea, donde, una semana después de la huida de Yanukóvich, un grupo de pistoleros enmascarados —en realidad agentes de las tropas especiales rusas— tomaron la sede del Parlamento en Simferópol, la capital regional de Crimea. Mientras tanto, en las ciudades orientales de Donetsk y Lugansk, varios grupos prorrusos empezaron a asaltar edificios públicos.

El Kremlin intensificó rápidamente esta disputa en la región oriental proporcionando armamento a los rebeldes anti-Kiev. Este incluía tanques, piezas de artillería y sistemas antiaéreos. Durante la primavera, el verano y el otoño de aquel año, los soldados rusos —a veces reclasificados como «voluntarios»— llevaron casi todo el peso de la lucha. Cuando parecía que los rebeldes estaban al borde de la derrota, Moscú utilizó sus unidades regulares para aplastar a las fuerzas ucranianas.

Sin Rusia no habría habido guerra en 2014. Sin duda habría habido tensión entre el gobierno central de Kiev y las regiones orientales de mayoría rusa: una disputa política en torno a la autonomía, la descentralización del poder, los múltiples fracasos del estado ucraniano y el estatus de la lengua rusa. Pero Ucrania no se habría desmoronado. Y habría muerto menos gente.

En resumen, Yanukóvich se había vendido a una potencia extranjera. Había cometido traición. Y también había robado ingentes cantidades de dinero.

¿Cuánto de esto se debía a Manafort? ¿Podía culpársele a él del desastre de Ucrania? ¿Y en qué medida la presidencia cleptocrático-familiar de Yanukóvich era un modelo para Donald Trump?

No cabe duda de que las divisiones existentes en Ucrania —entre el oeste católico y el este ortodoxo, entre quienes miraban a Europa y los nostálgicos del perdido universo soviético— existían antes de que Manafort entrara en escena. La acusación contra Manafort es que este explotó con cinismo esas divisiones para obtener un beneficio electoral a corto plazo, sin preocuparse demasiado por las consecuencias. Y estas, en última instancia, serían catastróficas.

Antes de firmar con Trump en la primavera de 2016, Manafort pasó más de una década trabajando en Ucrania. Yanukóvich le contrató para dirigir cuatro campañas electorales: la de los comicios presidenciales y tres elecciones parlamentarias. Tras la marcha de Yanukóvich, Manafort siguió trabajando para el derrotado Partido de las Regiones, contribuyendo a su reforma, cosa que hizo a instancias de Lyovochkin, el antiguo jefe de gabinete de Yanukóvich. Manafort rebautizó el partido con el nombre de Bloque de Oposición. Y seguiría viajando regularmente a Kiev hasta finales de 2015.

Según Nayem, de todo el entorno de Trump, Manafort era quien tenía vínculos más estrechos con Rusia. Reconociendo las dotes de este último como técnico político, me explicaba Nayem: «Manafort intentó civilizar a Yanukóvich. Le dijo: "Eres muy feo. Te presentaré a Occidente"».

Nayem describía al estadounidense como un hombre «profundamente cínico». «Él no pensaba en la historia o en el pueblo de Ucrania. Trataba Ucrania como si jugara a un juego de ordenador, dividiendo el país en tres partes, y provocando esos choques.»

Otros críticos señalaban que Manafort estaba especializado en «bastardos». Entre su anterior lista de clientes se incluía el dictador filipino Ferdinand Marcos, y gobernantes como el angoleño Jonas Savimbi y el zaireño Mobutu Sese Seko. «Es un genio del mal —decía de él Alex Kovzhun, antiguo asesor de imagen de Timoshenko—. No forja estadistas. Forja dictadores y toda clase de mala gente.» Manafort vendía lo invendible —me aseguraba Kovzhun, añadiendo—: «Si tienes un caballo muerto y necesitas venderlo, llámale».

Para Kovzhun, la especialidad de Manafort era gestionar costosas campañas dirigidas a «la plebe»: «Es el mismo elemento que votó a Putin, que apoyó el Brexit, que respaldó a Erdoğan y al que Trump agrada. Manafort trabaja el mínimo común denominador. A mí me resulta repulsivo, y su mensaje desagradable. Deja una estela de destrucción tras de sí».

Kovzhun opinaba que había paralelismos entre la campaña de Manafort para Yanukóvich y su trabajo para Trump en 2016, añadiendo que reconocía las mismas «jugadas»: «Consigue que sus clientes hagan cosas trilladas con insulsos eslóganes políticos e imágenes de estilo soviético nada creativas. Con Yanukóvich era: «¡Escucharé a todo el mundo!». Con Trump es «¡Hagamos de nuevo grande a América!».

Algunos de quienes trabajaron estrechamente con Manafort en Kiev tienen una opinión contraria. Afirman que entre 2007 y 2010 Yanukóvich «escuchó lo que Paul le decía», pero luego dejó de seguir sus consejos. Eso —aseguran— no fue culpa de Paul. Oleg Voloshin —un antiguo ayudante del ministro de Exteriores Konstantín Grischenko— describía a Manafort como un hombre extremadamente inteligente, con un conocimiento impresionante del derecho, la historia y los asuntos públicos.

En las reuniones sobre estrategia, Manafort solía permanecer sentado escuchando. Decía Voloshin: «Él no hablaba ruso. Tenía a un intérprete consigo. Al final solía hablar durante quince minutos». El asesoramiento del estadounidense nunca era de tipo ideológico. Manafort explicaba tranquilamente que «esas personas no le votarán, no se moleste con ellas», y luego sugería: «Fomente este mensaje, fomente ese otro».

Según Voloshin, Manafort defendía los intereses de Estados Unidos. Hasta tal punto que en el Partido de las Regiones se decía en broma que en realidad trabajaba para la CIA. Promocionaba a empresas petrolíferas estadounidenses como Exxon y Chevron. Respaldaba la incorporación de Ucrania a la OTAN y la Unión Europea. Y advirtió a Yanukóvich de que encerrar a Timoshenko no era buena idea.

«De no haber sido por Paul, Ucrania habría caído presa de Rusia mucho antes —me dijo Voloshin—. Él arrastraba a Yanukóvich hacia Occidente. Al final, los rusos tuvieron que hacer amenazas a Yanukóvich relativas a su seguridad personal. Él es muy obstinado. Pero cuando se derrumba, se derrumba por completo.»

En última instancia —afirmaba Voloshin—, la relación de Manafort con Ucrania era más una cuestión de reto que de dinero. Pero a mí esa idea no me convencía: Manafort admitiría más tarde haber cobrado más de diecisiete millones de dólares del Partido de las Regiones en solo dos años, entre 2012 y 2014. Cuanto más duro era el cliente —afirmaba Voloshin—, mayor el éxito. Manafort era una persona capaz de hacer milagros: «En 2004, Yanukóvich estaba muerto. Se le consideraba un títere de Rusia. Fue Paul quien lo resucitó».

La relación de Manafort con Trump se remontaba a mucho tiempo atrás. En 1980, Manafort fundó una empresa destinada a actuar como grupo de presión. Uno de sus socios era Roger Stone, antiguo mentor político y asesor de campaña de Trump.

Como informaría el *Washington Post*, Stone desempeñó un papel reducido aunque notable en el escándalo del Watergate, y luego pasaría a tener un papel prominente en la historia de la relación entre Trump y Rusia. En 1972 donó dinero al rival republicano de Nixon en las primarias, Pete McCloskey. No a nombre propio, sino como «Joven Alianza Socialista». Luego avisó a la prensa de que McCloskey cobraba dinero de supuestos comunistas.

En 1980, Stone conoció a Trump cuando buscaba contribuyentes para la campaña electoral de Reagan. Entonces Trump se convirtió en uno de los primeros clientes de la empresa de Manafort: Black, Manafort, Stone & Kelly. Trump quería el asesoramiento de Stone, y contrató a Manafort, que era abogado, para que se ocupara de temas relacionados con el juego y con propiedades inmobiliarias. Fue en los años posteriores cuando Manafort realizó una gran parte de su trabajo fuera de Washington: en África central, Filipinas, Rusia y Ucrania. Sería esa historia previa de personaje ajeno al sistema la que haría que Manafort se ganara las simpatías de Trump cuando acudiera a él buscando trabajo.

Según el *New York Times*, Manafort se puso en contacto con Trump a finales de febrero de 2016. Por entonces Trump lideraba las primarias republicanas después de haber ganado New Hampshire y Carolina del Sur. Sin embargo, también afrontaba una fuerte resistencia por parte de la élite republicana ante la inminencia de una convención posiblemente polémica en Cleveland, Ohio. La victoria no estaba garantizada en absoluto.

El currículo profesional de Manafort —entregado a través de un amigo, Thomas Barrack Jr.— era una obra maestra de autopromoción. Señalaba el hecho de que había gestionado campañas presidenciales en todo el mundo, subrayando que desde 2005 había estado alejado de Washington. «No traeré equipaje de Washington», decía. Barrack recomendó a Manafort a la hija de Trump, Ivanka, y a su marido, Jared, describiéndolo como un «crack» y «el más experimentado y certero de los directores de campaña».

Trump se sintió favorablemente impresionado. Y ese sentimiento no hizo sino acrecentarse cuando ambos se conocieron. El *New York Times* informaría de que Manafort empezó diciendo que vivía en uno de los pisos superiores de la Torre Trump (poco después de que empezara a trabajar para Deripaska, en 2006, compró un apartamento allí por 3,6 millones de dólares). Manafort mencionó su historial de éxitos con oligarcas y otras figuras internacionales. Trump les comentó a sus ayudantes que le gustaban las maneras y el aspecto bronceado de Manafort, observando que, para ser un hombre que mediaba la sesentena, conservaba una tupida mata de pelo castaño. Hubo un último factor decisivo: Manafort le dijo que trabajaría a cambio de nada.

Un mes más tarde, el 29 de marzo, Trump presentó a su nuevo gestor de convenciones, declarando que Manafort ofrecía sus ideas y su experiencia «como voluntario». Trump le calificó como un «gran activo» y declaró que él se aseguraría de que fueran los votantes republicanos, y no «la élite política de Washington», quienes eligieran al candidato de su partido a la presidencia. Manafort, por su parte, dijo que se sentía «honrado» de servir a «la campaña del Sr. Trump», añadiendo: «Confío en que [Trump] será el próximo presidente de Estados Unidos».

Manafort se adaptó en seguida a su nuevo cargo. Su colega Rick Gates —al que conocí en Kiev en 2007— se convirtió en su mano derecha. Coincidiendo con los comentarios que me hiciera el propio Manafort sobre Yanukóvich, la estrategia era tratar de persuadir a los escépticos de que Trump no era el hombre que parecía ser.

A diferencia del presuntuoso *showman* de telerrealidad que ponía a parir a sus rivales, el verdadero Trump era un hombre mesurado, racional y con dotes de estadista.

«El papel que ha estado representando está dando paso al papel que se esperaba de él», declaraba Manafort al *Washington Post* en abril.

El problema era que Trump no parecía ser consciente de su inminente metamorfosis. Lejos de ello, durante un debate televisado el candidato se enzarzó en una disputa sobre el tamaño de su pene, diciéndole a Marco Rubio —su rival republicano— que ahí no había «ningún problema».

En mayo, Manafort se había convertido en el director de campaña y jefe de estrategia de Trump. Corey Lewandowski conservaba oficialmente el cargo, pero se vio marginado en la práctica. Ese armonioso estado de cosas se prolongó hasta julio, cuando Wiki-Leaks publicó el primer lote de correos electrónicos del Comité Nacional Demócrata hackeados por el Kremlin. Con Rusia copando todos los titulares, era inevitable que los vínculos de Manafort con Moscú y Kiev pasaran a ser foco de atención. Los periodistas de investigación empezaron a husmear.

Según el *Post*, fue Manafort quien persuadió a Trump de que eligiera al gobernador de Indiana, Mike Pence, como su candidato a la vicepresidencia. Inicialmente, Trump se había inclinado por alguien con un perfil más marginal, un «agitador» como él mismo: Flynn, o Chris Christie, o Newt Gingrich, el antiguo portavoz de la Cámara. Pence, en cambio, era una figura bien integrada en el sistema, que podía atraer el apoyo de los republicanos más ortodoxos que se sentían incómodos con Trump. Parece ser que Ivanka y Jared respaldaron la opción de Manafort.

Los seis meses de Manafort como lugarteniente de campaña de Trump terminaron abruptamente a mediados de agosto, unos días después de que el *Times* publicara una noticia de portada cuyo titular rezaba: «Un libro de contabilidad secreto en Ucrania contiene pagos en efectivo al jefe de campaña de Donald Trump». El libro de contabilidad se había encontrado en una habitación del tercer piso de la sede central del Partido de las Regiones en Kiev, cuando en 2014 los manifestantes antigubernamentales habían saqueado el edificio.

Uno de los que examinaron el libro de contabilidad fue el periodista Leshchenko, ahora recién elegido miembro del nuevo Parlamento ucraniano pos-Yanukóvich. El libro contenía varios cientos de páginas de entradas. Había nombres y fechas, escritos a mano con tinta azul. Uno de los nombres era el de Manafort, que aparecía veintidós veces. Todo indicaba que, entre 2007 y 2012, Manafort había cobrado presuntamente 12,7 millones de dólares en efectivo. Al parecer, se trataba de pagos secretos con dinero de un fondo de reptiles con finalidades políticas.

No estaba claro de dónde procedía ese dinero clandestino. Los responsables del Partido de las Regiones declararon al *Times* que antaño, en la habitación en cuestión, había dos cajas fuertes llenas hasta arriba de billetes de cien dólares. Aparentemente, algunos se ellos se habían destinado a operaciones electorales legítimas como sondeos a pie de urna. Otros paquetes de dinero —2,2 millones de dólares, en un caso— se canalizaron a miembros de grupos de presión estadounidenses a través de una organización sin ánimo de lucro vinculada a Yanukóvich. Manafort negó cualquier relación con el dinero. Aquel libro de contabilidad B —aseguró— era falso. Afirmar lo contrario era infundado, estúpido y absurdo. También Trump rechazó la historia, tildando al *Times* de «periódico basura».

En una declaración oficial, Manafort dijo:

> Nunca he recibido un solo «pago de dinero en negro» tal como ha «informado» falsamente el *New York Times*, ni tampoco he trabajado para los gobiernos de Ucrania y Rusia. Es más: todos los pagos políticos dirigidos a mí se hicieron a todo mi equipo político: personal de campaña (local e internacional), sondeos e investigación, integridad electoral y publicidad en televisión.

«A los ucranianos les preocupa el robo de dinero público. Nosotros queremos poner fin a la cadena de corrupción. De ahí que a muchos les inquiete que haya surgido el nombre de Manafort en esta investigación», escribía Leshchenko en agosto.

Poco después de que apareciera la noticia del *Times*, Manafort se fue. Su marcha se produjo entre rumores de que entre él y Trump las cosas se habían enfriado. La historia de Ucrania se había convertido en una «distracción», según declaró a Fox News el hijo del candidato, Donald Trump Jr. El sustituto de Manafort fue Stephen Bannon, presidente de Breitbart News.

Esta era la historia oficial de Manafort y Trump. Pero el dossier de Steele sugiere que el papel del primero fue mucho más allá de configurar el mensaje de campaña del candidato. Según uno de los primeros memorandos de Steele, Manafort estaba en el centro de la presunta «extensa conspiración» entre el equipo de campaña de Trump y Moscú.

A finales de julio —según informaba la fuente que Steele mencionaba como «E»—, aquella «conspiración de cooperación» se hallaba ya «bien avanzada». Por un lado estaban los líderes rusos; por el otro, Trump y sus principales ayudantes.

Sobre la conspiración, escribía Steele:

> Esta la gestionó, en el bando de TRUMP, el director de campaña del candidato republicano, Paul MANAFORT, que utilizaba al asesor de política exterior Carter PAGE y a otros como intermediarios. Los dos bandos tenían un interés mutuo en derrotar a la candidata presidencial demócrata Hillary CLINTON, a quien aparentemente el presidente PUTIN odiaba y temía a la vez.

La fuente E admitía que el «régimen ruso» estaba detrás de la filtración de los correos electrónicos del Comité Nacional Demócrata publicados por WikiLeaks. Crucialmente, esta fuente argüía que la operación «se había realizado con el pleno conocimiento y apoyo de TRUMP y los principales miembros del equipo de campaña».

En otras palabras: Steele afirma que Manafort lo sabía. A su vez, Manafort ha negado repetidamente que haya hecho nada incorrecto.

Resulta confuso en qué medida, en caso de que lo hiciera, Manafort estaría implicado en el suministro de información de inteligencia a Rusia, otra de las acusaciones del dossier, que hacía referencia al canal clandestino por el que se proporcionó información al Kremlin sobre las actividades de los oligarcas empresariales y sus familias en Estados Unidos. Lo que sí resultaría evidente más tarde era que Manafort estaba dispuesto a aceptar información comprometedora proporcionada por Moscú. Sin duda, Manafort estaba muy bien situado, ya que tenía gran cantidad de contactos en este mundo.

El dossier afirmaba asimismo que el equipo del candidato se había mostrado «relativamente relajado» con respecto a la publicidad adversa acerca de la interferencia rusa:

> [Esta] desvió la atención de los medios y de los demócratas de las transacciones comerciales de TRUMP en China y otros mercados emergentes. A diferencia de las de Rusia, estas eran sustanciales e implicaban el pago de grandes sobornos y comisiones que, de hacerse públicos, serían potencialmente muy perjudiciales para su campaña.

Manafort aparece en posteriores memorandos de Steele. Uno de ellos es inmediatamente posterior a su dimisión en agosto, y lleva por título: «La dimisión del director de campaña de Trump, Paul Manafort». El informe aseguraba que el 15 de agosto —al día siguiente de que el *Times* publicara la noticia del libro de contabilidad— Yanukóvich mantuvo una reunión secreta con Putin. El lugar del encuentro se hallaba en las inmediaciones de Volgogrado, en el sur de Rusia, no lejos de la residencia en el exilio de Yanukóvich, en Rostov del Don.

Las revelaciones de los medios occidentales sobre Manafort y Ucrania —aseguraba el memorando— tuvieron un destacado papel en la agenda de la reunión.

Decía el memorando:

> YANUKÓVICH le había confesado a PUTIN que él había autorizado y ordenado pagos sustanciales para sobornar a MANAFORT

tal como se alegaba, pero trató de tranquilizarle diciéndole que no había quedado ningún rastro documental que pudiera proporcionar pruebas claras de ello.

Putin siempre había tenido una pobre opinión de Yanukóvich, al que consideraba grosero y algo idiota.

En esta ocasión no fue distinto. Afirmaba el dossier:

> Dado el (más bien mediocre) historial de YANUKÓVICH a la hora de cubrir las huellas de su propia corrupción en el pasado, PUTIN y otros líderes rusos se mostraron escépticos con respecto a las palabras tranquilizadoras del expresidente ucraniano sobre su relación con MANAFORT. Debido a ello, temían que el escándalo todavía pudiera tener recorrido, especialmente teniendo en cuenta que MANAFORT había estado comercialmente activo en Ucrania hasta el mismo momento (marzo de 2016) en que se incorporó al equipo de campaña de Trump. Para ellos, pues, ese seguía siendo un elemento de potencial vulnerabilidad y embarazo.

Había también otro chisme interesante. Un consultor político anónimo que trabajaba en la campaña de Trump dijo que era cierto que las revelaciones sobre Ucrania habían desempeñado un papel en la dimisión de Manafort. Además, varios importantes actores cercanos a Trump querían a Manafort fuera, y habían intentado reducir el control que este ejercía «sobre la estrategia y la formulación de políticas». El principal de entre ellos era Lewandowski, «que odiaba personalmente a MANAFORT y se mantenía muy unido a Trump».

Más allá del dossier, quedaban preguntas pendientes sobre los antiguos colegas de Manafort en Ucrania, algunos de los cuales se rumoreaba que tenían vínculos con la inteligencia rusa.

El día en que Manafort abandonó la campaña de Trump, la revista *Politico* publicó una larga semblanza de Konstantín Kilimnik, que trabajaba con Manafort desde 2005. Kilimnik dirigía la oficina de Manafort en Kiev y ayudaba a asesorar al nuevo bloque de oposición. En 2016, Kilimnik viajó dos veces a Estados Unidos para ver a su antiguo mentor; la primera en mayo, dos semanas antes de que Manafort se convirtiera en el director de campaña de Trump, y luego una segunda vez en agosto. La segunda reunión tuvo lugar en el Grand Havana Room, un lujoso bar de fumadores neoyorquino. Los dos hombres hablaron de las inminentes elecciones, de Ucrania y de ciertas facturas no pagadas, según declararía Kilimnik posteriormente al *Post*.

Asimismo, Manafort y Kilimnik intercambiaron un gran número de correos electrónicos privados. En uno de ellos, enviado dos semanas antes de que Trump aceptara la nominación, Manafort transmitía un mensaje a Deripaska a través de Kilimnik. Concretamente, le hacía una oferta: estaba dispuesto a facilitar al oligarca un seguimiento confidencial de la campaña electoral de Trump. «Si [Deripaska] necesita informes privados, podemos adaptarnos», escribía Manafort el 7 de julio. La estrecha relación de Deripaska con Putin implicaba que cualquiera de dichos informes llegaría a manos del Kremlin. Los dos colegas también hablaron del dinero que les debían varios clientes, refiriéndose a él con la eufemística expresión de «caviar negro».

Los informes nunca llegaron a realizarse. Según un portavoz de Manafort, los correos electrónicos eran «inocuos», y la oferta mera «rutina».

Aun así, aquel intercambio de correspondencia planteaba otras preguntas, sobre todo porque la biografía de Kilimnik tenía elementos poco corrientes. Nacido en la Ucrania soviética, asistió a una escuela militar, también soviética, donde aprendió a hablar con fluidez el inglés y el sueco. Según el *Politico*, su primer trabajo fue como intérprete del ejército ruso, un cargo que le puso en contacto con la inteligencia militar y el Acuario (en la época de Suvórov, el GRU hacía todo lo posible por persuadir a sus oficiales de que aprendieran idiomas extranjeros; según escribiría el exagente, por una lengua occidental tenías un aumento de sueldo del 10 por ciento, y por una oriental, del 20 por ciento).

En 1995, Kilimnik se incorporó al Instituto Republicano Internacional en Moscú. Allí sus homólogos estadounidenses estaban al tanto de su pasado, y se referían a él como «Kostia, el tío del

GRU». Sin embargo, eso no era un problema, ya que el instituto no trabajaba con material confidencial. Los antiguos funcionarios del Instituto describían a Kostia como un hombre inteligente a quien no interesaba la ideología y sí el dinero. Un antiguo alumno, Phil Griffin, le contrató para trabajar con Manafort.

Kilimnik no tardó en convertirse en un miembro de confianza del equipo, acompañando a Manafort en sus viajes —incluida Crimea— y actuando como su intérprete. Algunos colaboradores creían que aún mantenía vínculos con «la Central de Moscú»; otros, que sus días de relación con la inteligencia militar ya habían quedado muy atrás.

Aquel agosto le envié un correo electrónico a Kilimnik. ¿Podía hablarme de su época con Paul? Su respuesta fue cordial. Entonces apareció el reportaje del *Politico*. Le volví a escribir. ¿Acaso era un espía? Kilimnik se mostró sarcástico. Me respondió:

> Gracias a Dios, el *Politico* no ha descubierto que enseñé alemán y judo al coronel Putin. Ni aquella visita a Dallas en noviembre de 1963… ¡Uf!, ¿cómo se les puede haber escapado? :))

Y después:

> En serio: a nadie le importa una mierda todo esto porque es demencial. Todo el mundo sabe perfectamente que el verdadero objetivo de toda esta campaña es apartar a Manafort de Trump y aniquilar sus posibilidades de victoria, que se mantendrán mientras Manafort gestione su campaña. Imagino que Trump lo sabe bien, y que hasta el momento la estrategia de HRC [Hillary Clinton] no ha funcionado.
>
> Las personas que importan aquí, incluyendo al propio presidente [de Ucrania, Petró Poroshenko], entienden muy bien el papel de Manafort y no se creen todo ese galimatías sobre libros de contabilidad B y tal. Manafort ganará miles de millones con esta campaña gratuita de relaciones públicas trabajando para las mismas personas con las que solía trabajar. Y probablemente consiga muchos clientes nuevos con su recién descubierta fama.

Yo soy solo una víctima menor en el juego político de Estados Unidos, que francamente no tiene nada que ver con Ucrania ni su futuro. Si yo soy la mayor preocupación que tiene ese país, entonces tenemos todos un serio problema. :)) Pero ahora podría escribir novelas de espías.

Salgo a cobrar mi paga del KGB. :))

K.

El tono de Kilimnik era una desenfadada y burlona expresión de agravio. Cualquiera que sugiriera que él era un agente de Putin —daba a entender— no era más que un conspiranoico recalcitrante. El libro de contabilidad B, la campaña contra Manafort, las calumnias de Hillary... todo eso era solo morralla mediática, sacada de la nada en un momento de histeria entre la izquierda estadounidense.

Lo que me llamó la atención fue el repetido uso que hacía Kilimnik de las caras sonrientes. Es cierto que los rusos son grandes aficionados a los emoticonos, pero yo ya había visto antes algo parecido. En 2013, el diplomático ruso responsable de las operaciones de influencia política en Londres era un hombre llamado Serguéi Nalobin. Este tenía estrechos vínculos con la inteligencia rusa: era hijo de un general del KGB; su hermano había trabajado para el FSB, y él mismo tenía todo el aspecto de un agente de inteligencia exterior profesional. Quizá incluso fuera adjunto al *rezident*, el término con el que el KGB designaba a sus jefes de delegación en otros países.

En su cuenta de Twitter, Nalobin se describía así: «Un agente brutal de la dictadura de Putin :)».

En la primavera de 2017, Manafort era el centro de varias investigaciones. Estaba la indagación del FBI sobre los vínculos entre la campaña de Trump y Rusia. Había audiencias en curso tanto en el Senado como en la Cámara. Además, había agentes del Departamento del Tesoro estadounidense escudriñando activamente los asuntos de Manafort. Me dijeron que el FBI incluso había viajado a Ucrania en busca de pistas.

Las actividades de Manafort en Europa oriental se extendían bastante más allá de la política de campaña convencional. En Washington había estado ejerciendo presión a favor de Yanukóvich. Según Nayem, se trataba de una operación de amplio alcance para cuidar de los intereses de Yanukóvich en Estados Unidos, que incluía obtener visados —para el presidente y su equipo— y organizar reuniones de alto nivel. También involucraba transacciones comerciales.

Según diversos correos electrónicos filtrados, entre 2012 y 2014 Manafort y Gates dirigieron una operación encubierta cuyo objetivo era ejercer presiones a fin de fomentar un sesgo informativo favorable a Yanukóvich en el *New York Times*, el *Wall Street Journal* y otros medios. Por entonces los líderes europeos estaban pidiéndole al presidente de Ucrania que liberara a Timoshenko, y la campaña aspiraba a minar las simpatías estadounidenses hacia ella.

Gates reclutó la ayuda de dos grupos de presión de Washington: Mercury y el Grupo Podesta. En conjunto, estos recibieron alrededor de 2,2 millones de dólares por sus actividades, que coordinó Gates en persona. El dinero se envió a través de una «fundación» vinculada a Yanukóvich. En ese momento había una razón de peso para que Manafort se registrara como agente extranjero, dado que se dedicaba a ejercer presión en nombre de un gobierno extranjero. Pero no lo hizo.

Mientras tanto, a estas alturas de 2017 las anteriores declaraciones de Manafort con respecto al libro de contabilidad B se desmoronaban. Associated Press publicó los registros financieros que confirmaban que al menos 1,2 millones de dólares consignados en el libro de contabilidad junto al nombre de Manafort habían sido efectivamente cobrados por su consultoría en Estados Unidos. Los pagos —realizados en 2007 y 2009— eran de 455.249 y 750.000 dólares. Y eran reales.

Previamente, Manafort había calificado el libro de contabilidad como una invención. Ahora, frente a aquellas evidencias irrefutables, declaró una cosa distinta. Aseguró a Associated Press que aquellas transacciones correspondían a «pagos legítimos por un trabajo de consultoría política», añadiendo: «Yo facturé a mis clientes, y ellos me pagaron mediante transferencia electrónica, que recibí a través de un banco estadounidense». Habían sido sus clientes —precisó— quienes habían especificado el método de pago.

Este método resultaba algo insólito. En lugar de pagarle directamente, sus «clientes» habían utilizado una exótica ruta a través de un paraíso fiscal, cuyo rastro era difícil de seguir. Los setecientos cincuenta mil dólares habían ido primero a Centroamérica, a una empresa registrada en Belice, Neocom Systems Ltd. De allí había viajado a la cuenta de Manafort en una sucursal del Wachovia National Bank en la población de Alexandria, Virginia. El otro pago también se realizó a través de otra empresa fantasma de Belice.

Como sus oligárquicos clientes, Manafort era un prolífico usuario de empresas fantasma. Associated Press informaba de que había otro millón de dólares que había ido de una misteriosa empresa a una compañía vinculada a él. El pago, realizado en octubre de 2009, se hizo a través del Banco de Chipre. Al día siguiente, el dinero —en metálico— se dividió en dos lotes de unos quinientos mil dólares cada uno, y luego se ingresó en sendas cuentas sin ningún propietario evidente. Chipre es un país bien conocido como centro de blanqueo de dinero y como destino de fortunas rusas de procedencia dudosa.

En sí mismo no hay nada ilegal en el uso de empresas situadas en paraísos fiscales, y Manafort rechaza cualquier acusación de haber obrado de manera incorrecta. Sin embargo, la pauta de sus transacciones financieras cuando menos despierta suspicacias en la medida en que incluye paraísos fiscales, empresas fantasma y grandes movimientos de dinero en efectivo. Según diversos documentos judiciales, Manafort utilizaba múltiples cuentas bancarias. Asimismo, diversas fuentes chipriotas declararon a Associated Press que había una investigación abierta de la Red de Persecución de Delitos Financieros del Departamento del Tesoro estadounidense.

También había otras transacciones desconcertantes relacionadas con propiedades inmobiliarias en Nueva York.

Entre 2006 y 2013, Manafort compró tres propiedades en la ciudad de Nueva York: su apartamento en la Torre Trump; una típica casa de arenisca rojiza en Brooklyn, y un local en el SoHo. Las tres las adquirió utilizando empresas fantasma y pagando el precio íntegro en efectivo. Después, registró las propiedades a su nombre y solicitó cuantiosas hipotecas por su valor. Tres días antes de la investidura de Trump, Manafort obtuvo un crédito de siete millones de dólares avalado por su residencia de Union Street, en Brooklyn, adquirida cuatro años antes por tres millones.

Manafort insiste en que todas estas fueron transacciones comerciales normales y corrientes, realizadas de forma transparente y sin ocultar en absoluto su identidad. Otros, en cambio, alegan en documentos judiciales que Manafort utilizó esas transacciones inmobiliarias con el fin de blanquear dinero para sus amigos oligarcas ucranianos y rusos.

En 2011, Timoshenko presentó una demanda contra Manafort en el Tribunal de Distrito de Nueva York. Su larguísimo escrito de acusación afirmaba que Manafort había «desempeñado un papel clave en [una] empresa de conspiración y actividades mafiosas». La presunta organización «se llevaba» dinero procedente de transacciones relacionadas con el gas natural en Ucrania. Parte de él se blanqueaba luego «a través de un laberinto de empresas fantasma y cuentas bancarias de Nueva York». Después —alegaba Timoshenko—, el dinero se «canalizaba de regreso» a Europa y se utilizaba para sobornar a funcionarios ucranianos corruptos.

En especial, Timoshenko señalaba a Dmitro Firtash, un acaudalado partidario de Yanukóvich. Firtash era el rostro público de Ros-UkrEnergo, la empresa intermediaria que importaba el gas de Rusia. El escrito de acusación de Timoshenko alegaba que la empresa era un mecanismo de corrupción masiva. Su auténtico propietario —afirmaba— era Semión Moguilévich, un gángster ruso-ucraniano buscado por el FBI, del que se creía se ocultaba en Moscú.

Desde luego, Firtash invirtió dinero en transacciones inmobiliarias de Manafort. Uno de los planes de este último consistía en comprar los terrenos del demolido hotel Drake de Manhattan y reurbanizarlos con un coste de casi novecientos millones de dólares. Firtash transfirió al menos veinticinco millones de dólares para ese proyecto. Timoshenko aseguraba que el plan nunca fue real, y que el dinero se envió a Estados Unidos con el mero propósito de blanquearlo.

Firtash lo negó. Finalmente, un juez federal desestimó la demanda de Timoshenko, aduciendo que los cargos presentados excedían las competencias de la jurisdicción estadounidense.

Pero Firtash tenía problemas más graves. En febrero de 2017, el tribunal de apelación de Viena decretó que debía ser extraditado a Estados Unidos para responder de los cargos de soborno que pesaban contra él. Al antiguo socio comercial de Manafort también se le reclamaba en España, donde tenía que responder a acusaciones de blanqueo de dinero.

Colusión, posible traición, paraísos fiscales, empresas fantasma y un sospechoso rastro de dinero que se extendía desde Europa oriental a través de Chipre hasta el mismo corazón de Manhattan: aquella era una compleja historia que costaría lo suyo desentrañar. Uno no podía menos que sentir cierta compasión por los agentes del FBI encargados de la tarea de dar sentido a todo aquello. Iba a requerir su tiempo, y era poco probable que su investigación se llevara a cabo de una manera rápida.

Había, sin embargo, un pensamiento reconfortante: saber que el director del FBI, James Comey, llevaba solo cuatro años de un mandato que se extendería a lo largo de diez. Ese prolongado periodo en el cargo era un rasgo deliberado del sistema estadounidense, diseñado para situar al jefe de la agencia por encima de la política y los partidismos. Lo que importaba aquí era la ley y el trabajo lento, constante e imparcial a favor de la justicia, incluso en el caso de que las pistas llevaran a la mismísima Casa Blanca.

Dado que el cargo de Comey era incuestionable, la investigación del FBI estaba asegurada. Nadie trataría de interferir en ella. Ni siquiera Trump era tan estúpido.

Christopher Steele, ex agente de inteligencia británico. Steele trabajó para el MI6 en Londres, Moscú y París antes de dejar la agencia y fundar su propia empresa de inteligencia corporativa, Orbis, en 2009. Esta foto fue tomada cuando regresó a trabajar en marzo de 2017, tras mantener un perfil bajo por un tiempo. *Cortesía de AP Images*

El joven espía Steele pasó tres años en Moscú entre abril de 1990 y abril de 1993. Fue testigo en primera fila de un gran acontecimiento de la historia. Steele estaba de servicio durante el golpe liderado por la KGB en agosto de 1991. Caminó hacia la ciudad y observó a cincuenta metros de distancia a Boris Yeltsin cuando se subió a un tanque y denunció a los conspiradores. *Cortesía de Anatoly Andronov*

Steele trabajaba desde la embajada británica en Moscú. Viajó por áreas que se acababan de hacer accesibles en la Unión Soviética y se convirtió en el primer extranjero en visitar el búnker secreto de Stalin lejos del frente. Esta foto, tomada a principios de 1991, lo muestra con editores de prensa en la ciudad tártara Kazán. *Cortesía de Anatoly Andronov*

COMPANY INTELLIGENCE REPORT 2016/080

US PRESIDENTIAL ELECTION: REPUBLICAN CANDIDATE DONALD TRUMP'S ACTIVITIES IN RUSSIA AND COMPROMISING RELATIONSHIP WITH THE KREMLIN

Summary

- Russian regime has been cultivating, supporting and assisting TRUMP for at least 5 years. Aim, endorsed by PUTIN, has been to encourage splits and divisions in western alliance

- So far TRUMP has declined various sweetener real estate business deals offered him in Russia in order to further the Kremlin's cultivation of him. However he and his inner circle have accepted a regular flow of intelligence from the Kremlin, including on his Democratic and other political rivals

- Former top Russian intelligence officer claims FSB has compromised TRUMP through his activities in Moscow sufficiently to be able to blackmail him. According to several knowledgeable sources, his conduct in Moscow has included perverted sexual acts which have been arranged/monitored by the FSB

- A dossier of compromising material on Hillary CLINTON has been collated by the Russian Intelligence Services over many years and mainly comprises bugged conversations she had on various visits to Russia and intercepted phone calls rather than any embarrassing conduct. The dossier is controlled by Kremlin spokesman, PESKOV, directly on PUTIN's orders. However it has not as yet been distributed abroad, including to TRUMP. Russian intentions for its deployment still unclear

Detail

1. Speaking to a trusted compatriot in June 2016 sources A and B, a senior Russian Foreign Ministry figure and a former top level Russian intelligence officer still active inside the Kremlin respectively, the Russian authorities had been cultivating and supporting US Republican presidential candidate, Donald TRUMP for at least 5 years. Source B asserted that the TRUMP operation was both supported and directed by Russian President Vladimir PUTIN. Its aim was to sow discord and

El famoso dosier de Steele, escrito en el estilo de la MI6. El dossier tiene treinta y cinco páginas. Steele lo escribió entre junio y diciembre de 2016. Se basó en información de fuentes secretas y afirma que Trump recibió información de inteligencia del Kremlin sobre su rival Hillary Clinton. Moscú había estado "cultivando, apoyando y ayudando a Trump durante al menos 5 años". *Cortesía de BuzzFeed a través de DocumentCloud*

En el verano de 1987, Trump viajó a Moscú por primera vez con su esposa, Ivana. La foto los muestra en Leningrado. Trump era un invitado del gobierno soviético y de la agencia de viajes estatal Intourist, una rama de la KGB. Su habitación de hotel al lado de la Plaza Roja habría sido intervenida con micrófonos. *Cortesía de Maxim Blokhin / TASS*

El General Vladimir Kryuchkov, jefe de inteligencia extranjera de la KGB. En 1984, hizo circular una nota secreta a los jefes de estación de la KGB en el extranjero instándoles a hacer un mayor esfuerzo en el reclutamiento de ciudadanos estadounidenses. Deben explotar la debilidad personal y usar métodos «creativos», incluyendo "incentivos materiales". *Cortesía de TASS / TASS / Getty Images*

Trump de nuevo en Moscú para el concurso de Miss Universo 2013. Su anfitrión fue Aras Agalarov (en el centro, al lado de su hijo, Emin), un magnate de bienes raíces nacido en Azerbaiyán. Ambos hablaron de la posibilidad de construir una Torre Trump en Moscú. El proyecto nunca se materializó, pero se seguía negociando en secreto en 2015-16 mientras Trump hacía campaña por la presidencia. *Cortesía de Victor Boyko / Getty Images Entertainment / Getty Images*

El deslumbrante Ritz-Carlton de Moscú, al final de la calle Tverskaya. Según el dosier de Steele, Trump vio a dos prostitutas realizar un espectáculo en su suite presidencial. El informe afirma que la agencia de espionaje FSB registró todo. Trump niega esta información. *Cortesía de Alex Shprintsen*

Emin, hijo de Agalarov y estrella del pop, cantó en Miss Universo, donde inició una amistad con Trump. Emin es fotografiado con su publicista británico, Rob Goldstone. En junio de 2016, Goldstone envió un correo electrónico a Donald Trump, Jr., para ofrecerle material del gobierno ruso "incriminatorio" sobre Hillary. *Cortesía de Aaron Davidson / Getty Images Entertainment / Getty Images*

Durante meses, Donald Trump, Jr., negó haberse reunido con rusos. De hecho, aceptó la oferta de correo electrónico de Goldstone, respondiendo con las palabras: "Me encanta". En junio de 2016 se celebró una reunión secreta en la Torre Trump. Los detalles se filtraron un año después. *Cortesía de John Moore / Getty Images News / Getty Images*

Una abogada rusa de nivel medio, Natalia Veselnitskaya, voló desde Moscú para reunirse con Donald Jr. En la Torre Trump. También estuvieron presentes Paul Manafort, Jared Kushner y Rinat Akhmetshin, un cabildero que trabajó en la contrainteligencia soviética. *Cortesía de Yury Martyanov / AFP / Getty Images*

Jefe de la mafia y pandillero, Vyacheslav Ivankov era una figura legendaria en el inframundo soviético y ruso. En 1992 se trasladó a un nuevo teatro de operaciones: los Estados Unidos. El FBI pasó tres años buscándolo. La agencia eventualmente rastreó su escondite: la Torre Trump.

El embajador de Moscú en los Estados Unidos, Sergey Kislyak, se reunió con Trump en la Oficina Oval, en una foto tomada por el Ministerio de Relaciones Exteriores de Rusia. El padre de Kislyak, Ivan, era un alto espía de la KGB quien prestó servicios en capitales europeas, incluyendo Atenas y París, donde residió en la década de 1970. *Cortesía de Alexander Shcherbak / TASS / Getty Images*

Durante la campaña, Trump elogió en varias ocasiones al presidente de Rusia, Vladimir Putin. Los dos finalmente se encontraron en la cumbre del G20 en Hamburgo. Más tarde esa noche, Trump habló con Putin durante la cena sin su intérprete americano. Lo que discutieron se desconoce. *Cortesía de REUTERS / Carlos Barria*

El futuro asesor de seguridad nacional de Trump, Michael Flynn, sentado al lado de Putin. El evento de 2015 fue una cena para celebrar el décimo aniversario de RT, el canal de propaganda del Kremlin. En una visita previa a Moscú, Flynn recorrió el cuartel general de GRU, la agencia de espionaje militar de Rusia. *Cortesía de AP Images*

Abogado, cabildero y asesor a dictadores. Paul Manafort se unió a la campaña de Trump en la primavera de 2016. Mantuvo relaciones muy cercanas con oligarcas ex soviéticos, incluido el aliado de Putin, Oleg Deripaska. En julio de 2017, la FBI allanó el departamento de Manafort como parte de su investigación de colusión. *Cortesía de AP Images*

Carter Page, asesor de asuntos exteriores de Trump. Page trabajó en Moscú, donde —según un espía ruso— se "enganchó con Gazprom". El expediente alega que mantuvo reuniones secretas con Igor Sechin, el adjunto de facto de Putin, y un ayudante del Kremlin. Page lo niega. *Cortesía de REUTERS / Sergei Karpukhin*

Trump estaba cada vez más molesto por lo que llamó el "asunto ruso". En mayo de 2017, despidió al hombre que no había logrado que desapareciera el asunto, el jefe del FBI James Comey. El testimonio de Comey al Senado fue una pieza clave en la historia política americana. Su despido se produjo después de que Trump le pidiera "lealtad" y Comey se negara. *Cortesía de Chip Somodevilla / Getty Images News / Getty Images*

Entra el fiscal. Tras el despido de Comey, el ex jefe del FBI Robert Mueller fue nombrado consejero especial. Su misión: investigar las denuncias de "coordinación" entre la campaña de Trump y Rusia. El equipo de Mueller no ha revelado información. Al parecer está siguiendo la pista del dinero. *Cortesía de AP Images*

El yerno del presidente al que no puede despedir. En diciembre de 2016, Jared Kushner se reunió con Kislyak y le preguntó si sería posible establecer un canal secreto con Moscú. Kushner tuvo otra reunión con Sergei Gorkov, un banquero-espía, en la Torre Trump. *Cortesía de AP Images*

En 2008, el oligarca Dmitry Rybolovlev compró la mansión costera de Florida de Trump por $95 millones, $50 millones más de lo que Trump pagó en 2004. El ruso nunca vivió allí y finalmente la demolió. Durante la campaña, su avión fue visto en la pista junto al de Trump: una coincidencia, dijo Rybolovlev. *Cortesía de REUTERS / Eric Gaillard*

El portero de Putin y el jefe del mayor productor de petróleo de Rusia, Rosneft. El dosier afirma que Sechin le ofreció a Page una "comisión de intermediario" por un trato de privatización con un valor de miles de millones, y que a cambio las sanciones de EE.UU. a Moscú fueran levantadas. Page lo niega. *Cortesía de Sasha Mordovets / Getty Images News / Getty Images*

La inteligencia extranjera rusa mantuvo una red clandestina de espionaje en Manhattan. El FBI la desmanteló. Dos espías de Moscú tenían inmunidad diplomática, pero el tercero, Evgeny Buryakov, no. En 2015 Buryakov se declaró culpable de espionaje y recibió treinta meses de cárcel. *Cortesía de AP Images*

7

La masacre del martes por la noche

Primavera-verano de 2017
Washington

> Un lunático.
>
> DONALD TRUMP, hablando de James Comey
> con el ministro de Exteriores ruso, Serguéi Lavrov,
> y con Serguéi Kisliak

El escándalo que inundó Washington en la primavera de 2017 se desarrolló en un área notablemente compacta. Se había iniciado en la sede nacional del Partido Demócrata, en el número 430 de South Capitol Street. Cuando pasé por allí, los letreros de la valla que rodeaba el recinto del Comité Nacional Demócrata parecían —dado todo lo que había ocurrido— mordazmente superfluos. Rezaban: «¡Atención!, se halla usted bajo videovigilancia».

Los intrusos que habían irrumpido en el edificio eran incorpóreos. No habían saltado ningún muro ni roto ninguna ventana. Lejos de ello, los hackers rusos habían penetrado electrónicamente, como un imparable ejército de fantasmas. Habían cogido lo que habían querido, y luego habían salido (aunque en realidad, tampoco es que hubieran entrado). El *Times* publicó una memorable foto del interior del edificio; en ella aparecía un servidor informático junto a un viejo archivador, forzado en 1972 en el marco del allanamiento del Watergate.

Encontré la oficina del Comité Nacional Demócrata cerrada y desierta. Era domingo. Me senté fuera, bajo el sol de primavera, y garabateé unas notas. El edificio tenía un aspecto modernista, con un diseño curvilíneo; en una de las ventanas se veía la bandera de Estados Unidos. En la acera florecían los narcisos. Se oía el zumbido de los coches que circulaban por un paso elevado; a cierta distancia, una fábrica vomitaba humo gris. Se respiraba normalidad urbana.

A dos manzanas de allí, en una calle umbría de pendiente ascendente con hermosas casas de ladrillo y jardines delanteros adornados con pensamientos, había otro edificio: la sede del Comité Nacional Republicano, en el número 310 de First Street. Fuera, los cerezos estallaban en flores de color rosa. Si había que creer a la inteligencia estadounidense, también aquí habían entrado los fantasmas. Los correos electrónicos del Comité Nacional Republicano no se habían divulgado, pero se encontraban en un servidor en algún lugar de Moscú.

A unos cientos de metros al norte se hallaba el Capitolio, la sede del Congreso estadounidense. Por entonces el Congreso estaba viviendo un proceso inquisitorial; o, para ser más exactos, varios. Estos involucraban a las Comisiones de Inteligencia de la Cámara de Representantes y el Senado, la Comisión Judicial del Senado, y la Comisión de Supervisión y Reforma del Gobierno de la Cámara. En total, cuatro comisiones.

El extenso tema de su investigación era lo que Twitter había dado en llamar #Russiagate o #Kremlingate. Esos nombres todavía no habían cuajado; pero el escándalo político era real. E iba en aumento.

Cerca de allí había otra investigación en curso. Cruzando en diagonal desde el Capitolio se llegaba a Pennsylvania Avenue y al edificio J. Edgar Hoover, la sede central del FBI. Desde fuera, el edificio parecía impenetrable, y sus secretos seguros. Pero Trump había cambiado las cosas. El complejo de hormigón, construido en la década de 1970 —feo, tosco y suavizado solo por una hilera de árboles—, era ahora uno de los lugares más porosos de Washington, un verdadero torrente de filtraciones.

Casi al lado se hallaba la antigua oficina de correos y la torre del reloj. En el otoño de 2016, Trump volvió a abrir este edificio como hotel de lujo, justo antes de convertirse en el 45.º presidente de Estados Unidos. Cuando llegué estaba lloviendo. Entré para secarme. Una gigantesca bandera estadounidense colgaba en un tenebroso atrio; había guardias de seguridad con auriculares y, sobre la barra, varios televisores sintonizaban la Fox y la CNN. Varias familias estaban almorzando. Las mujeres y sus hijas llevaban diademas; los hombres, jerséis de golf.

Trump había cenado allí unas semanas antes, a finales de febrero. Uno de sus invitados —incorporado en el último momento— era Nigel Farage, el sonriente artífice del Brexit británico y el rostro público del Partido de la Independencia del Reino Unido (un partido contrario a la inmigración). También era uno de los turiferarios de Trump. Entre los demás invitados estaban Ivanka, Jared y el gobernador de Florida, Rick Scott. (De regreso en Londres, diez días después, Farage se pasaría a ver a Julian Assange en la embajada ecuatoriana.)

La verdadera oficina de Trump, la Casa Blanca, estaba muy cerca. En las calles circundantes trabajaban intensamente los periodistas de investigación de varios medios: *Mother Jones* en F Street; el *Guardian* en Farragut Square. Parte de la investigación se realizaba allí; otra parte se hacía fuera. Más avanzada la tarde me encontré con alguien en el Tabard Inn, un idiosincrásico bar y hotel de hogareño estilo rural inglés situado en N Street. Allí solían reunirse reporteros y burócratas en torno a una buena cerveza. La información —la moneda preferida de Washington— fluía en todas direcciones.

En el periodo previo a las elecciones, la inteligencia estadounidense no se había tomado demasiado en serio a Trump. Según una fuente con la que hablé, lo veían como un personaje peculiar y divertido. Existía la creencia generalizada de que no iba a ganar. Ahora, con Trump en el Despacho Oval, reinaba una nueva atmósfera de inquietud. «Entre nosotros existe un elevado nivel de ansiedad que se extiende a todas las agencias. Tiene que ver con quién es Trump y lo que se trae entre manos —me decía la fuente—. Y con su séquito.»

Hasta entonces, los treinta y cinco mil y pico empleados del FBI tendían a evitar meterse en política. Se limitaban a prepararse el bocadillo cada día y acudir a su trabajo: agentes de campo, analistas de inteligencia, personal de apoyo... La gran mayoría de ellos eran republicanos (de hecho, según me dijeron, la delegación del FBI en Nueva York odiaba a Clinton «con ardiente pasión»). Pero ahora los aparentes vínculos de Trump con Moscú hacían que la política resultara un tema inevitable.

La confusa situación en la que se encontraban los agentes no tenía precedentes.

La cuestión que se planteaba en el FBI resultaba inquietante: ¿era el presidente de Estados Unidos un patriota? Y, de manera creciente, la respuesta era que no. «La prioridad de Trump es cuidar de sus intereses personales. Pero puede que estos no coincidan con los intereses del país —me decía la fuente, añadiendo—: Rusia es un elemento extremadamente delicado.»

Y continuaba: «La mayoría de agentes [de inteligencia] no han visto nunca a un presidente así. Con frecuencia discrepan con algunas políticas de los mandatarios elegidos. Pero básicamente no se preguntan si son patriotas».

El hombre encargado de dirigir la agencia durante ese periodo de confusión era James B. Comey. Comey, director del FBI desde septiembre de 2013, tenía inclinaciones republicanas, y había hecho donaciones a las campañas presidenciales de John McCain en 2008 y de Mitt Romney en 2012. También era un abogado de talento que había sido fiscal antiterrorista y ayudante del fiscal general.

Fue durante el ejercicio del último cargo mencionado que Comey se enfrentó a George Bush hijo, en el que representó uno de los momentos más controvertidos de la presidencia de este último. Bush y su vicepresidente, Dick Cheney, buscaban la aprobación del Departamento de Justicia para su programa secreto de vigilancia nacional: es decir, para espiar a los propios estadounidenses. Le habían pedido al fiscal general, John Ashcroft, que lo renovara; pero este se había negado. Por entonces Ashcroft estaba gravemente enfermo.

Una delegación de la Casa Blanca se presentó en el hospital

donde Ashcroft estaba ingresado para persuadirle de que cambiara de opinión. Comey llegó antes; Ashcroft se mantuvo firme, y la Casa Blanca se puso furiosa. Cuando Bush aprobó la renovación del programa de todos modos, Comey redactó su carta de dimisión. En ella repetía las palabras que había pronunciado en su audiencia de confirmación, cuando le preguntaron qué haría si hubiera de afrontar una «situación apocalíptica» (lo que representaba una línea de acción que Comey consideraba «básicamente errónea»).

Comey le decía a Bush: «No me importa la política. No me importa el oportunismo. No me importa la amistad. Me importa hacer lo correcto».

A continuación, Comey se reunió con Bush en el Despacho Oval y le informó de que el entonces director del FBI, Robert Mueller, también se iba. Bush se quedó perplejo. Luego hizo venir a Mueller. Más tarde, Comey y Mueller salieron juntos de la Casa Blanca y se quedaron un rato charlando sentados en el asiento de atrás de su vehículo blindado. Bush se echó atrás, y enmendó algunos aspectos del programa de vigilancia.

Aquel drama acontecido en 2004 acrecentó la reputación de Comey, consolidando su imagen de alguien dispuesto a enfrentarse al poder ejecutivo, e incluso a desafiar al presidente en caso necesario. Mostró que era capaz de jugar al juego de Washington al más alto nivel. Y que era leal al Departamento de Justicia y a lo que él llamaba «este gran grupo que tengo detrás», antes que a cualquier político concreto. El episodio le convirtió en un personaje público.

Los métodos de Comey resultaban llamativos. Como señalaba el *New Yorker*, su rutina diaria era la propia de un oficinista. Inmediatamente después de su reunión con Bush, Comey encendió su BlackBerry y envió un correo electrónico explicando lo ocurrido a seis colegas del Departamento de Justicia. Con ello dejó un rastro en tiempo real. Entendía la importancia de crear un registro de los hechos: eso haría más difícil que otros mintieran en el futuro sobre acontecimientos discutibles del pasado. Y cabe sospechar que también lo hizo con las miras puestas en la historia.

Ahora Comey afrontaba otra situación apocalíptica, y esta resultaba, si cabe, más compleja que la carrera por llegar primero al hospital en 2004. Como candidato, Trump había elogiado la decisión de Comey de reabrir la investigación sobre los correos electrónicos de Clinton. En octubre de 2016, el primero les dijo a sus partidarios —en una de las paradas de su recorrido electoral, en Michigan— que había tenido «muchas agallas». «En realidad yo discrepaba de él [de Comey]. No era un fan suyo. Pero os digo que, con lo que ha hecho, ha recuperado su reputación», declaró Trump.

Dos días después de tomar posesión de su cargo, Trump vio a Comey en una recepción para las fuerzas de orden público celebrada en la Casa Blanca. «¡Ah, ahí está James! Se ha hecho aún más famoso que yo», dijo Trump, mientras Comey atravesaba tímidamente la Sala Azul dirigiéndose hacia el presidente. Entonces Trump intentó darle un abrazo. Y le susurró al oído: «De verdad estoy deseando trabajar con usted».

Fue un encuentro embarazoso: con sus más de dos metros de estatura, el director del FBI le sacaba medio cuerpo a su jefe ejecutivo (Comey revelaría más tarde que había intentado evitar a Trump tratando de confundirse entre las cortinas).

Mientras tanto, la Comisión de Inteligencia de la Cámara convocó a Comey y a Mike Rogers, el director de la NSA, para declarar como testigos. Era el 20 de marzo de 2017. Los dos eran testigos estrella, y su declaración se esperaba con impaciencia. La comisión investigaba la interferencia rusa en las elecciones de 2016. Pero era inevitable que en la audiencia se quisiera examinar esta cuestión: ¿Trump o su entorno se habían confabulado con los rusos?

En sus observaciones iniciales, Adam Schiff, el demócrata de mayor rango en la audiencia, resumió lo que se sabía y lo que se ignoraba. Moscú —dijo— había «interferido descaradamente en nuestros asuntos». Y lo había hecho siguiendo «instrucciones directas de su autocrático dirigente Vladímir Putin». El objetivo de este último era ayudar a Trump. Schiff afirmó: «Nunca sabremos si la intervención rusa fue determinante en unas elecciones tan igualadas». Y prosiguió:

Todavía no sabemos si los rusos contaron con la ayuda de ciudadanos estadounidenses entre los que figuran personas relacionadas con la campaña de Trump. Gran parte del personal de campaña de Trump, incluido el propio presidente, tiene vínculos con Rusia e intereses rusos.

Obviamente, eso no es delito. Por otra parte, si la organización de la campaña de Trump o alguien relacionado con ella han ayudado e instigado a los rusos, eso no solo sería un delito grave, también representaría una de las traiciones a nuestra democracia más escandalosas de la historia.

Schiff mencionó el dossier de Steele, diciendo que este último era una persona «a quien la inteligencia estadounidense supuestamente tenía en gran estima». Había —añadió— un terrible montón de pruebas circunstanciales: Page y sus viajes a Moscú; Manafort y el lío del apoyo armado a Ucrania; las múltiples conversaciones de Flynn con el embajador Kisliak... Era posible —dijo Schiff— que todos aquellos acontecimientos no guardaran relación.

Pero también era posible que no fueran «casuales». Y «Que los rusos utilicen las mismas técnicas para corromper a ciudadanos estadounidenses que han empleado en Europa y en otras partes». «Le debemos al país averiguarlo», añadió.

Hasta ese momento no había habido ninguna confirmación oficial de que hubiera una investigación abierta del FBI por posible colusión. Por lo general, el FBI no decía nada sobre las operaciones en curso, especialmente si ello involucraba información de inteligencia clasificada y confidencial.

Esta vez, en cambio, Comey dio el insólito paso de hacer una declaración pública:

> He sido autorizado por el Departamento de Justicia para confirmar que el FBI, en el marco de nuestra misión de contrainteligencia, está investigando los intentos del gobierno ruso de interferir en las elecciones presidenciales de 2016, y eso incluye investigar la naturaleza de cualquier vínculo entre personas relacionadas con la campaña de Trump y el gobierno ruso, y si hubo algún tipo de coordinación entre la campaña y las actividades de Rusia.

Como ocurría con cualquier investigación de contrainteligencia, esta incluiría «una evaluación de si se ha cometido algún delito», añadió Comey.

Hasta entonces se había supuesto que, en efecto, ese era el caso. Pero la confirmación oficial convirtió la operación de contraespionaje del FBI en un hecho empírico, un acontecimiento innegable. La noticia —que ahora aparecía en las pantallas de televisión y se difundía mediante alertas de texto— representaba un impresionante rechazo hacia Trump, que hasta ese momento había rechazado las acusaciones de colusión tildándolas de ridículo complot y excusa de unos demócratas que no sabían perder.

Había nuevos detalles. La investigación —declaró Comey— se remontaba a finales de julio de 2016, después de la primera filtración del Comité Nacional Demócrata. Llevaba solo ocho meses en marcha, «un periodo de tiempo bastante corto». El trabajo del FBI era «muy complejo», y no había una fecha de conclusión prevista, añadió Comey.

A continuación, el director del FBI reveló más noticias desagradables para la Casa Blanca. Trump había afirmado que era víctima de escuchas telefónicas, presuntamente ordenadas por el presidente Obama, en la Torre Trump, en Manhattan, y realizadas por la GCHQ británica.

Esa acusación tenía origen nada menos que en Moscú. Fue un desacreditado exanalista de la CIA, Larry Johnson, quien lanzó aquella teoría conspirativa a través del canal RT. Johnson era una de las fuentes de Andrew Napolitano, analista jurídico de Fox News, que apareció en el programa de la misma cadena *Fox & Friends* declarando que Obama había utilizado a los británicos para saltarse los canales de la inteligencia estadounidense. De allí, la falsa acusación llegó a Trump. Sean Spicer, el secretario de prensa del presidente, mencionó el informe de la Fox para respaldar las afirmaciones del ahora presidente.

Obviamente, la historia era un disparate, un ejemplo de cómo un argumento propagandístico inventado por la televisión estatal rusa en Moscú penetraba en la cámara de resonancia mediática global, donde los medios favorables a Trump y la derecha alternativa lo hacían suyo. De ese modo la mentira llegaba a su destino último: el cerebro del presidente. Se había convertido, por un proceso de alquimia de RT y la Fox, en un «hecho alternativo».

En la GCHQ se les pusieron los pelos de punta. La agencia de escuchas era famosa por su silencio, y normalmente se negaba a hacer comentario alguno sobre cuestiones de inteligencia. Pero en esta ocasión respondió con insólita contundencia, calificando las afirmaciones de Napolitano de «disparates»; un portavoz dijo de ellas: «Son completamente ridículas y deberían ignorarse».

En la audiencia, Schiff leyó en voz alta uno de los tuits del presidente Trump sobre el asunto:

> ¡Terrible! Acabo de descubrir que Obama tenía mis líneas pinchadas en la Torre Trump justo antes de la victoria. No encontró nada. ¡Eso es macartismo!

Schiff le preguntó a Comey si eso era cierto. El director del FBI le dio una respuesta bastante neutra: la Oficina Federal no tenía ninguna información que respaldara aquellos tuits. El Departamento de Justicia —añadió— compartía esa impresión.

Y luego:

> SCHIFF: ¿Se ha dedicado usted al macartismo, director Comey?
> COMEY: Hago todo lo posible por no incurrir en ningún tipo de «ismos», incluido... incluido el macartismo.

Era una respuesta inteligente, que provocó carcajadas en la sala de la comisión. En cambio a Trump, que seguía el proceso por televisión, debió de parecerle relativamente humillante. Y un acto de deslealtad. Contento con el rumbo que tomaba la conversación, Schiff leyó en voz alta otro tuit de Trump:

> ¡Qué bajo ha caído el presidente Obama para pinchar mis teléfonos durante el sacrosanto proceso electoral! Es el Watergate de Nixon. ¡Es un tipo ruin (o enfermo)!

Comey admitió que en la época del Watergate él era solo un niño, y que en la escuela lo había estudiado bastante poco. Al preguntarle si las descabelladas e inexactas afirmaciones de Trump dañaban las relaciones con la inteligencia británica, Rogers, el estadounidense que colaboraba más estrechamente con esta última, admitió: «Creo que esto genera una clara frustración en un aliado clave para nosotros».

Lo que estaba en juego era realmente serio: un allanamiento realizado no por ladrones nacionales, sino por una potencia extranjera utilizando medios cibernéticos. La comisión era bipartidista. Pero sus principales miembros republicanos parecían estar menos interesados en investigar una posible colusión: tanto en esta como en otras audiencias, preferían centrarse en la cuestión de las filtraciones. ¿Quién estaba detrás? ¿Cómo recibían la información los periodistas? ¿Qué estaba haciendo el FBI para identificar a los responsables y meterlos en la cárcel?

Esta estrategia —liderada aquí por los republicanos Devin Nunes y Trey Gowdy— era una maniobra de distracción. El objetivo era desviar la atención de los vínculos del presidente con Rusia y centrarse, en cambio, en el proceso. Gowdy estaba indignado por el número de funcionarios estadounidenses antiguos y actuales que hablaban con la prensa: en un solo artículo del *Washington Post* se mencionaba a nueve de ellos.

Allá por la década de 1970, Nixon y sus aliados se habían sentido igualmente indignados por las filtraciones surgidas en las primeras fases de la investigación del Watergate. El responsable —el agente del FBI Mark Felt— había revelado información porque temía que se estuviera intentando poner fin a las investigaciones de la agencia y mantener el encubrimiento. ¿Estaba ocurriendo lo mismo de nuevo?

Comey y Rogers coincidían en que las filtraciones constituían un «grave delito». Ambos declararon bajo juramento que ellos nunca habían filtrado material clasificado. Sin embargo —señaló Comey—, las filtraciones tampoco eran algo nuevo:

> Este fin de semana he leído algo acerca de que George Washington y Abraham Lincoln se quejaron de ellas. Pero creo que, en las últi-

mas seis semanas, o un par de meses, ha habido, al menos en apariencia, muchas conversaciones sobre asuntos clasificados que han terminado en los medios de comunicación.

Los dos jefes de agencia hicieron una gran actuación. Comey se mostró relajado, amable y simpático. No hubo ninguna pregunta que le dejara perplejo. Sus respuestas se resumían en: soy un hombre íntegro. Parecía que él y Rogers disfrutaban de una sana relación. Por otra parte, el director del FBI parecía encontrarse igualmente a gusto en los dos mundos: el de su propia y hermética institución, y el de la interrogación pública de alto nivel ante el Congreso.

La tarea de describir una panorámica general de la situación le correspondió al demócrata Joe Heck, que calificó de «terriblemente preocupantes» las evidencias de que aquello había sido «en parte, un trabajo realizado desde dentro por ciudadanos de Estados Unidos». Había habido «cómplices estadounidenses bien dispuestos o en extremo ingenuos —o probablemente ambas cosas— que han ayudado a los rusos a atacar nuestro país y nuestra democracia».

Heck le preguntó a Comey por qué debería preocuparles que Rusia utilizara a estadounidenses para desestabilizar «nuestra democracia». Respondió:

> Bueno, como el almirante Rogers, yo creo sinceramente que somos una ciudad que brilla en lo alto de una colina, por citar a un gran estadounidense. Y una de las cosas que irradiamos al mundo es la importancia de nuestro maravilloso, a menudo enrevesado, pero libre y justo sistema democrático y las elecciones que lo sustentan.

Trump siguió dándole vueltas a la investigación del FBI. Que el asunto seguía fastidiándole resultaba evidente en sus amargos comentarios públicos. En abril declaró al *Washington Examiner* que la historia de Rusia era una «noticia falsa», un engaño. Y lo mismo le dijo a la Fox. La historia era una «falsedad» —declaró— difundida por sus «abochornados» enemigos políticos.

Según el *Politico*, que citaba a dos asesores, Trump se sentía profundamente frustrado por su incapacidad para poner fin a la historia sobre Rusia. Preguntaba repetidamente a sus ayudantes por qué no desaparecía la investigación y les pedía que hablaran en su favor. Según uno de sus asesores, a veces incluso se ponía a gritar al ver las noticias de televisión sobre la investigación.

Clinton, en cambio, no la consideraba una falsificación. En una de sus primeras apariciones tras la derrota electoral, concretamente en Nueva York, Hillary dijo que asumía la «absoluta responsabilidad» de su fracaso. Aun así —añadió—, existían diversos factores que habían inclinado la balanza, incluyendo la misoginia y la «falsa equivalencia» en los medios informativos.

Pero sobre todo —afirmó—, había dos cosas que le habían costado la presidencia: la filtración de la correspondencia hackeada de John Podesta «una hora o dos después de que se hiciera pública la cinta en el programa *Access Hollywood*», y la carta que escribió Comey el 28 de octubre en la que decía que había reabierto la investigación sobre su servidor de correo electrónico privado. Putin no era «miembro de mi club de fans», comentó, calificando la injerencia rusa como un hecho «sin precedentes». «Aquí ha habido muchos tejemanejes», añadió. Eso era indudablemente cierto.

Mientras tanto, Comey se disponía a declarar de nuevo, esta vez ante la Comisión Judicial del Senado. Era el 3 de mayo, en una audiencia de supervisión anual, que inevitablemente se vería dominada por nuevas preguntas sobre Rusia.

Las respuestas de Comey fueron las de una persona que disfruta con su trabajo. Y de alguien ansioso por continuar. Empezó citando las palabras que John Adams, el segundo presidente y uno de los padres fundadores de Estados Unidos, le había escrito a Thomas Jefferson: el poder siempre piensa que tiene un alma grande. La forma de protegerse contra los abusos era hacerle rendir cuentas; «que la gente plantee preguntas difíciles», declaró a la comisión.

«Sé que les daré la impresión de que estoy loco por hablar así de este trabajo. Yo amo este trabajo. Amo este cargo. Y lo amo por la misión que entraña y por las personas con las que tengo ocasión de trabajar», añadió.

La audiencia discurría ahora por cauces familiares, con los republicanos ansiosos por averiguar quién era el responsable de las filtraciones. Comey se mostraba relajado e irradiaba autoridad. Eludió algunas preguntas diciendo que no podía responderlas en un entorno no clasificado, mientras respondía a otras con un «por supuesto que sí». Se produjo una conversación memorable cuando la senadora Dianne Feinstein y otros le preguntaron por qué había hecho pública su investigación sobre Clinton.

Comey se mostró comunicativo, aunque no del todo convincente. Afirmó que había tenido que afrontar una ingrata disyuntiva entre guardar silencio (y afrontar una acusación de encubrimiento) o declarar ante el Congreso. «Me produce ciertas náuseas pensar que pudimos haber ejercido algún impacto en las elecciones. Pero, francamente, eso no habría cambiado la decisión», aseguró. Asimismo, insistió en que había tratado por igual las investigaciones sobre Clinton y sobre Trump. Ambas las había revelado solo unos meses después de que se iniciaran.

Con respecto a la relación entre Trump y Rusia, Comey prometió que «seguiremos las pruebas allí donde nos lleven». Pero ¿y si llevaban al presidente? Comey declaró que había informado a la presidencia y a los principales miembros de la comisión acerca de qué personas eran objeto de atención en ese momento. «Hasta ahí es donde vamos a llegar», le dijo al demócrata Richard Blumenthal.

> BLUMENTHAL: Entonces, el presidente de Estados Unidos podría ser un objetivo potencial de su investigación en curso sobre la relación de la organización de la campaña de Trump con la injerencia rusa en nuestras elecciones. ¿Es correcto?
>
> COMEY: Me preocupa. No quiero responder a eso. Parece ser una especulación injusta. Seguiremos las pruebas. Intentaremos buscar todo lo que podamos y seguiremos las pruebas hasta donde conduzcan.

El presidente de la comisión, el senador republicano Chuck Grassley, le lanzó un par de preguntas hostiles sobre Steele: ¿interactuaba con él el FBI o le pagaba? Comey le dijo que no podía responderle «en este foro».

Steele seguía las audiencias por televisión desde su casa de Surrey. Hacía unas semanas que había vuelto al trabajo. De común acuerdo, la Asociación de Prensa le había fotografiado y filmado, ahora sin barba, en las escaleras de la entrada de Orbis. Steele había pronunciado una frase de una sosería tal que parecía propia del Politburó: «Me gustaría dar un cálido agradecimiento a todos los que me han hecho llegar sus amables mensajes y su apoyo en las últimas semanas». Ahora —había añadido— pasaba a centrarse en los «más amplios intereses» de su empresa.

La audiencia más reciente de Comey en el Senado constituía un motivo de preocupación para Steele: ¿qué podría decir el director? «El mejor escenario era que Comey confirmara el contenido del dossier. El peor, que dijera algo desagradable de él», me comentó un amigo. Al final, el resultado fue «aceptablemente neutro», resumió ese mismo amigo.

La semana que comenzó el lunes 8 de mayo marcó el inicio del final de la primavera. Se aproximaba el verano. Los días se hacían más largos, luminosos y cálidos. En Washington, el ambiente era febril. La ciudad mantenía un ritmo de vértigo: el paso destructivo de la presidencia de Trump resultaba agotador para todo el mundo. Era como un nubarrón a punto de reventar.

La investigación del FBI cobraba impulso. En Alexandria, Virginia, la oficina del fiscal estaba atareada. Según la CNN, se habían enviado las primeras citaciones a los colaboradores de Michael Flynn. Se había convocado un gran jurado, y se decía que se había citado en secreto un segundo en el Tribunal del Distrito Sur de Nueva York, vinculado a Paul Manafort.

Para Comey, aquella era otra semana de ajetreo. Aquel jueves tenía que volver a Capitol Hill, donde estaba programada otra sesión pública ante la Comisión de Inteligencia del Senado. Mientras tanto, abordó un avión rumbo a Florida; un vuelo seguro, dotado de un equipamiento de comunicaciones que le daba acceso inmediato al presidente. Su próxima parada era California y un foro sobre diversidad para agentes del FBI.

Poco después de llegar a Los Ángeles, y antes de dar su discurso a los empleados de la Oficina Federal, Comey se fijó en una pantalla de televisión. Había una noticia importante de última hora: se informaba de que el presidente Trump había destituido al director del FBI. Ese era él. Comey imaginó que se trataba de alguna clase de broma: una inocentada interna orquestada por su destacamento de seguridad u otros miembros de su personal.

No era así: la noticia era cierta. Comey estaba fuera, apartado y despedido sin consideración alguna. El presidente pudo haberle comunicado la decisión en persona; en lugar de ello, había preferido atacar cuando Comey estaba fuera de la oficina. El director ni siquiera podría vaciar su escritorio, despedirse de quienes estaban a su cargo ni llevarse documentos personales.

Comey entró en un local de la delegación del FBI en Los Ángeles, donde confirmó que, en efecto, había sido despedido. Hasta entonces la Casa Blanca todavía no le había informado directamente de nada. Poco después, Keith Schiller, un expolicía que durante largo tiempo había sido guardaespaldas de Trump y ahora formaba parte del personal de seguridad de la Casa Blanca, le entregó en mano una carta del presidente en la sede central del FBI. Venía en un sobre de papel Manila.

La carta —con el membrete de la Casa Blanca— estaba fechada el martes 9 de mayo. Empezaba diciendo «Estimado director Comey». Luego pasaba a informar de que el fiscal general Jeff Sessions, y su ayudante Rod Rosenstein, habían recomendado su cese. Trump había aceptado su recomendación, y «por la presente queda cesante y destituido de su cargo, con efectos inmediatos».

El siguiente párrafo resultaba sorprendentemente extraño. Empezaba con una subcláusula, que rezaba:

> Aunque aprecio enormemente que me informara, en tres ocasiones distintas, de que no soy objeto de investigación, coincido no obstante con el juicio del Departamento de Justicia de que usted no está capacitado para dirigir la Oficina de manera eficaz.
>
> [Y proseguía:] Es esencial que encontremos un nuevo mando para el FBI que restaure la fe y la confianza públicas en su misión vital de velar por el cumplimiento de la ley. Le deseo mucha suerte en sus futuras empresas.

Al final de la carta aparecía la característica firma de Trump en forma de erizo.

La carta revelaba en qué pensaba Trump la mayor parte del tiempo: Rusia. La investigación a la que aludía era la indagación, cada vez más amplia, que había abierto Comey sobre la posible colusión con el Kremlin. Según el presidente, el director del FBI le había exonerado, tres veces. O al menos eso afirmaba él.

Sin embargo, las cartas adjuntas de Sessions y Rosenstein decían algo por completo distinto: que Trump había despedido a Comey debido a su mala gestión del asunto de los correos electrónicos de Clinton. La carta de Sessions era más bien vaga. Afirmaba que el director del FBI se había apartado de las «reglas y principios» del Departamento de Justicia; agregaba que, como fiscal general, él estaba comprometido con un «elevado nivel de integridad».

Esta última afirmación resultaba hilarante. En su audiencia de confirmación, celebrada aquel mes de enero, le preguntaron a Sessions si durante la campaña de 2016 había estado en contacto con alguien del gobierno ruso. Este respondió bajo juramento que no. Más tarde se revelaría que se había reunido con Kisliak al menos dos veces, en el verano de 2016 y a principios de otoño del mismo año; como Flynn y Page, había sufrido una repentina pérdida de memoria respecto a sus tratos con el embajador. Sessions sobrevivió a las peticiones de dimisión de los demócratas por haber mentido, pero se vio forzado a recusarse a sí mismo en cualquier asunto relacionado con Rusia.

La explicación se dejó en manos de Rosenstein. Su carta decía que Comey se había equivocado al anunciar en julio de 2016 que daba por cerrada la investigación sobre Clinton, usurpando en la práctica el papel del fiscal general. Comey también había hecho mal en declarar a los medios que reabriría la investigación, «un ejemplo de manual de lo que se enseña a los fiscales y agentes federales que no hay que hacer». Dado que Comey no admitiría sus errores, no cabía esperar que los enmendara, escribía Rosenstein.

Oficialmente, pues, Trump despidió a Comey porque no aprobaba la forma en que se había tratado el caso Clinton. Esa explicación carecía de toda credibilidad hasta el punto de resultar completa y tristemente ridícula. ¿Por qué el presidente había esperado hasta el 9 de mayo para actuar? ¿De dónde provenía esa súbita compasión por Clinton? ¿No era más probable que el presidente hubiese decidido ya despedir a Comey y se hubiera limitado a pedirle a Sessions que pensara en alguna excusa legal?

Según el *New York Times* y el *Washington Post*, Trump había pasado el fin de semana anterior dándole vueltas al asunto en su complejo de golf de New Jersey; había estado mirando los programas de entrevistas del domingo, y había llegado a la conclusión de que «algo no funcionaba» con Comey. El presidente llevaba ya cierto tiempo pensando que tenía que deshacerse del director del FBI, y tras la última comparecencia de este en el Congreso se sintió «fuertemente inclinado» a hacerlo.

Lo que más había molestado a Trump era la afirmación de Comey de que le producía «ciertas náuseas» pensar en la posibilidad de que su última intervención en el asunto de los correos electrónicos pudiera haberle costado las elecciones a Clinton. A Trump parecía torturarle la idea de que no era el presidente legítimo, y era evidente que esa inseguridad le corroía por dentro. Tal como él lo veía, Comey estaba cuestionando su papel en la historia, minimizando su victoria y complaciendo a sus enemigos.

Supuestamente, Trump compartió sus pensamientos con un pequeño grupo de asesores: Pence, McGahn, Kushner y Schiller. Todos coincidieron en que había que echar a la calle a Comey. Bannon, el principal estratega del presidente, argumentó que quizá sería mejor retrasar la decisión y se mostró muy preocupado por una posible reacción adversa. En general, la Casa Blanca parecía sustentar bien la opinión de que los demócratas acogerían favorablemente la humillación de Comey, dado que antes ya se habían quejado de él.

La decisión de Trump fue tan imprudente como impulsiva. Por supuesto, el presidente tenía potestad para tomarla: la medida era constitucional. Pero también resultaría ser del todo contraproducente.

El origen de la decisión era un profundo recelo en el seno de la administración hacia Washington y sus agencias federales. Como me dijo Mike Hayden, el equipo de Trump sentía «una increíble desconfianza, casi desprecio», por el gobierno saliente al que reemplazaba. Y creía que las agencias de inteligencia servían a los intereses de Obama. Se equivocaba: no era así. Pero esa percepción cuajó entre sus miembros. A dichas agencias les resultaba «bastante indiferente quién sea el presidente», decía Hayden, añadiendo que «Empezamos con muy mal pie»; y que «Trump, como ser humano», empeoró aún más las cosas.

Para el presidente, las opiniones que generaría el despido de Comey resultarían desastrosas. Quienes hasta entonces se habían mostrado escépticos con respecto a las acusaciones de colusión empezaban a preguntarse si después de todo no habría algo de verdad en ellas. La formulación pública de las razones de la destitución no pasó la prueba del algodón.

Mientras tanto, los empleados del FBI estaban tan disgustados como desconcertados. El exagente Bobby Chacon calificó la medida como un «puñetazo en el estómago de los agentes». Según declaró al *Guardian*, era un acto irrespetuoso e indignante que había manchado la reputación del FBI. Otros predecían que tendría un «efecto escalofriante» en la vigente investigación sobre Rusia. Un agente dijo: «Debe prevalecer el imperio de la ley, no el imperio del capricho».

La noche del 9 de mayo, el secretario de prensa Sean Spicer y su ayudante Kellyanne Conway salieron por la puerta del Ala Oeste de la Casa Blanca. Spicer concedió una entrevista a la Fox en una de las tiendas levantadas en el camino de entrada a la residencia presidencial. Cerca merodeaban alrededor de una docena de periodistas, entre los que se contaba David Smith, del *Guardian*. Todos se sintieron desconcertados cuando Spicer desapareció durante unos minutos. Finalmente reapareció en un sendero flanqueado de arbustos. Aceptó responder a algunas preguntas, pero pidió que se apagaran las cámaras de televisión.

El *Washington Post* informó de aquel extraño evento que terminó con Spicer dando una rueda de prensa extraoficial en un lugar sombrío. La Casa Blanca rechazó la descripción que hacía el *Post* de la ubicación elegida por Spicer. El periódico —cuyo lema

«La democracia muere en la oscuridad» nunca había parecido más apropiado— aceptó hacer una rectificación, aclarando que Spicer no se había ocultado *en* los arbustos, sino *entre* ellos. Normalmente este tipo de rectificaciones producen un cierto embarazo; esta se hizo con regodeo.

Según la versión oficial de Spicer, Rosenstein había tomado su decisión de manera independiente, y Trump había actuado rápidamente de acuerdo con ella. No había encubrimiento alguno. Conway, por su parte, les dijo a los periodistas: «Esto no tiene nada que ver con Rusia», y señaló que Comey simplemente había perdido la confianza de todo el mundo: sus subordinados, el Congreso y, por supuesto, el presidente. Otra ayudante de Spicer, Sarah Huckabee Sanders, dijo acerca de la historia de Rusia: «Esto está resultando francamente absurdo. Ahí no hay nada».

Incluso para los disfuncionales estándares de la Casa Blanca, estos acontecimientos resultaban surrealistas. Como señaló el cómico John Oliver, todo lo que estaba ocurriendo, y a una velocidad desconcertante, no parecía tanto un «segundo Watergate» como un «Watergate idiota»; una especie de pastiche del escándalo original de la década de 1970, representado esta vez por bufones imbéciles y conspiradores estúpidos. Ese Watergate idiota se estaba desarrollando con mayor rapidez que la versión original, aunque el final —¿el *impeachment*?— parecía incierto.

Quienes vivieron la época de Nixon compararon el despido de Comey con la denominada «Masacre del sábado por la noche», cuando Nixon instó a los altos funcionarios del Departamento de Justicia a despedir a Archibald Cox, el fiscal especial que investigaba el allanamiento del Watergate. Dos funcionarios —el fiscal general Elliot Richardson y su ayudante William Ruckelshaus— se negaron a hacerlo, y a continuación dimitieron. El siguiente en la cadena de mando, el procurador general Robert Bork, accedió a los deseos del presidente.

Esta vez no hubo oposición alguna: Sessions y Rosenstein se plegaron a las demandas de Trump. Dado que Comey fue despedido un martes, el episodio pasaría a conocerse como la «Masacre del martes por la noche». El comportamiento de Rosenstein en particular decepcionó a muchos. Philip Allen Lacovara, el veterano superviviente de la oficina del fiscal especial del Watergate, le pidió a Rosenstein que explicara por qué se había mostrado tan maleable. El ayudante del fiscal general —escribió Lacovara— había «puesto en riesgo su credibilidad, generalmente aplaudida».

Trump llevaba poco más de cien días en el poder. Durante ese periodo se habían revelado de manera penosa sus cualidades menos atractivas. Una de ellas era la asombrosa falta de lealtad a sus propios subordinados y a su equipo. Estaba más que dispuesto a arrojar a su propio personal de la Casa Blanca a los pies de los caballos, a destrozar su reputación y quemar su capital político si ello convenía a una necesidad o un impulso temporal suyo. Al mismo tiempo, exigía de ellos lealtad absoluta.

Mientras Washington se tambaleaba por el asunto de Comey, Trump concedió una entrevista a Lester Holt de NBC News. Sin duda era el momento apropiado para que el presidente dijera que no tenía nada que ver con su destitución; y que se había limitado a seguir el consejo del Departamento de Justicia, como un mero esclavo al protocolo.

En cambio, dijo:

> TRUMP: Lo que hice es… yo ya iba a despedir a Comey. Era mi decisión. No iba…
>
> HOLT: Usted ya había tomado la decisión antes de que ellos entraran en su despacho.
>
> TRUMP: Yo… ya iba a despedir a Comey. Yo… Por cierto, no resulta nada agradable hacerlo.
>
> HOLT: Porque, en su carta, usted decía…
>
> TRUMP: Ellos, fueron ellos…
>
> HOLT: «Yo… acepté… acepté sus recomendaciones»…
>
> TRUMP: Sí, bueno, ellos también…
>
> HOLT: Entonces, usted ya había tomado la decisión…
>
> TRUMP: Bueno, iba a despedirle independientemente de la recomendación.

Y también:

> Y de hecho, cuando decidí hacerlo, me dije: «Ya sabes, lo de Rusia, lo de Trump y Rusia, es una historia inventada, una excusa de los demócratas por haber perdido unas elecciones que tendrían que haber ganado».

Trump confirmaba así que había decidido echar a Comey antes de que este recurriera a sus funcionarios judiciales. Y, desde luego, en aquel momento «lo de Rusia» ocupaba su mente la mayor parte del tiempo. El presidente afirmó que le había preguntado a Comey si él personalmente era objeto de alguna investigación por parte del FBI, y que el director le había respondido que no.

Si el presidente decía la verdad sobre la destitución de Comey, eso significaba que su equipo de prensa se había pasado las últimas cuarenta y ocho horas engañando al público estadounidense. Sobre Comey, dijo Trump: «Es un fanfarrón, un fantasma, el FBI estaba revuelto. Ustedes lo saben, y yo lo sé. Todo el mundo lo sabe».

Era una confesión desconcertante, cuya increíble naturaleza no hizo sino verse acrecentada con el grupo de invitados que Trump recibió inmediatamente después en la Casa Blanca. Al día siguiente de la destitución de Comey, dos visitantes rusos entraron en el Despacho Oval. Uno de ellos tenía el rostro curtido, la voz ronca (sin duda de fumar mucho) y un tono sarcástico desarrollado a lo largo de muchos años al servicio del estado ruso; el otro era un personaje con un aspecto ligeramente más agradable, un tipo orondo con la cara pálida, papada y cabello blanco. Eran dos altos diplomáticos de Moscú: el veterano ministro de Exteriores Lavrov y el embajador Serguéi Kisliak.

Los funcionarios de la administración Obama que habían tratado con Kisliak le mostraban un reticente respeto. Pero los tiempos habían cambiado: Kisliak era un hombre cuyos vínculos con el equipo de Trump no solo resultaban embarazosos, sino que eran objeto de una investigación criminal. Flynn, Sessions, Page, Kushner... todos se habían reunido con él, y todos habían ocultado después esas reuniones. Y ahora el embajador estaba hablando con el presidente.

No se permitió a ningún miembro de la prensa estadounidense grabar la reunión. Pero Lavrov había traído consigo a un fotógrafo que trabajaba para la agencia de noticias estatal Tass. En la época soviética, los periodistas de Tass solían ser agentes del KGB o del GRU. Sea como fuere, el fotógrafo llevó su equipo al Despacho Oval. ¿Qué fotografió exactamente? Las fotos muestran a Trump estrechándole calurosamente la mano a Lavrov. En otra se le ve dándole unas palmaditas en el hombro. Trump y Kisliak posando juntos; el presidente exhibiendo una amplia sonrisa...

Trump parecía contento, relajado, entre amigos. Una actitud que contrastaba abiertamente con la que había mostrado ante los tradicionales aliados de Estados Unidos; por ejemplo, en el frío encuentro —esta vez sin que mediara apretón de manos— que mantuvo en marzo, con la canciller alemana Angela Merkel.

La conversación con los rusos, filtrada al *New York Times* unos días después, también tuvo un tono de camaradería. Y resultó sorprendente. «Acabo de echar al jefe del FBI. Estaba loco, un auténtico chiflado», le dijo Trump a Lavrov. «Estoy soportando una gran presión debido a Rusia. El asunto ha cuajado», comentó el presidente, añadiendo: «[Pero] no soy objeto de investigación». Trump bromeó diciendo que era la única persona que hasta entonces no se había reunido con Kisliak. Explicó que la historia de Rusia era falsa, y señaló que los estadounidenses querían que su gobierno tuviera una sana relación con Moscú.

Se habló de política exterior. Supuestamente, Trump dijo que a él no le preocupaban los enfrentamientos que estaban produciéndose en Ucrania, pero preguntó si los rusos podían ayudar a resolver el conflicto. También se habló de Siria.

Fue en este punto cuando Trump reveló detalles de un informe de inteligencia estrictamente confidencial que había recibido. Trataba de un complot tramado por el Dáesh. Aquella información, que provenía de Israel, el más estrecho aliado de Estados Unidos en la región, no estaba destinada a que el presidente la compartiera. Trump les dio a los rusos el nombre de la ciudad siria de donde procedía la información. Al parecer, los israelíes tenían a un agente doble profundamente infiltrado en el Dáesh. Aunque no había confirmación, parecía que dicho agente había dado detalles sobre una tentativa de introducir en un avión explosivos ocultos en ordenadores portátiles.

Ahora los rusos sabían de la existencia de aquella fuente. Probablemente Bashar al-Asad —el presidente sirio y estrecho aliado de Rusia— no tardaría en enterarse también. Aquella era una infracción asombrosa. Un antiguo agente de inteligencia comentó que lo importante en sí no era el hecho de que se revelara información, sino que dicha información proviniera de un aliado. «Normalmente no revelas ni el color de una alfombra sin consultar al aliado primero», me dijo. Otro calificó el hecho de «jodidamente increíble». Alarmados, los funcionarios de la Casa Blanca notificaron a la CIA.

El teniente general H.R. McMaster, el sustituto de Flynn como asesor de seguridad nacional, defendió la metedura de pata del presidente, declarando que no se había revelado ningún secreto. Mientras tanto, Trump tuiteó que, en calidad de presidente, tenía «absoluto derecho» a compartir material clasificado sobre terrorismo con quien le diera la gana. Rusia estaba de acuerdo. La historia —declaró el ministro de Exteriores— no era más que la última manifestación de las falsedades informativas de los medios de comunicación.

Trump había pedido que se encarcelara a Clinton por utilizar un servidor de correo electrónico privado. Ahora él había filtrado a los rusos información clasificada como «palabra clave», un nivel de clasificación superior al de «secreto». Como lo había hecho él, resultaba que era correcto; o al menos eso era lo que el presidente parecía dar a entender. Hasta los republicanos se mostraron consternados por la falta de disciplina del presidente.

Había dos maneras de explicarlo, y ninguna de las dos era buena. O bien la conspiración bosquejada en el dossier de Steele era cierta o bien el presidente era idiota; y, si no un completo idiota, cuando menos alguien muy poco familiarizado con las maneras de Washington y, en consecuencia, sin conciencia de lo que hacía. Ambas explicaciones no eran incompatibles, pero Paul Ryan, presidente de la Cámara de Representantes y un firme partidario de

Trump, se quedaría con la segunda. En los meses siguientes, Ryan argumentaría que el presidente era nuevo en el cargo, un neófito bienintencionado al que no se podía pedir responsabilidades por su errático comportamiento.

El episodio Lavrov-Kisliak tuvo un epílogo. Después de la reunión, los medios estadounidenses esperaban ver a Trump en compañía de sus invitados rusos. En lugar de ello, encontraron al presidente sentado junto a un conocido individuo de noventa y tres años; un hombre de físico encogido, plenamente lúcido, con aire de intelectual y unos penetrantes ojos castaños. Era el exsecretario de Estado Henry Kissinger, quien fuera secretario de Estado de Nixon. Al principio, su inesperada presencia parecía una especie de broma cósmica: una de las figuras centrales de la era del Watergate había vuelto a aparecer en escena, literalmente.

Kissinger formaba parte de la urdimbre política y cultural de Estados Unidos. John Ehrlichman —abogado y ayudante de Nixon— pasó un año y medio en la cárcel por su papel en la conspiración del Watergate. Su novela *La compañía* es un relato ficticio de ese periodo. En ella, Kissinger aparece representado por el personaje Carl Tessler. Ehrlichman describe a Tessler como una «anomalía física», con una gran cabeza, una abultada barriga y unas manos y pies «pequeños, casi delicados». Tessler/Kissinger es un experto en geopolítica, con una «mente brillante». Se concibe a sí mismo como «una especie de Hombre de su Tiempo universal en materia de asuntos exteriores». Tessler mantiene un «rígido autocontrol», y raras veces revela al «hombre oculto» que lleva dentro.

Tradicionalmente, varios presidentes estadounidenses han buscado el asesoramiento de Kissinger. Obama dejó de hacerlo de manera notoria, algo que hirió claramente al primero. Después, Kissinger no había apoyado a Trump. Y sin embargo, allí estaba, de nuevo en el centro de los acontecimientos, con el hombre más poderoso del mundo, y reuniéndose con los rusos como en tiempos de la Guerra Fría. Kissinger había descrito el escándalo Watergate como «un juego de pasiones de ámbito nacional»; ahora aparecía sentado junto a otro inquilino de la Casa Blanca inmerso en un escándalo.

Los periodistas le preguntaron al presidente por qué había despedido al director Comey. «Porque no hacía un buen trabajo», respondió Trump ante las cámaras.

Parecía que Kissinger volvía a estar en el Despacho Oval haciendo el papel de intermediario. No se trataba de un mero regreso a la década de 1970, ya que Kissinger mantenía frecuentes contactos con el Kremlin. Hacía ya tiempo que tenía buenas relaciones con el presidente ruso, y cada vez que viajaba a Moscú recibía el trato propio de un personaje de gran importancia. Eso ocurría con bastante frecuencia, la última vez en 2016. Como Trump, Kissinger había dicho cosas favorables sobre Putin, a quien había comparado con un personaje de Dostoievski; también había afirmado que Putin tenía una «conexión interior» con la historia rusa.

Kissinger era bastante realista en materia de política exterior. Él creía —como Putin y, al parecer, también Trump— que lo que debía configurar las relaciones internacionales era la capacidad de negociación antes que los valores. Como me dijo el líder opositor y antiguo ajedrecista ruso Garri Kaspárov, a Kissinger nada le gustaría más que abandonar su retiro y mediar en un acuerdo histórico entre Estados Unidos y Rusia. Sería su último servicio a la diplomacia. Los dos estados (presumiblemente junto con China) podrían repartirse el mundo en sendas esferas soberanas. Podría ser un nuevo Gran Acuerdo.

Sin embargo, «lo de Rusia» significaba que un nuevo acercamiento con Moscú era algo desde el punto de vista político imposible. Al menos de momento. Mientras tanto, para un presidente ansioso por disipar los rumores de colaboración, aquella reunión resultaba en extremo desafortunada.

El *Times* publicó la fotografía de Trump y Lavrov en portada. Al pie de foto, tomada dentro de la Casa Blanca, aparecía el propietario de los derechos: «Ministerio de Exteriores ruso».

Al día siguiente de su despido, Comey estaba en su casa de Virginia. Los fotógrafos captaron una fugaz imagen de él en la entrada, con una gorra blanca. Habían transcurrido veinticuatro horas penosas para él.

Solo cabe imaginar lo que debía de sentir Comey en aquel momento: conmoción, ira justificada, ¿quizá la sensación de que su choque con Trump seguramente era inevitable?

La situación, sin embargo, no era tan desalentadora como parecía. Comey tenía dos cosas a su favor. Una era su fe religiosa. La otra resultaba más tangible: una serie de memorandos que había escrito cuando era el director del FBI y que contenían los pormenores de su relación con el presidente.

Sin duda alguna, su creencia cristiana era importante. En una semblanza publicada en el *Guardian*, Julian Borger describía a Comey como «una rara especie en la política estadounidense: un intelectual público con una complicada historia personal». Comey había nacido en Yonkers, Nueva York, en el seno de una familia irlandesa católica y demócrata. Luego había estudiado en la universidad William & Mary de Virginia.

Allí, Comey se había apartado de su educación y había abrazado diversas variantes de religión evangélica. Escribió su tesis acerca de cómo el pastor evangélico y tele-evangelista Jerry Falwell encarnaba de algún modo las enseñanzas de Reinhold Niebuhr. Este último fue el mayor teólogo estadounidense de mediados del siglo XX. Su obra *Moral Man and Immoral Society: A Study of Ethics and Politics*, publicada en 1932, es un clásico del pensamiento cristiano.

Niebuhr tenía una visión pesimista del mundo. Se describía a sí mismo como miembro de una «generación desencantada», y, de hecho, escribió en una época de guerra, totalitarismo, injusticia racial y depresión económica. Pensaba que las personas son capaces de realizar actos virtuosos, pero a los grupos y las naciones les resulta difícil trascender su egoísmo colectivo. Ello hace inevitable el conflicto social.

Niebuhr se mostraba extremadamente honesto con respecto a los defectos humanos. La cultura estadounidense contemporánea —escribía— todavía se hallaba «bastante enredada en las ilusiones y sentimentalismos de la Edad de la Razón». No creía que en política hubiera demasiado espacio para la bondad. Lejos de ello, identificaba sobre todo la presencia de «codicia, voluntad de poder y otras formas de autoafirmación» en el ámbito de la política de grupo.

El interés de Comey en Niebuhr se mantuvo intacto incluso cuando su filiación religiosa pasó del evangelismo al metodismo. Según la revista *Gizmodo*, Comey creó una cuenta personal en Twitter a nombre de Niebuhr. En términos de partido, Comey era políticamente de derechas y un republicano activo. Hasta que apareció Trump, esta facción socialmente conservadora fue la predominante.

Cabe pensar que a Niebuhr no le habría sorprendido Trump ni su poco escrupulosa forma personal de hacer política (antes bien, uno se imagina al gran intelectual religioso aseverando: «Os lo dije»). El espectáculo que estaba a punto de desarrollarse en Washington en el verano de 2017 seguramente tenía mucho de «niebuhriano». Al fin y al cabo, involucraba a un individuo honrado —un hombre moral— espetándole la verdad al poder egoísta. O, en este caso, a una presidencia deshonesta.

Comey no se limitó a confiar en la providencia o el destino divino para librar su batalla con la Casa Blanca. También confió en sus notas; es decir, en los escritos que redactó inmediatamente después de sus interacciones con Trump. En total hubo nueve: tres reuniones cara a cara y seis llamadas telefónicas. Ocurrieron entre los meses de enero —cuando Trump todavía no era presidente— y abril. Resultó que todos aquellos encuentros estuvieron cargados de tensión.

Trump había subestimado a Comey; y pronto se haría evidente hasta qué punto. El destituido jefe del FBI conocía perfectamente cómo interactuaban la política y la burocracia de Washington; el presidente no. Comey sabía que Washington era —como la había definido el *New Yorker*— una ciudad de juristas asentada en protocolos y reglas. Sus memorandos constituían un intento de proteger su propia reputación y la del FBI de posteriores acciones que pudieran mancharla. El objetivo era defender su versión de los acontecimientos frente a las falsedades de Trump.

«Él [Comey] entiende el sistema. En cada momento ha jugado perfectamente sus cartas», me decía un experimentado conocedor de los círculos de Washington, añadiendo: «Trump no tiene ni idea. Como presidente posee un inmenso poder. Pero no entiende las cuestiones operativas, y comete un error tras otro, tras otro».

Dos días después del despido de Comey, el *New York Times* publicó una noticia sobre una cena que había reunido a Comey y a Trump. Se había celebrado el 27 de enero en la Casa Blanca, y ambos habían sido los únicos invitados. Según el diario, la conversación empezó de forma cortés, hablando de las elecciones y de la multitud que había asistido a la toma de posesión. Entonces Trump miró a Comey y prácticamente le pidió que le prometiera lealtad. Comey —decía la noticia— se negó a hacerlo.

La Casa Blanca desmintió la historia, y Trump declaró a NBC News que la cuestión de la lealtad no había surgido en absoluto durante la cena. La estrategia del presidente debió de confirmar lo que Comey sospechaba: que Trump simplemente mentía sobre sus conversaciones.

El presidente añadió una amenaza, y tuiteó:

> ¡Más le vale a James Comey que no haya «cintas» de nuestras conversaciones antes de que empiece a filtrar cosas a la prensa!

El tuit tuvo el efecto contrario al que Trump debía de pretender. Tal como explicaría Comey más tarde, un par de días después se despertó en plena noche. Ahora había una clara posibilidad de que la Casa Blanca hubiera grabado en secreto su conversación. Pero eso era más bueno que malo: cualquier posible grabación no haría sino confirmar su versión. Mientras tanto, el exdirector del FBI tenía que hacer llegar a la «plaza pública», según sus propias palabras, lo que de verdad se había dicho.

Comey acudió entonces a un viejo amigo, Daniel Richman, antiguo fiscal federal y profesor en la Facultad de Derecho de la Universidad de Columbia. Richman había defendido a Comey cuando este había sido objeto de ataques en los meses anteriores, calificando su papel en el FBI de «apolítico e independiente».

Comey le dijo a Richman: «Asegúrate de que esto salga a la luz». Entonces el profesor se puso en contacto con un reportero del

New York Times, Michael Schmidt. Richman le dio detalles sobre otro explosivo memorando de Comey que contenía la crónica de una reunión celebrada en el Despacho Oval el 14 de febrero de 2017, al día siguiente de que Flynn dimitiera por mentirle al vicepresidente Pence.

Según el memorando, después de la reunión Trump había llamado aparte a Comey y le había dicho: «Espero que tenga usted claro lo de dejarlo correr, dejar correr lo de Flynn».

Y añadió: «[Flynn] es un buen tío. Espero que lo deje correr».

Más tarde habría mucho debate en torno a ese «espero». ¿Se trataba, como sugerirían algunos líderes republicanos, de un mero deseo? ¿O era una orden directa del comandante en jefe? Al parecer, Comey respondió a Trump con una evasiva; le dijo: «Estoy de acuerdo en que [Flynn] es un buen tío».

El FBI estaba investigando a Flynn por varios delitos menores. Ninguno de ellos era trivial, e incluían el presunto perjurio cometido por Flynn durante su declaración al FBI (recogida en el formulario FD-302). Comey estaba profundamente inquieto por los comentarios de Trump; tal como él lo veía, el presidente le estaba pidiendo que cerrara una investigación criminal. Eso equivalía a obstrucción a la justicia, y socavaba el papel del FBI como organismo de investigación independiente.

Lo que ocurriera a continuación estaba en manos del Departamento de Justicia. Después de que Sessions se recusara a sí mismo, le correspondía al número dos, Rosenstein, responder a las revelaciones del *Times*. Los demócratas le habían pedido a Rosenstein que nombrara a un abogado especial para que supervisara la investigación sobre Trump y Rusia; su argumento era que su actuación sería independiente de la Casa Blanca y el Departamento de Justicia.

La respuesta de los republicanos había sido que no había necesidad de ello. Pero ahora se estaban produciendo cambios, y algunos expresaban sus recelos por el despido de Comey. El dilema de Rosenstein era evidente. Si aceptaba un abogado especial, eso podría redimir su reputación. Pero también atraería la ira presidencial, y quizá, en última instancia, se traduciría también en su despido.

En una carta abierta a Rosenstein, el *Times* declaró que el ayudante del fiscal general podía salvaguardar la democracia. Se hallaba en una posición única para restaurar «la confianza de los estadounidenses en su gobierno». «Le comprendemos perfectamente; hay mucha presión», afirmaba el consejo editorial, añadiendo que Trump había «explotado la integridad» que se había ganado Rosenstein durante tres décadas de servicio público, de la misma manera descuidada en que al presidente le gustaba gastar el dinero de otros.

Rosenstein se inclinó por la «noble» y «heroica» opción del *Times*, y anunció que redundaba en el «interés público» que nombrara a un fiscal especial. Eso no significaba —aclaró— que él hubiera determinado que se había cometido un delito. Rosenstein firmó la orden sin consultar a Trump; la tarea de llevar la mala noticia al Despacho Oval quedó en manos del abogado de la Casa Blanca, Don McGahn.

El presidente aseguró que era inocente. Según varias versiones, esta vez Trump se mostró insólitamente poco combativo. En una declaración, insistió de nuevo en que no había habido colusión entre su campaña y «ninguna entidad extranjera».

El episodio ilustraba la capacidad de Trump de sabotearse a sí mismo. Al despedir a Comey para «aliviar la presión», no había hecho sino empeorar la crisis y precipitar el nombramiento de un resuelto investigador externo. El nuevo abogado especial era Robert Mueller, que había sido director del FBI en las administraciones de George Bush hijo y Obama durante nada menos que doce años —entre 2001 y 2013—, el mandato más largo de un director de la agencia desde J. Edgar Hoover. Comey era su sucesor, y ambos eran aliados.

Mueller tenía fama de ser una persona obstinada. Hayden —el antiguo homólogo de Mueller en la NSA y en la CIA— me lo describió como una persona «estricta». «Intento encontrar un término adecuado para Bob. Formal, puritano, agradable, pero regido por principios», me dijo. Tanto los demócratas como los republicanos coincidían. Al igual que Comey, que saludaría a Mueller como «uno de los grandes, grandes profesionales de este país» y «una persona dura y obstinada».

Hayden predecía que Mueller sería escrupulosamente justo en el cumplimiento de su deber. En cambio, se mostraba escéptico ante la posibilidad de que encontrara a Trump culpable de obstrucción, el primer artículo del *impeachment* presentado contra Nixon. «Eso no significa que no tengamos un problema realmente grave. En realidad, creo que las investigaciones del Congreso podrían tener una mayor importancia», sugería Hayden.

Hasta entonces, Comey le había ganado la mano a Trump. Había sacado sus intrigas y filtraciones, revelando con habilidad en la esfera pública la información que había desencadenado el nombramiento de Mueller. Pero todavía no había dado una versión completa de los acontecimientos. Ahora eso parecía inminente: la Comisión de Inteligencia del Senado invitó a declarar a Comey, esta vez en calidad de ciudadano y no como funcionario.

¿Realmente iba a suceder tal cosa? Se especulaba con la posibilidad de que Trump adujera privilegio ejecutivo, alegando que sus conversaciones con Comey eran material clasificado. En teoría, Justicia podría intentar la vía de una intimación. Pero aquí la Casa Blanca tenía un problema: en el Watergate, los tribunales establecieron que no podía utilizarse dicho privilegio para encubrir una conducta ilegal del poder ejecutivo.

Además, los ininterrumpidos tuits de Trump sobre Comey implicaban que tenía poco sentido invocar el privilegio ejecutivo alegando confidencialidad. Un abogado de Washington me dijo: «[Trump] hace constantemente ese tipo de cosas, que resultan increíblemente estúpidas».

En junio, Washington se hallaba en un estado de frenesí. En el ambiente reinaba un ruido de fondo atenuado pero claramente perceptible: el sonido del *impeachment*. Un ruido que iba haciéndose cada vez mayor. En los bares, cafeterías y plazas públicas se discutía acerca de si Trump llegaría a completar su primer mandato. Y se hablaba de la Vigesimoquinta Enmienda, que permitía la destitución de un presidente si se demostraba su incapacidad para ejercer el cargo. El *impeachment* era un proceso lento e incierto; ¿quizá la ambigüedad de la Vigesimoquinta Enmienda podría permitir que se llevara a cabo un proceso más rápido?

El inminente testimonio de Comey sería decisivo. Si su versión de la conversación sobre Flynn se sostenía, Trump sería —o podría ser— acusado de obstrucción a la justicia. Los republicanos del Capitolio no tenían ningunas ganas de destronar a su presidente: al fin y al cabo, era la mejor esperanza para materializar su agenda legislativa de cara a bajar los impuestos. Pero, como observaba el senador McCain, la situación empezaba a parecerse al Watergate «en tamaño y envergadura».

Comey se había preparado bien. La víspera de su comparecencia ante la Comisión de Inteligencia del Senado entregó una declaración de carácter oficial y redactada para una audiencia no clasificada. Exponía en tono sereno los cuatro meses de interacciones «con el presidente electo y el presidente Trump».

El documento era una obra maestra de la narración. Lúcido y conciso, con pequeños destellos de tono periodístico. Y lo mejor de todo es que era auténtico: un relato en tiempo real de lo que había ocurrido a puerta cerrada. En conjunto, da la impresión de que trata de un maestro de la burocracia que simplemente intenta hacer lo correcto; y de un individuo caprichoso que resulta ser el presidente de Estados Unidos.

Así pudimos saber que los encuentros entre Comey y Trump habían sido incómodos desde el principio. El primero se produjo el 6 de enero de 2017, en una sala de reuniones de la Torre Trump. Los jefes de la inteligencia estadounidense, Comey incluido, informaron al presidente electo y a su equipo de seguridad nacional sobre la injerencia rusa.

Cuando salieron los otros jefes de agencia, Comey se quedó atrás. Entonces comunicó al nuevo presidente «algunos aspectos personalmente delicados» de la información recopilada durante la evaluación. Se trataba del dossier de Steele. Aunque hasta el momento dicho material se consideraba «salaz y no verificado», la inteligencia estadounidense —escribió Comey— había decidido informar a Trump por dos razones.

La primera era que creía que los medios de comunicación estaban a punto de filtrar el dossier, y su publicación era inminente. La segunda, que consideraba que previniendo a Trump podía «atenuar» cualquier intento de comprometerle. Por acuerdo previo, habían delegado la tarea en Comey. Clapper, el director de inteligencia nacional saliente, le pidió que informara al presidente a solas porque «el material estaba relacionado con las responsabilidades del FBI en materia de contrainteligencia», también para «minimizar» cualquier situación embarazosa para Trump.

Parece ser que este último no se tomó muy bien la noticia. No consta oficialmente cuál fue su «reacción». Pero fue tal que Comey sintió la necesidad de tranquilizarle diciéndole que él no estaba bajo sospecha.

Escribía Comey:

> Me sentí en la obligación de documentar mi primera conversación con el presidente electo en un memorando. Para asegurar su veracidad, empecé a escribirlo en un ordenador portátil en un vehículo del FBI delante de la Torre Trump en el momento en que salí de la reunión. Desde entonces, crear registros escritos inmediatamente después de las conversaciones a solas con el Sr. Trump pasó a ser mi práctica habitual.

Comey no «documentaba» sus anteriores conversaciones con el presidente Obama, pero este era un tipo muy distinto de presidente. Eso resultó bastante obvio en su segundo encuentro, que tuvo lugar el 27 de enero, una semana después de la investidura de Trump. Comey explicaba que Trump le telefoneó a la hora de comer y le invitó a cenar a las 18.30 de ese mismo día. Como explicaría más tarde el propio Comey, para poder asistir tuvo que cancelar una cita con su esposa.

Comey supuso que habría otros invitados. Pero cuando llegó a la Casa Blanca —escribía— «resultó que solo estábamos nosotros dos, sentados en una pequeña mesa oval en el centro de la Sala Verde». Dos camareros de la Marina atendieron a Comey y Trump, entrando en la sala únicamente para servir comida y bebida.

Trump empezó preguntándole a Comey si quería seguir como director del FBI. Este escribía que la pregunta le pareció «extraña», dado que el presidente ya le había comunicado en dos ocasiones que esperaba que permaneciera en el cargo. Comey respondió a Trump que ya le había dicho que tenía la intención de cumplir sus diez años de mandato. Entonces el presidente replicó que había «mucha gente» que quería su puesto y que entendería que decidiera «marcharse».

Aquí Comey adoptaba un lenguaje neutro. Pero era evidente que el director del FBI se sentía horrorizado y espantado ante los descarados métodos de Trump. Escribía:

> Mi instinto me decía que aquel escenario en el que solo estábamos nosotros dos, y el hecho de fingir que aquella era nuestra primera conversación sobre mi cargo, significaban que la cena era, al menos en parte, un intento de hacerme suplicar por mi trabajo y crear una especie de relación clientelar. Eso me preocupó sobremanera, dado el estatus tradicionalmente independiente del FBI en el poder ejecutivo.

Los presentimientos de Comey resultaron ser correctos. Le dijo al presidente que él no era una persona «fiable» en un sentido político, pero que siempre podía contarse con que dijera la verdad. Ello —añadió— redundaba en interés de Trump como presidente. A lo que este replicó: «Yo necesito lealtad, espero lealtad».

Comey quedó petrificado: «Durante el incómodo silencio que siguió no me moví, ni hablé, ni cambié mi expresión facial en absoluto. Simplemente nos quedamos mirándonos el uno al otro sin pronunciar palabra».

Trump volvería a sacar al tema hacia el final de la cena. Tal como él lo planteaba, se trataba de una clásica transacción comercial: si Comey quería mantener su puesto, tenía que servirle a él personalmente antes que a su propia institución. Trump repitió su demanda: «Necesito lealtad». Comey replicó: «Siempre podrá contar con mi honestidad». Entonces Trump le dijo: «Eso es lo que quiero, lealtad honesta».

Comey se mostró de acuerdo, pero explicaba que lo había hecho para poner fin a una «conversación muy incómoda». «Mis explicaciones habían dejado claro lo que él debía esperar», escribía Comey.

Había otros detalles no menos embarazosos. Trump le soltó a Comey el discurso de «espero que lo deje correr» después de acorralarle deliberadamente en el Despacho Oval y de hacer salir a todos los presentes, incluidos Kushner y Sessions. También hubo quejumbrosas llamadas telefónicas. En una de ellas, realizada el 30 de marzo, el presidente comparó el asunto de Rusia con «una nube». Negó tener nada que ver con Rusia, ni con prostitutas rusas, y le dijo a Comey que él siempre había imaginado que «en Rusia le grababan».

Doce días después, Trump volvió a telefonear. Instó a Comey a «sacar» el hecho de que él, el presidente, no era personalmente objeto de investigación. Comey se negó. Hacerlo así —le explicó el director del FBI— «generaría el deber de tener que hacer una corrección» en el caso de que la situación cambiara.

El documento de Comey constituía un asombroso trabajo de historia contemporánea. Lo tenía todo —cronología, detalles, datos—, excepto, quizá, el tono propio del historiador. Los últimos comentarios de Trump a Comey, realizados el 11 de abril, parecen tener un cierto matiz de aflicción, aunque resulta difícil estar seguro de ello. El presidente le dijo: «Yo he sido muy leal a usted, muy leal; nosotros teníamos eso que usted ya sabe».

Y escribía Comey:

> No contesté, ni le pregunté a qué se refería con «eso». Solo le dije que la forma de manejar el asunto era que el abogado de la Casa Blanca se pusiera en contacto con el ayudante del fiscal general en funciones. Él me dijo que eso era lo que haría, y ahí terminó la llamada.
>
> Esa fue la última vez que hablé con el presidente Trump.

La hilera de asientos para el público parecía interminable. La primera persona llegó a las 4.15. A las 7.30, trescientas hacían cola en el Edificio Hart del Senado. La cadena humana serpenteaba por un pasillo desde el que se dominaba un espacioso atrio. El centro de su atención era la sala 216. Allí era donde Comey tenía que prestar declaración.

Washington estaba acostumbrada a ser escenario de grandes acontecimientos políticos. Pero esta ocasión era especial: un momento destinado a figurar en las futuras descripciones históricas de la funesta presidencia de Trump. Tenía una línea argumental bastante básica: un hombre agraviado, un jefe renegado, y una insinuación ilegal (¿?) astutamente pronunciada fuera de cámara.

Doce canales nacionales transmitían en vivo el testimonio de Comey. En bares y cafeterías de todo Estados Unidos, desde Bond Street en Brooklyn hasta Sutter Street en San Francisco, los televisores mostraban el evento a sus clientes. Una taberna de Washington ofrecía bocadillos que tenían como tema el FBI. Incluso hubo una «fiesta yoga» en honor a Comey, celebrada a primera hora de la mañana en Los Ángeles.

Estados Unidos ya había vivido otros escándalos, como el Watergate, o el escándalo de corrupción de Teapot Dome que en la década de 1920 sacudió la administración de Warren Harding. Pero, como observó Julian Borger, del *Guardian*, mientras luchaba por encontrar asiento en la audiencia, aquellas habían sido poco más que riñas domésticas: solo habían afectado a un grupo de políticos estadounidenses que intentaban difamarse unos a otros.

Este escándalo, en cambio, involucraba a un adversario extranjero. Si había que creer en la declaración de Comey, giraba en torno a un presidente que estaba dispuesto a abusar de su poder. En este caso, eso implicaba tratar de intimidar a un investigador. Parecía que ese investigador se hallaba en una posición incómoda cerca de la verdad. Y por eso había sido destituido.

A las 10.02 entró Comey. Cesaron los murmullos, que se vieron reemplazados por algo que sonaba como una especie de catarata: los múltiples disparos de las cámaras. El exdirector del FBI parecía sombrío, cerúleo y ojeroso. Se sentó detrás de un escritorio. En torno a él se situaban los fotógrafos, dispuestos en un semicírculo; también estaban presentes senadores, empleados y varias hileras de reporteros. Visto desde arriba, la escena tenía la solemne extensión de un cuadro renacentista.

Parecía probable que Comey criticara a Trump. El grado de furia del antiguo director se hizo evidente inmediatamente después de que le tomaran juramento. En su declaración inicial, Comey dijo que aceptaba que el presidente pudiera despedirle por cualquier razón o sin ella. Pero la explicación oficial «no tenía sentido para mí» —añadió—, sobre todo después de que se enterara por la televisión de que en realidad Trump lo había hecho por culpa de Moscú.

«Fui destituido, de algún modo, para cambiar... o la intención era cambiar la forma como se estaba llevando la investigación rusa. Este es un asunto muy gordo —dijo—, y no solo porque me afecte a mí.»

Se quejó con amargura de que la Casa Blanca hubiera optado por «difamarme». Afirmaba que en el FBI reinaba la confusión, estaba mal dirigido, y el personal había perdido la confianza en su jefe. «Todo eso eran mentiras, pura y simplemente —declaró Comey—; lamento que el personal del FBI tuviera que escucharlas y siento mucho que se las contaran al pueblo estadounidense.»

Contrariamente a las sombrías afirmaciones de Trump, el FBI no estaba sumido en la debacle. Lejos de ello —aseguró Comey—, era una organización «honesta» y «fuerte». «El FBI es, y será siempre, independiente», subrayó.

Se esperaba que Trump tuiteara en directo sus comentarios sobre la audiencia para sus 31,7 millones de seguidores. Pero mientras la nación aguardaba, expectante, el presidente permanecía inusualmente callado. Comey afirmó que había desconfiado de Trump desde el principio. Y declaró a la comisión que había empezado a llevar un registro de sus conversaciones debido a la propia «naturaleza de la persona».

Básicamente, creía que el presidente era poco ético. Incluso mendaz. «Me preocupaba sinceramente que pudiera mentir sobre la naturaleza de nuestra reunión [de enero], y pensé que era realmente importante documentarla», aclaró.

Hubo otros detalles interesantes. El presidente de la comisión, Richard Burr, preguntó si el FBI había podido corroborar alguna de las «acusaciones criminales» que contenía el dossier de Steele. Comey eludió dar una respuesta, y señaló que no podía contestar a aquella pregunta en un «entorno abierto». La inferencia era obvia: el FBI había podido verificar una parte de lo que decía Steele. Qué parte era información secreta.

Comey explicó que había hecho llegar sus memorandos a Bob Mueller. Era Mueller —dijo— quien ahora tendría que decidir si los comentarios del presidente sobre Flynn constituían un delito de obstrucción a la justicia. Comey explicó que él los tomaba como una «indicación». El episodio —añadió— le había dejado «perplejo». No se lo había comentado a sus agentes, temiendo un «efecto glacial en su trabajo».

Comey permaneció tranquilo en todo momento; lo cual, si cabe, hizo aún más certeras sus palabras. Como observó el columnista del *Washington Post* Eugene Robinson, en la sesión hubo una «grata atmósfera de sobriedad». Los senadores que interrogaron a Comey lo hicieron con una gran madurez. Es cierto que los demócratas habían ido a por Trump y que los republicanos habían intentado exonerarlo, pero todos habían sabido ver lo que estaba en juego.

La resuelta comparecencia de Comey también le mereció algunos aplausos inesperados. Lizzie Crocker, del *Daily Beast*, elogió su «seductora integridad» y se preguntó si el destituido director del FBI, de cincuenta y seis años de edad, era un tipo «sexy»:

> Es cierto que tiene una tez algo paliducha y unas bolsas bajo los ojos que parecen globos tubulares medio inflados. Pero es apuesto, y, como ocurre con todos los *sex symbols* —tanto los obvios como los más inverosímiles—, encarna ciertas cualidades sociales que todos deseamos: integridad, complejidad emocional y una confianza en sí mismo serena pero firme.

Sexy o no, el mejor discurso de Comey vino cuando intentó situar en contexto lo que le había ocurrido a Estados Unidos:

> Tenemos este grande, complicado y maravilloso país en el que luchamos constantemente unos contra otros, pero nadie nos dice qué pensar, por qué luchar o qué votar, excepto otros estadounidenses, y eso es algo que resulta maravilloso y, a menudo, doloroso.
>
> Pero aquí hablamos de un gobierno extranjero que, utilizando una intrusión técnica, y muchos otros métodos, ha intentado modelar

la forma en que pensamos, votamos y actuamos. Eso es algo muy gordo. Y la gente tiene que reconocerlo.

Lo que más me llamó la atención mientras —como la mayoría de los estadounidenses— veía la audiencia por televisión fue la pregunta que habían provocado las apasionadas palabras de Comey. El senador demócrata Joe Manchin quería saber si Trump «había mostrado en algún momento alguna inquietud o interés o curiosidad por lo que hacían los rusos».

La respuesta fue no. Comey declaró que durante la sesión informativa del 6 de enero el presidente había hecho algunas preguntas al respecto. Luego nada.

Así pues, Trump parecía profundamente indiferente al ataque de Rusia a la democracia estadounidense. Como candidato, e incluso como presidente, había negado, obstinado; la implicación de Putin. Y al mismo tiempo insistía —a Comey, y a quien quisiera escucharle— en que él no tenía nada que ver con Moscú.

También eso era falso. La relación de Trump con Rusia se remontaba a mucho tiempo atrás, a un viaje organizado casi con toda certeza por el KGB.

8

Colusión

1984-2017
Moscú-Nueva York

> Se requiere un gran esfuerzo «para mejorar los resultados en el reclutamiento de estadounidenses».
>
> *Evaluación anual del KGB, 1984*

Corría el año 1984, y el general Vladímir Aleksándrovich Kriuchkov tenía un problema. Kriuchkov ocupaba uno de los cargos de mayor rango del KGB: era el jefe de la Primera Dirección General, el prestigioso brazo de la organización responsable de recopilar información de inteligencia extranjera.

La de Kriuchkov era una de las historias de éxito de la Unión Soviética. Tenía un origen proletario: de padre obrero y madre ama de casa, su primer trabajo fue en una fábrica. Por las noches cursaba estudios por correspondencia, lo que con el tiempo le valió un empleo en la oficina de un procurador provincial, y más tarde un puesto en la elitista escuela de capacitación del Ministerio de Exteriores soviético.

A partir de ahí, su ascenso fue rápido. Pasó cinco años en la misión soviética en Budapest a las órdenes del embajador Yuri Andrópov, en la época en la que los tanques soviéticos aplastaron la revuelta húngara de 1956. En 1967, Andrópov se convirtió en el presidente del KGB. Kriuchkov fue a Moscú, asumió una serie de cargos de responsabilidad y ganó fama de ser un oficial abnegado y un gran trabajador.

En 1984, la Dirección General de Kriuchkov era mayor que nunca: contaba con doce mil agentes, mientras que en la década de 1960 tenía solo unos tres mil. Su cuartel general, situado en Yasenevo —en las afueras de Moscú, en una zona poblada de árboles al sur de la ciudad—, se estaba ampliando: los obreros trabajaban febrilmente en la construcción de un anexo de veintidós plantas y un nuevo edificio de once.

En política se respiraban aires de cambio. No tardaría en llegar un nuevo inquilino al Kremlin: Mijaíl Gorbachov. La política de distensión de este último con Occidente —un reconfortante contraste con el espíritu de confrontación global de los anteriores secretarios generales— implicaba que la labor de la Dirección General en el extranjero pasaba a ser más importante que nunca.

Kriuchkov afrontaba varios retos. Para empezar, en Washington ocupaba el poder un político de la línea dura: Ronald Reagan. El KGB había juzgado a sus dos predecesores, Gerald Ford y Jimmy Carter, como políticos débiles; en cambio, veía a Reagan como un poderoso adversario. En la Dirección General existía una profunda inquietud debido a que se creía —erróneamente— que había un complot estadounidense para llevar a cabo un ataque nuclear preventivo contra la Unión Soviética.

La otra dificultad del general tenía que ver con la recopilación de información de inteligencia. Los resultados de los agentes del KGB en el extranjero eran decepcionantes. Con excesiva frecuencia, estos solían fingir que habían obtenido información de fuentes secretas; pero lo que hacían en realidad era reciclar material de los periódicos o hacerse eco de chismorreos obtenidos en una comida con un periodista. Demasiadas delegaciones extranjeras (o *residencias*, en la terminología del KGB) tenían «agentes de papel» entre sus filas: objetivos de reclutamiento que no tenían nada que ver con la inteligencia real.

Kriuchkov envió una serie de memorandos clasificados a los jefes de delegación del KGB. Oleg Gordievski —anteriormente destinado en Dinamarca y ahora en Gran Bretaña— los copió y se los pasó a la inteligencia británica. Más tarde los publicaría, en colaboración con el historiador Christopher Andrew, bajo el título de *Comrade Kriuchkov's Instructions. Top Secret Files on KGB Foreign Operations 1975-1985,* una obra que tuve ocasión de leer en la Biblioteca Británica, y que me resultó fascinante; luego compré un ejemplar para mí.

En enero de 1984, Kriuchkov abordó el problema durante una evaluación bianual realizada en Moscú, y de nuevo en una conferencia especial celebrada seis meses después. El tema acuciante era cómo mejorar el reclutamiento de nuevos agentes. El general instó a sus oficiales a ser más «creativos» en ese aspecto. Hasta entonces su labor se había basado en intentar identificar posibles candidatos entre personas que simpatizaran ideológicamente con la Unión Soviética: izquierdistas, sindicalistas, etcétera.

Pero tampoco es que a mediados de la década de 1980 hubiera tantos. De modo que los oficiales del KGB debían «hacer un uso más audaz de los incentivos materiales»: es decir, del dinero. Y emplear asimismo la adulación, un importante instrumento.

Según Andrew y Gordievski, al «Centro» (como se conocía popularmente al KGB) le preocupaba especialmente su escaso éxito a la hora de reclutar a estadounidenses. Se dio instrucciones explícitas a su «línea de relaciones públicas» —esto es, el Departamento de Inteligencia Política con el que contaban todas las delegaciones extranjeras del KGB— de que buscaran «objetivos estadounidenses cuya relación cultivar, o, cuando menos, contactos oficiales». «El mayor esfuerzo debe centrarse en la adquisición de agentes valiosos», decía Kriuchkov.

El memorando —fechado el 1 de febrero de 1984— debía ser destruido en cuanto se hubiera leído su contenido. En él se declaraba que, pese a las mejoras en cuanto a «recopilación de información», el KGB «no ha tenido demasiado éxito en su operación contra el principal adversario [Estados Unidos]».

Una solución era hacer un uso más amplio de «las instalaciones de otros servicios de inteligencia amigos», como las redes de espionaje de Checoslovaquia o de Alemania Oriental. Y añadía: «La mejora del trabajo operativo con los agentes requiere una utilización más plena y extensa de contactos confidenciales y extraoficiales especiales. [...] Estos deberían establecerse principalmente entre figuras destacadas de la política y la sociedad e importantes representantes de la industria y de la ciencia». Dichos contactos no solo servirían para «proporcionar información valiosa», sino también para «influir activamente» en la política exterior de un país «en una dirección beneficiosa para la Unión Soviética».

Había, obviamente, distintas fases de reclutamiento. Por lo general, el oficial asignado al caso invitaba a comer al objetivo. Este último era clasificado entonces como «contacto oficial». Si el objetivo (que casi siempre era un hombre) parecía receptivo, era ascendido a la categoría de «sujeto de estudio intensivo», *obiekt razrabotki*. Entonces el reclutador abría un expediente, complementado con material oficial y secreto, que podía incluir lecturas de conversaciones obtenidas a través de escuchas implantadas por el equipo técnico del KGB.

La agencia también distribuía un cuestionario de personalidad secreto, aconsejando a los oficiales asignados a la tarea qué era lo que debían buscar para garantizar el éxito de la operación de reclutamiento. En abril de 1985, dicho cuestionario se actualizó para adaptarlo al posible reclutamiento de «figuras destacadas de Occidente». La actualización incluía una sección sobre la importancia de obtener «información comprometedora». El propósito de la Dirección General era forzar al objetivo «a alguna forma de colaboración con nosotros»; esta podía ser «como agente, o como contacto confidencial, especial o extraoficial».

El formulario pedía una serie de detalles básicos: el nombre, la profesión, la situación familiar y las circunstancias materiales. Había también otras cuestiones; por ejemplo, cuál era la probabilidad de que «el sujeto pueda acceder al poder (ocupando el cargo de presidente o primer ministro)». Y una evaluación de la personalidad, con preguntas como: «¿Figuran el orgullo, la arrogancia, el egoísmo, la ambición o la vanidad entre los rasgos naturales del sujeto?».

La sección más reveladora era la relativa al *kompromat*. El documento pedía «Información comprometedora sobre el sujeto, incluidos actos ilegales en asuntos financieros y comerciales, intrigas, especulación, sobornos, corruptelas… y la explotación de su posición para enriquecerse», más «cualquier otra información» que comprometiera al sujeto ante «las autoridades del país y la opinión pública en general». Naturalmente, el KGB podía explotar todo esto amenazando con «revelarlo».

Por último, «también resulta de interés su actitud con respecto a las mujeres». Inquiría el documento: «¿Adicionalmente tiene el hábito de mantener aventuras con mujeres?».

¿Cuándo el KGB le abrió un expediente a Donald Trump? No se sabe, pero los archivos de los servicios de seguridad del bloque oriental sugieren que pudo haber sido en una fecha tan temprana como 1977. Ese fue el año en que Trump se casó con Ivana Zelnickova, una modelo checa de veintiocho años. Zelnickova era ciudadana de un país comunista; como tal, era objeto de interés tanto para la inteligencia checa, la StB, como para el FBI y la CIA.

Durante la Guerra Fría, los espías checos eran célebres por su profesionalidad. Era frecuente utilizar a agentes checos y húngaros en las operaciones de espionaje en el extranjero, sobre todo en Estados Unidos y Latinoamérica, ya que su presencia resultaba menos evidente que la de los operativos soviéticos que enviaba Moscú; en palabras de una fuente anónima con contactos en la inteligencia estadounidense los checos tenían «muy buenos espías».

Zelnickova nació en Zlin, una ciudad de Moravia conocida especialmente por su industria aeronáutica. Su primer matrimonio fue con un agente inmobiliario austriaco. A comienzos de la década de 1970 se trasladó a Canadá, primero a Toronto y luego a Montreal, para estar con un novio monitor de esquí. Salir de Checoslovaquia en aquella época —me aseguraba la mencionada fuente— era «extremadamente difícil». Más tarde, Zelnickova se mudó a Nueva York. En abril de 1977 se casó con Trump.

Según diversos expedientes de Praga, desclasificados en 2016, los espías checos vigilaban de cerca a la pareja en Manhattan (los agentes encargados de la tarea tenían los nombres clave de *Al Jarza* y *Lubos*), y abrían las cartas que Ivana enviaba a su padre, Milos, un ingeniero que vivía en Checoslovaquia. Milos nunca fue un agente o un activo; pero mantenía una relación funcional con la policía secreta checa, que le preguntaba por lo que hacía su hija en el extranjero, y a cambio permitía que esta fuera a visitarle. En Estados Unidos la familia Trump era objeto de una vigilancia periódica; y cuando Ivana y Donald iban a visitar a Milos a la República Socialista Checa, el espionaje o «cobertura» se ampliaba.

Como otras agencias del bloque oriental, los checos debían de compartir su información de inteligencia con sus homólogos de Moscú, el KGB. Había varias razones por las que Trump podía ser objeto de interés. Para empezar, porque su esposa procedía de Europa del Este. Y también porque a partir de 1984, en un momento en que el Kremlin estaba experimentando con la *perestroika*, Trump ya era una figura destacada como promotor inmobiliario y como magnate; además, según los expedientes checos, Ivana había mencionado el creciente interés de su esposo en la política. ¿Era posible, pues, que en algún momento considerara la posibilidad de hacer carrera en política?

El KGB no invitaba a nadie a Moscú por motivos altruistas. Los dignatarios que viajaban a la URSS con los gastos pagados solían ser escritores o personajes del ámbito cultural de tendencias izquierdistas. El estado gastaba mucho dinero; el visitante decía algunas cosas favorables sobre la vida soviética y la prensa informaba de esos comentarios, viendo en ellos un signo de aprobación.

Pese a la política de compromiso de Gorbachov, este seguía siendo un líder soviético. Y el KGB, que seguía viendo a Occidente con profundo recelo, continuaba con sus intentos de subvertir las instituciones occidentales y obtener fuentes de información secretas, manteniendo a la OTAN como su objetivo de inteligencia estratégica número uno. Tampoco es que el KGB previera una inminente conmoción política: sus oficiales suponían que la URSS prolongaría su existencia durante mucho tiempo. Mientras tanto, continuaba la guerra soviética en Afganistán.

En aquel momento no estaba claro qué opinión tenía el KGB de Trump. Para convertirse en «agente» del KGB, un extranjero debía aceptar dos cosas (en el contexto ruso o británico, un «agente» era una fuente de inteligencia secreta). Una era la denominada «colaboración conspirativa»; la otra, la predisposición a recibir adiestramiento del KGB.

Según el libro ya mencionado de Andrew y Gordievski, *Comrade Kriuchkov's Instructions*, los objetivos que no cumplían esos criterios se clasificaban como «contactos confidenciales»; el término ruso era *doveritelnaia sviaz*. Pero la idea era convertir aquellos contactos de confianza en agentes de pleno derecho, el siguiente peldaño del escalafón.

Como explicaba Kriuchkov, se instaba a los delegados en el extranjero (o *residentes*) del KGB a abandonar los «métodos estereotipados» de reclutamiento y utilizar estrategias más flexibles, haciendo que sus esposas u otros miembros de sus familias colaboraran en caso necesario.

Según la versión de Trump, la idea de su primer viaje a Moscú se le ocurrió cuando por casualidad se encontró sentado junto al embajador soviético Yuri Dubinin. Era el otoño de 1986, y el evento fue un almuerzo organizado por Leonard Lauder, hijo de Estée Lauder y empresario como su madre. La hija de Dubinin, Natalia, «había leído sobre la Torre Trump y lo sabía todo acerca de ella», según relataría el propio Trump en *El arte de la negociación*, publicado en 1987 (y que lleva su firma, aunque en realidad se la escribió un «negro»).

Proseguía «Trump»: «Una cosa llevó a otra, y ahora estamos hablando de construir un gran hotel de lujo justo enfrente del Kremlin, en asociación con el gobierno soviético».

El desenfadado relato de los acontecimientos que hace Trump resulta incompleto. Según la versión de Natalia Dubinina, la historia real implicó un esfuerzo más resuelto por parte del gobierno soviético para establecer contacto con Trump. En febrero de 1985, Kriuchkov volvió a quejarse de «la falta de resultados apreciables en materia de reclutamiento de estadounidenses en la mayoría de las residencias». El embajador llegó a Nueva York en marzo de 1986. Su cargo inicial era el de embajador soviético ante las Naciones Unidas; Dubinina ya vivía en la ciudad con su familia y formaba parte de la delegación soviética en la ONU.

Al parecer, Dubinin no respondía ante el KGB, y su papel no estaba oficialmente relacionado con la inteligencia; pero sí mantenía estrechos contactos con el aparato del poder en Moscú. Disfrutaba de mayor confianza que otros embajadores de menor relevancia. Dubinina explicaba que fue a recoger a su padre al aeropuerto. Era la primera vez que este viajaba a Nueva York, y ella le llevó a hacer un recorrido por la ciudad. El primer edificio que vieron fue la Torre Trump, en la Quinta Avenida, según declararía Natalia al periódico *Komsomólskaya Pravda*. Dubinin estaba tan emocionado que decidió entrar para conocer al dueño del edificio. Entraron en el ascensor. En la última planta —relataba Dubinina— se encontraron con Trump.

El embajador —«que hablaba inglés con fluidez y era un brillante maestro de la negociación»— sedujo al ajetreado Trump diciéndole: «¡Lo primero que he visto en la ciudad ha sido su torre!».

Según explicaba Dubinina, «Trump se ablandó en seguida. Es una persona emotiva, algo impulsiva. Necesita reconocimiento. Y, por supuesto, cuando lo obtiene le agrada. La visita de mi padre fue para él como la miel para una abeja».

El encuentro tuvo lugar seis meses antes del almuerzo de Estée Lauder. En la versión de Dubinina, esta admite que su padre intentaba ganarse a Trump. El hombre de Moscú no era un ingenuo que lo miraba todo boquiabierto, sino un veterano diplomático que había servido en Francia y España, y que había hecho de intérprete para Nikita Jrushchov cuando este se reunió con Charles de Gaulle en el palacio del Elíseo. Ya había visto antes muchos edificios impresionantes. Unas semanas después de su primer encuentro con Trump, Dubinin fue nombrado embajador soviético en Washington.

El papel de Dubinina resulta de lo más interesante. Según el Archivo Mitrojin, la delegación soviética en la ONU era un nido de miembros del KGB y el GRU. Muchos de los trescientos ciudadanos soviéticos empleados en la secretaría de las Naciones Unidas eran oficiales de inteligencia soviéticos que trabajaban de incógnito en diversos puestos, incluido el de ayudante personal de distintos secretarios generales. La delegación soviética en la ONU tenía más éxito a la hora de reclutar agentes y recopilar información de inteligencia política que la propia residencia neoyorquina del KGB.

Otra hija de Dubinin, Irina, explicaba que su difunto padre —murió en 2013— tenía una misión como embajador, que consistía en establecer contacto con la élite empresarial estadounidense. Sin duda, el Politburó de Gorbachov estaba interesado en entender el funcionamiento del capitalismo. Pero la invitación de Dubinin a Trump a visitar Moscú parece más bien un ejercicio clásico de seducción de cara a un posible reclutamiento, que habría tenido el pleno apoyo y aprobación del KGB.

En *El arte de la negociación*, escribe Trump:

> En enero de 1987 recibí una carta de Yuri, el embajador soviético en Estados Unidos, que empezaba diciendo: «Es un placer para mí transmitirle una buena noticia de Moscú». Luego añadía que la principal agencia estatal soviética de turismo internacional, Goscomintourist, había expresado interés en estudiar la posibilidad de crear un consorcio para construir y gestionar un hotel en Moscú.

Paralelamente, había algunos colegas a quienes disgustaba Dubinin. Andréi Kovalev —un diplomático soviético que lo conoció ya en 1968— lo describía como un hombre «moralmente sin escrúpulos» y «dado al autobombo» que se vanagloriaba de su aspecto («innegablemente apuesto»); un «engreído pavo real» ansioso por congraciarse con quienes ostentaban el poder en su país. Al parecer —según me dijo Kovalev—, durante su estancia en suelo estadounidense Dubinin se hacía acompañar dondequiera que fuese por un guardia de seguridad que respondía ante el KGB.

En Estados Unidos había muchos promotores inmobiliarios ambiciosos. Entonces, ¿por qué Moscú había elegido a Trump?

Según Víktor Suvórov —el antiguo espía militar del GRU— y otros, el KGB estaba detrás de Intourist, que actuaba como una filial de la organización. Establecida en 1929 por Stalin, Intourist era la agencia de viajes estatal oficial de Moscú. Su tarea consistía en investigar y supervisar a todos los extranjeros que entraban en la Unión Soviética. «En mi época era el KGB —me explicaba Suvórov—. Ellos eran quienes daban permiso a la gente para venir.» La Primera y Segunda Direcciones Generales del KGB recibían rutinariamente listas de futuros visitantes del país elaboradas a partir de sus solicitudes de visado.

Como agente operativo del GRU, Suvórov estaba personalmente involucrado en las actividades de reclutamiento, aunque fuera para un servicio rival como el KGB. Las agencias de espionaje soviéticas —me decía— siempre se mostraban interesadas en cultivar la relación con «personas jóvenes y ambiciosas»: un empresario con una trayectoria ascendente, un científico, «un tipo con futuro»...

Una vez en Moscú, eran objeto de una pródiga hospitalidad. «Todo es gratis. Hay buenas fiestas con chicas guapas. Podría ser una sauna con chicas y quién sabe qué más.» Las habitaciones de hotel o el chalet donde se alojaban se hallaban bajo «control las veinticuatro horas», con «cámaras de seguridad y tal», decía Suvórov. «El objeto de interés es uno solo: recopilar información y conservar esa información sobre él [la persona en cuestión] para el futuro.»

Suvórov señalaba asimismo que todas esas «jugarretas» eran operaciones concebidas a largo plazo. Así, por ejemplo, el KGB invertía sus esfuerzos en estudiantes de países en desarrollo, sobre todo de África. Al cabo de diez o veinte años algunos de ellos no eran «nadie»; pero otros habían ascendido a puestos de influencia en sus propios países.

Explicaba Suvórov: «Es en ese momento cuando vas y dices: "¡Toc, toc! ¿Recuerda usted su maravillosa estancia en Moscú? Fue una velada maravillosa. Usted iba bebido. ¿No lo recuerda? Le enseñaremos algo para ayudarle a hacer memoria"».

En la comunista República Democrática Alemana, uno de los oficiales de Kriuchkov, de treinta y cuatro años de edad —un tal Vladímir Putin—, se dedicaba a tratar de reclutar a estudiantes de América Latina. Putin había llegado a Dresde en agosto de 1985, en compañía de su esposa Ludmilla, que estaba embarazada, y su hija María, que entonces tenía un año. Vivían en un bloque de pisos del KGB.

Según el escritor Masha Gessen, una de las tareas de Putin era intentar trabar amistad con estudiantes extranjeros de origen latinoamericano de la Universidad de Tecnología de Dresde, con la esperanza de que, una vez reclutados, pudieran trabajar en Estados Unidos como agentes encubiertos, pasando información al Centro. Putin habría puesto en marcha esta operación con dos colegas del KGB y un policía retirado de Dresde.

En cualquier caso, se ignora qué fue lo que hizo exactamente Putin mientras trabajó para la Primera Dirección del KGB en Dresde. Puede que sus tareas incluyeran tratar de reclutar a occidentales que visitaran Dresde por negocios, y alemanes del este con parientes en Alemania Occidental. Gessen sugiere que las actividades de Putin fracasaron en su mayor parte. Logró reclutar a un estudiante colombiano; pero, en general, sus resultados operativos fueron modestos.

En enero de 1987, Trump no era precisamente un joven latinoamericano o africano, sino un empresario de éxito de cuarenta años que raras veces aparecía en las páginas de cotilleo. Estaba cerca de ser la «persona prominente» que señalaba Kriuchkov. Dubinin consideró a Trump lo bastante interesante para organizar su viaje a Moscú. Otro diplomático soviético de treinta y tantos años establecido en Moscú, Vitali Churkin —el futuro embajador ante las Naciones Unidas—, ayudó a organizarlo. El 4 de julio de 1987, Trump viajó a Moscú por primera vez, junto con Ivana y Lisa Calandra, la ayudante italoamericana de Ivana.

Trump escribió que aquel viaje a Moscú fue «una experiencia extraordinaria». Los Trump se alojaron en la suite Lenin del Hotel Nacional, situado al final de la calle Tverskaya, cerca de la Plaza Roja. Setenta años antes, en octubre de 1917, Lenin y su esposa, Nadezhda Krúpskaya, habían pasado una semana en la habitación 107. El hotel estaba vinculado al complejo de cristal y hormigón de Intourist situado justo al lado, y en la práctica se hallaba bajo el control del KGB. Seguramente la suite Lenin debía de tener escuchas instaladas.

Asimismo, el mausoleo con el cuerpo embalsamado del líder bolchevique se hallaba a un corto paseo a pie. Otros líderes soviéticos estaban enterrados bajo los muros del Kremlin en un panteón comunista: Stalin, Brézhnev, Andrópov —el antiguo mentor de Kriuchkov— y Dzerzhinski.

Según *El arte de la negociación*, Trump recorrió «media docena de posibles lugares donde construir un hotel, varios de ellos cerca de la Plaza Roja». «Me impresionó el deseo de los funcionarios soviéticos de llegar a un acuerdo», escribe. También visitó Leningrado. Hay una foto en la que aparecen Donald e Ivana posando en la plaza del Palacio de la que más tarde pasaría a llamarse San Petersburgo: él, con un traje; ella, con una blusa roja de lunares y una sarta de perlas. Detrás se ve el palacio de Invierno y el museo estatal del Hermitage.

Aquel mes de julio, la prensa soviética escribió con entusiasmo sobre la visita de una celebridad extranjera. Era el novelista, periodista y premio Nobel Gabriel García Márquez. *Pravda* publicó una larga conversación entre Gorbachov y el invitado colombiano. García Márquez dijo que los latinoamericanos, incluido él mismo, simpatizaban con el socialismo y con la Unión Soviética. Moscú lo había invitado con ocasión de un festival de cine.

Parece ser que la visita de Trump no atrajo tanta atención. No se hace mención alguna de él en el archivo del periódico conservado en la Biblioteca Estatal Rusa de Moscú (o bien no se informó de su visita o bien se ha eliminado discretamente cualquier posible artículo que hablara de ella). En cambio, los recortes de prensa sí registran la visita de un funcionario de Alemania Occidental y la realización de un festival cultural indio.

En cambio, el dossier privado que tenía el KGB sobre Trump debió de haber aumentado de extensión. El perfil de varias páginas elaborado por la agencia se habría enriquecido con nuevo material, incluido todo lo conseguido gracias a las escuchas.

El viaje no produjo ningún resultado tangible, al menos en lo referente a oportunidades de negocio en Rusia. Esta pauta de fracaso comercial se repetiría en los posteriores viajes de Trump a Moscú. Pero este último regresó a Nueva York con una nueva orientación estratégica: por primera vez, empezó a dar muestras de que estaba considerando seriamente la posibilidad de hacer carrera en política. Y no como alcalde, gobernador o senador.

Trump pensaba en presentarse como candidato a la presidencia.

La noticia del *New York Times* apareció el 2 de septiembre de 1987, menos de dos meses después de la aventura de Trump con Intourist. Su titular rezaba: «Trump da vagos indicios de una posible candidatura».

El artículo empezaba así:

> Donald J. Trump, uno de los más importantes promotores inmobiliarios de Nueva York y seguramente uno de los que más se hacen oír, dijo ayer que no estaba interesado en presentarse a cargos políticos en Nueva York, pero señaló que la presidencia era otra cuestión.
>
> Esta mañana el Sr. Trump, que es republicano, ha comprado espacios publicitarios a toda página en tres grandes periódicos del país para exponer sus opiniones en materia de política exterior. Y un asesor ha revelado que también planea viajar en octubre a Nuevo Hampshire, donde se celebran las primeras primarias presidenciales.

El anuncio publicado por Trump era llamativo. Apareció en el *Times*, el *Post* y el *Boston Globe*. Iba dirigido «al pueblo estadounidense» de parte de «Donald John Trump», y su titular rezaba: «No hay nada malo en la Política de Defensa Exterior de Estados Unidos que un poco de agallas no puedan curar».

El texto decía:

> Durante décadas, Japón y otras naciones se han estado aprovechando de Estados Unidos.
>
> La historia continúa hoy cuando defendemos el golfo Pérsico, un área que solo tiene una importancia marginal para Estados Unidos por sus reservas de petróleo, pero de la que dependen casi totalmente Japón y otros. ¿Por qué estas naciones no pagan a Estados Unidos por las vidas humanas y los miles de millones de dólares que estamos perdiendo para proteger sus intereses?

Trump ponía la mira en Arabia Saudí, que se había negado a prestar un dragaminas al Pentágono. Y escribía que Japón y «otros» se habían enriquecido aprovechándose de la generosidad estadounidense. Había llegado la hora —añadía— de ayudar a «nuestros granjeros, a nuestros enfermos y a nuestros sin techo». «No permitamos que vuelvan a reírse de nuestro gran país», concluía.

No cabe duda de que el mensaje de Trump era auténtico. Volvería a esos mismos temas —anteponer los intereses de Estados Unidos y subrayar que otros países socios se aprovechaban— cuando más tarde iniciara la campaña propiamente dicha para acceder a la Casa Blanca. Al mismo tiempo, la proclama pública de Trump debió de complacer a Moscú.

El general Kriuchkov siempre estaba atento a fomentar el desacuerdo entre Estados Unidos y sus aliados, tal como revelaría su plan de trabajo secreto de 1984. Entre las «prioridades globales» del KGB se incluía una larga lista de medidas activas, que debían llevarse a cabo de manera encubierta. Según Andrew y Gordievski, la segunda de dichas prioridades era «profundizar los desacuerdos en la OTAN en torno a sus planteamientos de cara a implementar los diversos aspectos concretos de la política militar del bloque»; también «exacerbar las contradicciones entre Estados Unidos, Europa Occidental y Japón sobre otras cuestiones de principios».

El *Times* informó de que Trump había vuelto hacía poco de Rusia, afirmando que se había reunido con Gorbachov (si lo hizo, la prensa soviética no había informado de ello). Escribía el periódico: «Aparentemente el tema de su reunión fue la posible construcción de hoteles de lujo en la Unión Soviética por parte del Sr. Trump. Pero los llamamientos del Sr. Trump en favor del desarme nuclear también eran bien conocidos por los rusos».

El anuncio de Trump no deja de resultar desconcertante. Al fin y al cabo, el magnate sabía poco de política exterior. «La idea de hacerlo fue suya», declararía al *Post* el ejecutivo publicitario Tom Messner. Este último, que había trabajado en la campaña de reelección de Reagan en 1984, afirmaba que su equipo apenas había intervenido en el contenido de la carta de Trump. El anuncio le costó al magnate 94.801 dólares, que —según afirmaba el *Times*— pagó de su propio bolsillo, y apareció en los periódicos de mayor tirada de New Hampshire.

Como ocurría siempre con Trump, en aquel momento resultaba difícil saber si sus flirteos con la candidatura presidencial no constituían más que otro de sus trucos de autopromoción, o si, por el contrario, se trataba de algo más serio. Mike Dunbar, un prominente y excéntrico republicano, invitó al magnate a visitar New Hampshire y lanzó un movimiento a favor de su candidatura. Se comentaba que Trump podía lograr la nominación a la vicepresidencia formando equipo con George Bush padre. Al final, Bush escogió a Dan Quayle, el senador por Indiana.

Las posteriores tentativas de Trump para edificar en Moscú siguieron la misma pauta de fracaso: una brillante efervescencia publicitaria sin apenas resultados concretos. ¿Acaso los soviéticos le estaban dando falsas esperanzas por sus propias razones? ¿O las visitas a Rusia no eran más que mero bombo publicitario de Trump, diseñado para proyectar una imagen de actor global que se sentía igualmente a gusto con el Occidente capitalista y el Oriente comunista?

En diciembre de 1987, Mijaíl y Raísa Gorbachov hicieron su primer viaje a Estados Unidos. Fue una visita histórica: las superpotencias estadounidense y soviética habían acordado reducir por primera vez su arsenal nuclear con un trascendental tratado de control de armamentos. Kriuchkov viajó con los Gorbachov; era la primera vez que el jefe de la Primera Dirección General acompañaba a un secretario general en un viaje a Occidente.

Trump declaró a la prensa que los rusos le habían llamado para pedirle que enseñara la Quinta Avenida y la Torre Trump a los Gorbachov. La primera pareja soviética no se presentó. En lugar de ello, Trump tuvo que soportar una broma en forma de encuentro con un imitador de Gorbachov, contratado por un canal de Televisión estadounidense.

En Washington, Kriuchkov cenó con Robert Gates, el subdirector de la CIA. Sin que este último lo supiera, las instrucciones de Kriuchkov de reclutar a estadounidenses estaban dando impresionantes resultados. El KGB tenía dos topos en la inteligencia estadounidense: Aldrich Ames, en la CIA, y Robert Hanssen, en el FBI. Ambos proporcionaron secretos a Moscú y traicionaron a agentes estadounidenses.

En el verano de 1991 —mientras Steele trabajaba de incógnito en Moscú—, Kriuchkov lideró un golpe del KGB contra Gorbachov. El general creía que era la única forma de preservar la Unión Soviética. Sería uno de los detenidos.

Pasarían cinco años antes de que Trump volviera a Moscú, ahora una ciudad poscomunista. Por entonces su matrimonio con Ivana había tocado a su fin. También había sobrevivido al peor momento de su carrera, en 1990, cuando su imperio, que se sustentaba gracias al crédito, se desmoronó, dejándole prácticamente en la bancarrota.

De la reaparición pública de Trump en 1996 se encargó el diario económico *Kommersant*, que informó de que el «famoso empresario», que había sido «rico, se había arruinado y había vuelto a hacer fortuna», estaba interesado en diversos proyectos de construcción de Moscú. Trump quería remodelar los hoteles Moskva y Rossiya. Este último era una mole de la era soviética que ocupaba un lugar privilegiado al lado del Kremlin.

¿Hasta qué punto iba en serio esta última incursión de Trump en la Rusia de Yeltsin? Parecía que no mucho, aunque en 1996 el magnate empezó a presentar solicitudes de registro de marcas en Moscú para ocho de sus empresas. En noviembre de ese mismo año viajó a dicha ciudad en compañía de Howard Lorber, un hombre de negocios cuya empresa, Vector Group, tenía intereses en Rusia.

Trump se reunió con el escultor ruso-georgiano Zurab Tsereteli, cuyos pomposos trabajos públicos gozaban del favor oficial. Según Mark Singer, del *New Yorker*, Trump habló de la posibilidad de erigir una gigantesca estatua de Cristóbal Colón a orillas del río Hudson. Sería mayor que la Estatua de la Libertad. Según le explicó a Singer el propio Trump, el alcalde de Moscú donaría la estatua a su homólogo neoyorquino, Rudy Giuliani.

La estatua nunca llegó. Ni Trump cerró ningún acuerdo sobre ningún hotel. Y un año después la economía rusa se desmoronó.

Como estadounidense y persona ajena a los mecanismos del sistema, no era probable que Trump ganara dinero en Rusia u obtuviera propiedades inmobiliarias en condiciones ventajosas. Lo que contaba en la anárquica Moscú de la década de 1990 eran los contactos y la capacidad de comprar a personas en las altas esferas de las estructuras estatales. Trump necesitaba un amigo ruso, un socio principal, preferentemente conocido del Kremlin.

Un día de octubre de 2007 me encontraba hojeando los periódicos de la mañana. Por entonces era corresponsal del *Guardian* en Moscú. La sede del periódico no tenía mucho de lo que presumir: dos minúsculos apartamentos de estilo soviético y techos bajos unidos formando un par de sórdidos despachos. El mío tenía una estantería y un mapa de Rusia. Una minicocina daba a una franja de verde. Un corto paseo por la calle Gruzinski Pereulok llevaba a la estación de metro y de tren de Belorussky.

Aunque por entonces yo no lo sabía, durante su estancia en Moscú Steele había vivido en el mismo edificio, que solían utilizar periodistas y diplomáticos. Nosotros estábamos en la planta baja, apartamentos 75 y 76, entrada número tres; Steele había vivido dos pisos más arriba. Habíamos compartido escalera y buzón comunitario. Pero tampoco es que llegaran cartas.

Dábamos por supuesto que nuestra oficina tenía escuchas. No por una cuestión de paranoia, sino porque resultaba evidente. De vez en cuando el FSB irrumpía en ella y dejaba las acostumbradas pistas: una ventana abierta (con el pestillo descorrido desde dentro), un auricular de teléfono descolgado y colocado visiblemente en la mesa a primera hora... También había vigilancia electrónica. Cada vez que yo hacía un chiste sobre Putin la línea se cortaba, y la comunicación era reemplazada por un crujido amenazador.

Nuestro apartamento lo gestionaba una entidad dependiente del Ministerio de Exteriores ruso, la UpDK. Al igual que Intourist, la UpDK era el KGB. Diría que el FSB tenía su propio juego de llaves.

Encontré un artículo en el *Moscow Times* con un tema familiar: las extravagancias de los multimillonarios de la capital. Se mencionaba un nuevo club exclusivo situado en el Hotel Nacional, donde se había alojado Trump. Por entonces, según la revista *Forbes*, Rusia contaba con cincuenta y tres milmillonarios, un montón de «minioligarcas» y decenas de miles de millonarios. Seguí leyendo.

El artículo informaba de que un acaudalado individuo, el promotor inmobiliario Aras Agalarov, planeaba hacer algo extraordinario.

Agalarov estaba construyendo una urbanización de lujo en las afueras de Moscú. Sería una especie de utopía para oligarcas, con casas que costaban entre veinticinco y treinta millones de dólares cada una, un retiro dorado desde el que los pobres resultarían invisibles. Habría doscientas cincuenta propiedades de lujo, un campo de golf con club privado, un lago y una playa artificial cubierta de arena blanca importada de Tailandia.

Descolgué el teléfono.

Organizar una entrevista con Agalarov fue fácil. Unos días más tarde me dirigí a la región de Istra, al oeste de Moscú, hasta un rústico emplazamiento salpicado de abetos y flores de manzanilla blancas. Se habían construido ya varios chalets; otros estaban en construcción. Todos eran distintos. Una mansión escocesa de aspecto señorial se alzaba por encima de una hilera de abedules recién plantados. Cerca se divisaba un palacio neoclásico, un capricho de columnas de hormigón con capiteles de acanto y acanaladura griega.

En persona, Agalarov se mostraba jovial y acogedor. Hablaba inglés con fluidez. El magnate era un hombre de estatura media que por entonces debía de tener cuarenta y pocos años, y llevaba una chaqueta deportiva. *Forbes* lo había calificado como «el más vanidoso de los Cien de Oro», esto es, de su lista de los cien rusos más ricos. En realidad resultaba bastante encantador.

Me llevó a dar una vuelta. Subimos a un Land Rover de color azul oscuro en cuya puerta observé que estaban rotuladas las letras «AE» (iniciales de «Agalarov Estate») de aproximadamente cincuenta centímetros cada una. Sobre el monograma flotaba una elegante corona. Agalarov se sentó al volante, yo hice lo propio en el asiento del copiloto.

Agalarov me explicó que su hijo, Emin, le había regalado el todoterreno de fabricación británica. Emin era una conocida estrella del pop y estaba casado con una de las hijas de Ilham Aliyev, el presidente de Azerbaiyán. Agalarov era ruso-azerí. Me dijo que había nacido en 1955 en Bakú, la capital de Azerbaiyán, y que en

1981 se había trasladado a Moscú. Obviamente, sabía moverse en los círculos apropiados: el difunto padre de Aliyev, Heydar, fue el jefe del KGB en la Azerbaiyán soviética, y —como Kriuchkov— era un protegido de Andrópov. En 1993, Heydar se convirtió en el presidente de Azerbaiyán.

Pasamos junto a una cascada. Los guardaespaldas de Agalarov nos seguían en un elegante Mercedes negro, manteniendo una respetuosa distancia. El magnate me explicó que había estudiado economía y administración de empresas. Había sido el primer ruso que había organizado exposiciones internacionales, una actividad que daría origen a su empresa Crocus Group. También me dijo que había montado una cadena de zapaterías. Hubo reveses: «Lo perdí todo en la crisis de 1997. Cerré todas mis tiendas. Tenía un crédito de cien millones de dólares».

En 2000, Agalarov ya se había recuperado. Ese mismo año construyó Crocus City, un vasto centro comercial y espacio de exposiciones situado junto a la MKAD, la transitada carretera de circunvalación de Moscú.

Supe que la idea de construir una propiedad exclusiva para los ricos la había sacado de Estados Unidos. Agalarov me dijo que había visto «prototipos» de la clase de comunidad que quería crear durante sus viajes a Alpine, en New Jersey, y Greenwich, en Connecticut. Alpine era un pueblo exclusivo situado en lo alto de un acantilado, a unos treinta kilómetros al norte de Nueva York, donde los precios de las propiedades superaban incluso a los de lugares tan emblemáticos como West Palm Beach o Beverly Hills. Pronto se convertiría en la zona residencial más cara de Estados Unidos.

«Yo sentía algo así como celos. ¿Por qué no podemos hacer eso mismo en Rusia? Esa fue la fuente de la idea —me dijo Agalarov—. Entonces empecé a comprar tierras.» A medida que la adquisición de tierras de Agalarov aumentaba —llegaría a acumular trescientas veinte hectáreas—, también lo hacía su visión, que pasaría a incluir catorce lagos («el área total de los lagos es de tres kilómetros y medio»), un club de golf de dieciocho hoyos («diseñado por un asesor estadounidense») y la propia mansión de Agalarov («Todavía no he empezado a construir mi casa»).

No obstante, había algunos obstáculos en el camino. Agalarov tenía interés en demoler algunas propiedades de la cercana aldea de Vorinino, ya que consideraba que arruinaban las vistas. Pero algunos de los lugareños no querían vender. El hombre que vivía en el número 54 —una decrépita casita de ladrillo rojo— se resistía a ceder a pesar de que le habían ofrecido un millón de dólares. «Acabará vendiendo», me aseguró Agalarov.

Luego estaban los clientes. Como parte de su experimento social, Agalarov me explicó que había elaborado una serie de reglas para cualquiera que quisiera comprar una de sus propiedades. Para empezar, estaban prohibidos los guardaespaldas, que quedaban desterrados a una casa construida ex profeso para ellos en la periferia de la propiedad, y que disponía incluso de una mesa de billar. En segundo término, no se permitía a los residentes hacer cosas como disparar a los pájaros, montar fuegos artificiales o tender la ropa. En tercer lugar, nada de perros.

«Aquí queremos a ricos normales», me dijo Agalarov. Él examinaba personalmente a todos los aspirantes. «Uno me dijo que tenía un pastor afgano. Nunca le vendería una casa. ¡Perdí treinta millones de dólares por culpa de un perro!» Una vez completada, la propiedad sería «el lugar más hermoso de Moscú», superando incluso a Rublevka, una exclusiva colonia de dachas situada entre bosques de pinos al oeste de la capital, y lugar de residencia de Putin.

Los trabajadores inmigrantes que construían el sueño de Agalarov procedían de China, Tayikistán y Bielorrusia. Pero el país que ocupaba un lugar preponderante en la mente de Agalarov era Estados Unidos. El magnate me explicó que su hija Sheila, de diecinueve años de edad, estaba estudiando en Nueva York, en el Instituto de Tecnología de la Moda. Su esposa, Irina, «vivía con ella». Él tenía «una casita en Estados Unidos», pero prefería vivir en Rusia.

> No me gustan las grandes palabras como patriotismo. Eso no se demuestra. Pero todo lo que hago está vinculado a Rusia —me explicó—. No puedo quedarme allí [en Estados Unidos]. Allí no tengo nada que hacer. Mi trabajo está aquí. Mi vida está aquí. Mi círculo está aquí.

Pasaba todos los días en la obra («Aquí estoy sábados y domingos»), y no veía su audaz creación arquitectónica como un arduo trabajo, sino «como un pasatiempo».

Se ha descrito a Agalarov como el Trump de Rusia. Sin duda, tenían cosas en común: como Trump, Agalarov creía que *Forbes* subestimaba intencionadamente el tamaño de su fortuna. En 2007, Agalarov ocupaba el puesto 95 en la lista de ricos de la revista, que le atribuía una fortuna de quinientos cuarenta millones de dólares; pero él me aseguró que la cifra real se acercaba más a los diez mil millones. Solo sus activos en tierras «llegaban a los seis mil millones de dólares». «Todos se equivocan», refunfuñó.

No es que todo ese dinero fuera un fin en sí mismo. «Para mí el dinero no es nada. Es como un instrumento para hacer algo descabellado», me aseguró Agalarov. Y —de nuevo como Trump— él creía en la teatralidad y la ostentación. Le pregunté si los ricos de Moscú estaban desarrollando gradualmente gustos más sutiles. «No —me respondió—. Todavía les va el espectáculo. El espectáculo continúa.»

A pesar de estas semejanzas, también había disparidades. A diferencia de Trump, Agalarov se movía en un inhóspito espacio político donde el Kremlin marcaba las reglas. Ser miembro de la élite rusa suponía privilegios, pero también obligaciones. Si la administración presidencial quería que hicieras algo, lo hacías. Crocus Group construyó una universidad federal cerca de Vladivostok; más tarde Agalarov aceptaría construir dos estadios de fútbol para el Mundial de Rusia de 2018, uno en Kaliningrado y el otro en Rostov.

Así pues, la riqueza de Agalarov era provisional. La mayoría de sus ingresos procedían de contratos estatales. Si caía en desgracia, algún otro se lo llevaría todo, incluidas su preciada propiedad y sus redondeadas rocas de diseño.

Hacia el final de nuestro recorrido le pregunté a Agalarov si alguna vez había pagado sobornos. Me respondió que no, añadiendo que mantenía unas relaciones impecables con el óblast (o región) de Moscú —con sus ministros y su gobernador—, donde se estaba construyendo su utopía. La administración del óblast era independiente del ayuntamiento de Moscú y tenía su propia sede junto a

Crocus City. Según me dijo, era más dinámica, con un volumen de construcción que representaba «una vez y media» el de la ciudad. Aunque no la mencionó por su nombre, uno de los abogados de Agalarov era la jurista de mayor prestigio de la región. Se llamaba Natalia Veselnitskaya. Su exmarido, Aleksandr Mitusov, era un antiguo fiscal que ahora ocupaba el cargo de subsecretario de Transporte del óblast. Veselnitskaya trabajaba a su vez para el jefe de Mitusov, Piotr Katsiv.

El hijo de Katsiv, Denis, no tardaría en ser el centro de un escándalo internacional. Era uno de los funcionarios rusos acusados de estar involucrados en el caso de Serguéi Magnitski. Por entonces Magnitski, que era contable, estaba en la cárcel. Había investigado y descubierto un fraude fiscal por valor de doscientos treinta millones de dólares que implicaba a Katsiv y a varias personas más. Al parecer habían robado impuestos tributados por Hermitage Capital, un fondo de inversión dirigido por un presidente nacido en Estados Unidos, pero de nacionalidad británica, llamado Bill Browder.

En 2009, Magnitski murió mientras permanecía en prisión preventiva; Browder afirmaba que asesinado por el estado ruso. Veselnitskaya dedicaría muchos esfuerzos a tratar de derogar una ley promulgada en Estados Unidos que castigaba a los rusos presuntamente implicados en su muerte,* incluido Katsiv: la llamada Ley Magnitski. Para ello contrató a una empresa de investigación política estadounidense con el fin de que ejerciera presión en Washington. Irónicamente, la empresa era Fusion GPS, el mismo equipo que encargó su investigación a Steele.

El óblast de Moscú funcionaba en un nivel bastante inferior al del Kremlin. Pero se sabía que Veselnitskaya mantenía estrechas relaciones con el fiscal general de Rusia, Yuri Chaika. Más tarde, Agalarov defendería públicamente a Chaika después de ser acusado de corrupción. Según una fuente anónima que trabajó con ella, Veselnitskaya era «quisquillosa» y «extremadamente inteligente».

---

* Entre otras cosas, impidiéndoles entrar en Estados Unidos o utilizar su sistema bancario. *(N. del T.)*

Y además —añadía esa fuente— «nunca actuaba sin autoridad». Otro colaborador la describe como ambiciosa y capaz, añadiendo: «No era una persona introducida en el Kremlin. Y quería serlo con todas sus fuerzas».

Putin se puso furioso por la aprobación de la Ley Magnitski, y, como represalia, prohibió la adopción de bebés rusos por parte de parejas estadounidenses. Asimismo, el Kremlin inició una campaña para derogar la ley, ejerciendo frecuentes presiones en torno a la cuestión de las «adopciones», la forma que tenía el Kremlin de referirse al levantamiento de las sanciones estadounidenses.

Así pues, los intereses de Putin y los de Veselnitskaya coincidían netamente. Su objetivo común: revocar las sanciones estadounidenses.

Trump realizó nuevas tentativas de hacer negocios en Rusia. En 2007 lanzó su último producto en la «feria de los millonarios», un evento anual para ricos y gente con aspiraciones celebrado en el Crocus City Mall de Agalarov. El producto era un vodka; concretamente, el vodka Trump «Super Premium». Por entonces, el magnate estadounidense intentó patentar estas marcas en Rusia: Trump, Trump Tower, Trump International Hotel and Tower, y Trump Home.

El vodka fue otro fracaso comercial. Cuando yo visité la feria, en 2008, no lo vi por ninguna parte. La oferta incluía muchas otras cosas: un chalet a orillas del mar, por ejemplo, y un helicóptero para llevarte allí con un interior diseñado por Versace. Encontré una lujosa clínica dental alemana, un escultor que vendía desnudos femeninos de bronce, y un soporte para yates. Allí podía verse un yate de la marca Princess, de fabricación británica, con cama de matrimonio y televisor de plasma.

Para los millonarios, la entrada era gratis. Los demás tenían que pagar una cuota de admisión de sesenta y cuatro dólares. Muchos de los hombres se paseaban en esmoquin, mientras que las mujeres jóvenes llevaban vestidos de fiesta. «Yo no busco un marido rico. Busco a alguien con una gran personalidad», declaraba Irina, de veintiséis años, mientras fotografiaba a su amiga Olga en un Aston Martin (tras unos segundos de reflexión, reconoció: «Obviamente, si fuera un oligarca con una gran personalidad, estaría bien»).

Después del vodka, Trump probó algo distinto en Rusia. Entre 1996 y 2015 fue copropietario, junto con la NBC, de los derechos del concurso de belleza de Miss Universo. Según la prensa rusa, inicialmente Trump había pensado en celebrar el certamen de 2013 en París. Entonces, el hijo de Agalarov, Emin —que era fan del programa de televisión de Trump *El aprendiz*—, le persuadió de que lo realizara en Moscú.

Emin tenía contactos en Nueva York: había estudiado en Suiza y en el Marymount College de Manhattan. En enero de 2013, los Agalarov viajaron a Las Vegas para reunirse con Trump en el concurso de belleza de Miss América.

Agalarov padre respaldó la idea de llevar Miss Universo a Moscú, ofreciéndose a pagar a Trump alrededor de catorce millones de dólares en concepto de derechos por ser la sede del concurso. ¿Por qué razón? El evento funcionaba a varios niveles. Entre otras, tenía una dimensión estatal, y podía servir de escaparate a Rusia de cara a los próximos Juegos Olímpicos de Invierno, que habían de celebrarse en Sochi. Era una buena maniobra de relaciones públicas, en un momento en que Putin afrontaba las críticas de Occidente por su represión de la sociedad civil.

El concurso también era una oportunidad para realzar la marca Agalarov y potenciar la carrera de Emin como artista pop: este tendría la oportunidad de actuar ante una audiencia televisiva global. Por último, y según el dossier de Steele, el Kremlin estaba cultivando activamente la relación con Trump; un proceso intermitente que al parecer se había iniciado en 1987 y se había reanudado —según afirmaba el dossier— en torno a 2008. Así, el FSB habría estado informado de la llegada del magnate estadounidense y de su estancia en el Ritz-Carlton.

Trump ofrecía muchas posibilidades. Estaba en el centro de una desagradable campaña pública para cuestionar la ciudadanía de Obama y exigir que se hiciera pública su partida de nacimiento. Aunque en la década de 1980 Trump no cumpliera los requisitos estándar del KGB para ser un objetivo, no cabía duda de que ahora sí los cumplía.

Antes del concurso, en junio, Trump tuiteó:

¿Creéis que Putin irá al desfile de Miss Universo en noviembre en Moscú? Y, si es así, ¿se convertirá en mi nuevo mejor amigo?

Alrededor de ochenta y seis aspirantes a Miss Universo pasaron tres semanas en Moscú. Visitaron la Plaza Roja y el Teatro Bolshói; también la propiedad de Agalarov, donde jugaron al golf y posaron en bikini. Trump llegó a Rusia acompañado de su socio comercial en Las Vegas, Phil Ruffin. Tras registrarse en el Ritz-Carlton, Trump comió con los Agalarov.

El concurso de Miss Universo se celebró en Crocus City Mall. Los VIP que observaban desde la galería formaban un auténtico microcosmos de la Rusia de Putin. Entre ellos figuraban Vladímir Kozhin, ayudante de Putin; Leonid Fedun, vicepresidente de Lukoil, y Alekséi Mitrofánov, un ferviente diputado nacionalista de la Duma Estatal. También había un presunto gángster, un magnate del vodka, un cantante y el director de un consorcio de medios de comunicación vinculado al estado.

La ganadora fue Miss Venezuela, María Gabriela Isler. Según *Kommersant*, después de la fiesta Trump pasó un rato hablando con las concursantes: «Para cada chica que llevara una banda él encontraba una palabra especial, que le susurraba al oído en medio de la música disco circundante».

Según el periódico, Agalarov estaba en otra zona VIP hablando con Kozhin, el representante de Putin. Unos días antes del desfile, Putin concedió a Agalarov una de las mayores distinciones civiles de Rusia, la Orden de Honor. Agalarov posó junto al presidente ruso. Parecía contento. La medalla colgaba de una cinta de color celeste.

Trump pasó los días 8 y 9 de noviembre en Moscú. No logró ver a Putin (aunque, según los Agalarov, este último le envió una nota cordial). Una fuente le dijo a Shaun Walker, del *Guardian*, que los ayudantes de Putin habían asignado una reunión con Trump en la agenda del presidente, pero la habían descartado unos pocos días antes del evento.

Trump sí cenó en un restaurante financiado por Agalarov, Nobu, con un grupo de empresarios rusos, entre los que figuraba el exministro de Economía Herman Gref. Este último —entonces presidente de Sberbank, un banco controlado por el estado que era la mayor entidad bancaria de Rusia— describiría a Trump como una persona «muy alegre», añadiendo que tenía «una buena actitud hacia Rusia».

Fueron los Agalarov quienes se convirtieron en los nuevos amiguetes de Trump. El 9 de noviembre, a primera hora de la mañana, este grabó una escena para el último vídeo musical de Emin. En ella, Trump reinterpretaba su papel en su programa concurso *El aprendiz*, fingiendo descalificar a Emin, que a su vez actuaba acompañado de varias exconcursantes de Miss Universo. El rodaje se realizó en el Ritz-Carlton.

Hubo nuevas conversaciones sobre el proyecto largamente aplazado de Trump: un rascacielos en Moscú que llevara su nombre. Según dijo Emin en unas declaraciones a *Forbes*, la idea era construir dos torres una al lado de otra: una Torre Trump y una Torre Agalarov. De regreso en Nueva York, Trump tuiteó:

> He pasado un gran fin de semana contigo y con tu familia. Has hecho un FANTÁSTICO trabajo. Ahora le toca a la TORRE TRUMP MOSCÚ. ¡EMIN estuvo GENIAL!

Pero ahora Trump, de repente, tenía planes de mayor envergadura que la mera construcción de una torre. Tras este viaje aspiraría en serio a la presidencia de Estados Unidos. Los Agalarov eran entusiastas partidarios de su apuesta por la Casa Blanca, al igual que otras fuerzas en Moscú.

Los Agalarov también sabían cosas de Trump que al parecer podían causarle un gran perjuicio en el caso de que se divulgaran.

Decía el dossier de Steele:

AGALAROV... ha mantenido una estrecha relación con Trump en Rusia y conocería la mayoría de los detalles sobre lo que el candidato presidencial republicano ha hecho allí.

Birmingham, la capital del condado británico de Midlands Occidentales, era una ciudad de tonos pardos y grises. Desde uno de los altos edificios de hormigón del centro se divisaba una metrópoli industrial, fea y deprimida. Los victorianos la habían convertido en una urbe de comercio y prosperidad; pero en la década de 1980 habría desaparecido gran parte de su industria.

Había pobreza, paro y tensión en el seno de su comunidad; en el verano de 1981, todo ello desembocó en una serie de disturbios raciales que estallaron en el barrio periférico de Handsworth, habitado por diversas comunidades étnicas de carácter heterogéneo. La policía hizo una redada en un pub; los vecinos respondieron saqueando y destrozando propiedades, y lanzando bombas incendiarias. En otros barrios, como Balsall Heath, abundaba la prostitución. También la delincuencia.

El edificio pertenecía al *Birmingham Post and Mail*, el periódico de la ciudad. Construido en la década de 1960, era una especie de losa modernista colocada sobre un podio. Abajo, los coches, furgonetas y autobuses de dos pisos circulaban a través de Colmore Circus. Los problemas de la ciudad y la desertización urbana eran una fuente de sufrimiento; pero también proporcionaban abundante material a los periodistas que trabajan en la oficina de planta abierta del edificio.

En el periodo entre 1983 y 1984, uno de ellos era Rob Goldstone. Nacido en Manchester, y de unos veinte años, Goldstone era un personaje que no pasaba desapercibido: simpático, tremendamente desorganizado y hablador en extremo; en palabras de Owen Bowcott, un antiguo colega del *Post and Mail*: «Era un hombre encantador, y alegre. Tenía una enorme capacidad de hablar. Hasta por los codos. Podía largar por toda Inglaterra».

Es verdad que físicamente Goldstone daba la impresión de no haber pisado nunca un gimnasio. Pero tenía un don para hacer contactos y un entusiasmo contagioso que hacía hablar y abrirse a sus interlocutores. De Birmingham se trasladó a Londres, donde trabajó en varios tabloides de Fleet Street y en el mundillo de los famosos. Luego se convirtió en promotor musical y publicista, estableciéndose en Sidney, de nuevo en Londres, y por último en Nueva York.

Uno de sus clientes era Emin Agalarov. La almibarada carrera musical de Agalarov no había logrado proyectar más allá de Azerbaiyán. No es que fuera culpa de Goldstone, que, como mánager, era muy perseverante. Colgaba las giras de Emin en Facebook, promovía sus conciertos europeos y celebraba su cumpleaños con él en Bakú.

El perfil de Goldstone en Instagram —actualmente eliminado— revelaba un estilo de vida lujoso: cenas exclusivas, hoteles de cinco estrellas, cócteles, fotografías con un desfile de jóvenes acompañantes que él denominaba *muppets*. Había también numerosos viajes a Moscú. Y mucho sobre Trump.

El publicista se involucró a fondo en la organización de Miss Universo. En mayo de 2013 se reunió con el equipo del concurso. Volvió a Moscú en septiembre, y asistió al desfile en octubre y noviembre, colgando una foto suya con una llamativa corbata. También se reunió con Trump.

En febrero de 2014 se hallaba de nuevo en Rusia, en uno de los cinco o seis viajes que haría ese año, esta vez con Ivanka Trump y con Emin. Los Agalarov y los hijos de Trump se hicieron amigos. En mayo de 2015, Emin y Goldstone estaban de nuevo en la Torre Trump; allí el magnate y el cantante posaron con los pulgares apuntando hacia arriba. En marzo de 2016 hubo otra cena con Trump en Las Vegas.

De hecho, Donald Trump hijo pasaba más tiempo en Moscú que su padre. Era un entusiasta visitante, que desde 2006 viajaría repetidamente al país. Dos años después asistió a un congreso sobre propiedad inmobiliaria celebrado en Rusia. También estuvo en el desfile de Miss Universo. Y tenía la intención de supervisar la construcción de la torre de papá en Moscú.

Era lógico, pues, que cuando —en junio de 2016— Goldstone

necesitara ponerse en contacto con Trump sobre un asunto delicado, lo hiciera a través de su hijo. Así pues, Goldstone envió varios correos electrónicos a este último.

El 3 de junio de 2016, a las 10.36, escribió:

> Buenos días.
>
> Me acaba de llamar Emin para pedirme que me ponga en contacto contigo por algo muy interesante.
>
> El fiscal de la corona de Rusia se ha reunido con su padre Aras esta mañana, y en su reunión se han ofrecido a proporcionar a la campaña de Trump algunos documentos oficiales e información que incriminaría a Hillary y sus tratos con Rusia y que resultaría muy útil a tu padre.
>
> Obviamente, esta es una información de muy alto nivel y delicada, pero forma parte del apoyo de Rusia y su gobierno al Sr. Trump, con la ayuda de Aras y Emin.
>
> ¿Cuál crees que es la mejor forma de manejar esta información? ¿Y podrías hablar de ello directamente con Emin?
>
> También puedo enviarle esta información a tu padre a través de Rhona [Rhona Graff, durante largo tiempo ayudante de Trump], pero es ultra-delicada, y por eso he querido enviártela a ti primero.
>
> Saludos.
>
> Rob Goldstone.

El contenido del correo electrónico era inequívoco. El gobierno ruso le ofrecía a Trump material perjudicial sobre Clinton en el marco de sus esfuerzos para convertirle en presidente. Esos «documentos oficiales» llegaban por la puerta de atrás. Naturalmente, la operación era «delicada», y, a la manera clásica del espionaje, se realizaba a través de intermediarios; una cadena que partía del Kremlin, y pasaba por el fiscal ruso Yuri Chaika, los Agalarov, Goldstone y Trump hijo, hasta llegar al propio candidato.

En ese momento, Trump hijo podía haber notificado al FBI y haberse negado a cooperar con Goldstone, que actuaba como emisario de una potencia que tenía su propia agenda. En lugar de ello, respondió:

Gracias, Rob, te lo agradezco. Ahora estoy de viaje, pero quizá pueda hablar primero con Emin. Parece que tenemos algo de tiempo, y, si es como dices, me encanta, sobre todo para más avanzado el verano. ¿Podríamos llamarnos a principios de la semana que viene cuando esté de regreso?

Más avanzado el verano significaba más cerca de las elecciones, en un momento en que el *kompromat* proporcionado por Moscú pudiera causar el máximo daño a Clinton. Transcurrió el fin de semana. Luego, el lunes 6 de junio, Goldstone escribió otro correo electrónico, esta vez con el inequívoco asunto de: «Rusia-Clinton —privado y confidencial».

Avísame cuando estés disponible para hablar por teléfono con Emin acerca de esta información sobre Hillary; habías dicho a primeros de esta semana, así que quería intentar fijar día y hora. Saludos a ti y a tu familia.

Trump hijo respondió: «Rob, ¿podríamos hablar ahora mismo?». Goldstone localizó a Emin, que estaba actuando en Moscú, y acordaron que este último llamara a Trump hijo a su teléfono móvil. Al día siguiente, 7 de junio, Goldstone envió un nuevo correo electrónico:

Espero que todo esté bien. Emin me ha pedido que organice una reunión contigo y la abogada del gobierno ruso, que coge el avión en Moscú este jueves. Creo que ya estás al tanto de la reunión, y quería saber si te iría bien a partir de las tres de la tarde del jueves. Supongo que sería en tu despacho.

Trump hijo respondió:

¿Qué tal a las tres en nuestras oficinas? Gracias, Rob, agradezco que nos ayudes a organizarlo.

Y a su vez Goldstone:

Perfecto… Yo no me quedaré a la reunión, pero los llevaré a las tres, y os presentaré y tal. Por seguridad, te enviaré los nombres de las dos personas que se reunirán contigo cuando los tenga, hoy más tarde.

Trump hijo:

Genial. Probablemente estaremos Paul Manafort, mi cuñado [Jared Kushner] y yo. Quinta Avenida, 725, piso 25.

Al día siguiente, 8 de junio, Goldstone envió otro correo electrónico posponiendo la reunión una hora, hasta las cuatro de la tarde, debido a que «la abogada rusa está en los tribunales». Trump hijo se ofreció a adelantar un día la reunión, y Goldstone le respondió que la abogada, Natalia Veselnitskaya, que trabajaba para Agalarov, todavía no había llegado de Moscú. Trump hijo reenvió toda la conversación, con su incriminatorio asunto, a Manafort y Kushner.

No es que Goldstone actuara precisamente como un agente secreto: el 9 de junio, cuando llegó a la Torre Trump, envió su ubicación a Facebook. Veselnitskaya, por su parte, llevó consigo a varias personas a la reunión. Una de ellas era Rinat Ajmetshin, ciudadano estadounidense que anteriormente había hecho campaña contra la Ley Magnitski y quien formó parte de un grupo de presión. Ajmetshin también había sido oficial de la inteligencia soviética y había servido en Afganistán, si bien él insistía en que nunca había estado en el GRU y simplemente había trabajado en una sección del ejército que apoyaba al Departamento Especial, una unidad del KGB vinculada a los militares. Pero no ocultaba el hecho de que seguía en contacto con gente de la inteligencia rusa. Un colaborador le describía como un hombre divertido, encantador, erudito, aficionado a la gastronomía, y un «pájaro de cuenta» dispuesto a trabajar para cualquiera independientemente de que estuviera a favor o en contra del Kremlin. De hecho, Ajmetshin declaró al *Financial Times* que sus contactos de espionaje en Moscú no confiaban en él porque «saben que soy un mercenario».

En la sala también estaba un traductor, Anatoli Samochornov, puesto que Veselnitskaya no hablaba inglés. Y también estaba presente Ike Kaveladze, el vicepresidente de la empresa de Agalarov Crocus Group, que vivía en Estados Unidos.

Ajmetshin se presentó en la reunión con vaqueros y zapatillas deportivas. Posteriormente explicaría que Veselnitskaya entregó a los Trump una carpeta con documentos; «cosas de abogados», según sus palabras. Los documentos tenían que ver con una empresa vinculada al fondo de Browder, Hermitage Capital, que había donado dinero a la fundación de Bill Clinton. Según Ajmetshin, Veselnitskaya dijo que ese podría ser «un gran tema de campaña».

En 2014, Veselnitskaya había contratado a Fusion GPS, que había sido la fuente que le había proporcionado parte del material sobre Browder (Glenn Simpson no veía ningún conflicto de intereses entre el proyecto Magnitski y el trabajo que iniciaría un año después sobre Trump; él consideraba que no era un activista político ni un cruzado, sino un investigador).

¿Qué era lo que estaba ocurriendo en aquella reunión? Veselnitskaya y Ajmetshin llevaban cierto tiempo ejerciendo presión en contra de la Ley Magnitski de 2012. Al principio esperaban poder declarar en Washington ante el Congreso y la Subcomisión de Asuntos Exteriores. Pero la idea fracasó cuando los republicanos programaron una audiencia de la comisión en pleno. Mientras tanto, el auge político de Trump elevó sus esfuerzos a un nuevo nivel.

Alex Goldfarb —un amigo de Litvinenko— vio a Veselnitskaya y Ajmetshin cuatro días después de la reunión en la Torre Trump. Fue en Washington, en una proyección especial de *The Magnitsky Act*, un documental del cineasta ruso Andréi Nekrásov.

El filme era una crítica feroz a Browder, y sugería que su versión de la muerte de Magnitski era errónea. Goldfarb cruzó unas pocas palabras con Ajmetshin, un hombre relativamente bajo y rechoncho —tal como él lo describiría—, que hablaba inglés con cierto acento, aunque tampoco mucho. Goldfarb vio a Veselnitskaya mezclarse con otros invitados a la proyección. El evento, celebrado en el Newseum de Washington, terminó con una discusión a gritos, ya que gran parte del público interpretó el documental como poco más que un filme propagandístico antisanciones.

Goldfarb reconocía que oficialmente Veselnitskaya no estaba

en Estados Unidos por encargo de su gobierno, pero añadía que esa apreciación carecía de importancia teniendo en cuenta que tanto la abogada como las personas a las que representaba en Moscú constituían todas ellas tentáculos «del mismo pulpo». «Es un gran conglomerado, Kremlin S.A., basado no en el poder sino en el dinero. Todos forman parte del mismo club», me dijo.

¿Por qué el Kremlin había elegido a una abogada mediocre como su emisaria ante los Trump? «Fue una mera cuestión de oportunismo —aseguraba Goldfarb—. No iban a enviar a un gángster como Moguilévich. Ella tenía acceso.»

Los correos electrónicos de Donald Trump hijo salieron a la luz en julio de 2017. Previamente, él había rechazado las insinuaciones de que su padre hubiera recibido la sospechosa ayuda del gobierno ruso tildándolas de «repugnantes» y «falsas». Pero ahora había pruebas de colusión.

Cuando el *Times* se puso en contacto por primera vez con Trump hijo para hablar de la cuestión de los correos electrónicos, este se mostró evasivo. Afirmó que el objetivo de la reunión con Veselnitskaya era hablar de otro tema: la decisión del Kremlin de prohibir la adopción de bebés rusos por parte de parejas estadounidenses. Por si antes no había quedado claro, «adopción» era la palabra clave que utilizaba Moscú para referirse al levantamiento de las sanciones, y volvería a plantearse de nuevo.

Cuando se supo que el *Times* disponía de los correos electrónicos, la explicación del joven Trump cambió. Admitió que un conocido —Goldstone— le había pedido que se reuniera con alguien que «podía tener información útil para la campaña». Luego calificó la reunión como nula, «el más idiota de los disparates», un hecho anodino que le había dejado «realmente inquieto» sin que le reportara nada. Manafort y Kushner, por su parte, afirmaron que no habían leído la serie de correos electrónicos ni reparado en su incendiaria oferta.

Lo que aquí importaba, no obstante, era la *intención*. Los dos parientes de Trump y su director de campaña creían que podían recibir información clandestina de un gobierno extranjero. Y se habían mostrado dispuestos a aceptarla gustosos; según parecía, también a ocultar su procedencia. Esta era una definición de manual del delito de colusión, y constituía un nuevo material de investigación para Bob Mueller, el fiscal especial. Trump declaró que él no sabía nada de todo eso. Como la mayoría de los desmentidos de Trump —que por entonces estaba en la Torre que lleva su nombre—, no resultó convincente.

Trump hijo declaró que iba a hacer público el contenido de los correos electrónicos con el fin de ser «totalmente transparente». Pero en una entrevista con Sean Hannity, de la Fox, guardó silencio sobre la identidad de algunos de los otros personajes presentes en la sala. Por ejemplo, no dijo nada sobre Ajmetshin, el antiguo agente de contrainteligencia.

Tras estos embarazosos descubrimientos, las explicaciones de la Casa Blanca sobre sus transacciones con Rusia variaron. Primero había habido una negación tajante: no se había producido reunión alguna. Luego resultó que sí había habido reuniones, pero en ellas no había sucedido nada importante. Por último, sí, nos ofrecieron material, pero era una investigación política estándar sobre la oposición. En el verano de 2017, el mensaje de Trump venía a ser este: es verdad, hicimos trampa, ¿y qué vais a hacer al respecto?

Para llegar a ese punto se había recorrido un largo camino. Puede que Putin no tuviera mucha suerte a la hora de reclutar a estudiantes de Sudamérica. Pero ahora —tres décadas después— finalmente iba a conocer a alguien cuyo talento había sabido detectar ya por entonces el KGB: el presidente Trump.

9

Servidumbre

Verano de 2017
Hamburgo-Washington

> Los líderes rusos no han interferido en estas eleccio-
> nes. [El presidente Trump] acepta estas declaraciones.
>
> Sᴇʀɢᴜᴇ́ɪ Lᴀᴠʀᴏᴠ,
> en la cumbre del G-20 en Hamburgo

Aquello parecía una zona de guerra. Humo, ruido de cristales rotos,
vehículos incendiados, sirenas… Una siniestra procesión de hombres
enmascarados, vestidos completamente de negro, cruzando la ciudad
con un propósito malévolo. ¿Gaza? ¿Alepo? ¿Mosul? ¿Un desfile de
combatientes del Dáesh? ¿O un estudio lleno de efectos especiales
construido para una película fantástica de Hollywood en la que la
raza humana se enfrentaba a algún mítico monstruo de fuego?

Nada de todo eso. Aquellas apocalípticas escenas se producían
en Hamburgo, una de las ciudades más civilizadas del norte de Alemania. Los hombres de negro eran manifestantes de izquierdas de
una facción autónoma radical, que utilizaban una técnica de manifestación conocida como Schwarze Block, o «Bloque Negro». Y
la razón de su protesta era la llegada a Hamburgo del capitalismo
global; o, al menos, de sus representantes políticos más conocidos.

La cumbre del G-20 ni siquiera había empezado oficialmente,
pero el Bloque Negro funcionaba ya a pleno rendimiento. Mientras

la mayoría de los residentes del distrito de Altona estaban desayunando, los activistas ya sembraban el caos. Se desplazaron a Elbchaussee, una sinuosa calle de chalets burgueses con vistas al río Elba y al puerto de Hamburgo, y empezaron a romper cosas.

La destrucción era metódica y eficiente. Un manifestante rompía la ventana de un coche; segundos después, otro le prendía fuego. Figuras sombrías volcaban las mesas de las terrazas de los cafés, arrastraban macetas dentro de las zonas comerciales peatonales y dibujaban grafitis en las paredes. Luego el grupo seguía su camino como un itinerante ejército de hormigas.

Un vídeo realizado desde un balcón mostraba a los manifestantes avanzando hacia un símbolo azul y amarillo de la hegemonía capitalista: Ikea. Tras ellos, el aire se llenaba de una densa humareda gris. Algunos de sus objetivos parecían claramente anodinos; por ejemplo, los coches aparcados delante de una residencia de ancianos y una farmacia local.

Uno no podía menos que sentir una pizca de compasión por Angela Merkel, la anfitriona de esta reunión del G-20. Se estaban realizando docenas de manifestaciones contrarias a dicho grupo, una de las cuales se congregaba —apropiadamente— bajo el lema «Bienvenidos al infierno». Asistían al encuentro algunas de las personas a las que menos apreciaban: Trump, Putin, y el presidente turco, Recep Tayyip Erdoğan; además de otras figuras más comprensivas como el presidente francés, Emmanuel Macron, y el de Canadá, Justin Trudeau.

Los funcionarios alemanes llevaban un año preparando la agenda, que abarcaba temas diversos como el comercio, la migración, el cambio climático, o un convenio para incentivar la inversión privada en África. Era una oportunidad para que los líderes mundiales superaran sus diferencias e hicieran causa común.

Sin embargo, a los cinco mil periodistas acreditados presentes en el evento, que había de prolongarse durante dos días, les preocupaba sobre todo una cuestión: ¿Cómo se llevaría Trump con Putin?

Resultó que la mar de bien. Ambos coincidieron en una reunión de la cumbre celebrada aquella mañana y en unas conversaciones bilaterales por la tarde. Este segundo encuentro coincidió con una sesión plenaria sobre el cambio climático. La coincidencia de agenda parecía deliberada, y los medios de comunicación alemanes sugirieron que Trump y Putin se habían «escabullido» de la sesión después de que Trump abandonara el Acuerdo de París.

El estadounidense y el ruso se sentaron juntos en sendos sillones de piel de color blanco. Previamente había habido llamadas telefónicas, tres en concreto, y algunas lisonjas a larga distancia, tanto de Trump a Putin como de Putin a Trump. Ahora, por fin, iban a encontrarse cara a cara. Ante las cámaras, Trump dijo que era un «honor» conocer al presidente ruso, y añadió que esperaba con impaciencia que pasaran «muchas cosas muy positivas para Rusia, para Estados Unidos y para todas las partes afectadas».

Putin permaneció sentado sin inmutarse. Esperaba. Entonces llegó el momento. Trump le tendió la mano. Putin se detuvo durante una fracción de segundo, sujetándose la mano derecha con la izquierda. Luego estrechó la palma tendida de Trump.

La foto resultante seguramente fue la que pretendía Putin, y los medios de comunicación estatales rusos la adoptaron jubilosos. En ella, el presidente estadounidense aparecía saludando con la mano extendida, como un peticionario, un subalterno, buscando la aprobación del estadista más preeminente del mundo. Putin, a su vez, miraba a Trump fríamente a los ojos. En opinión de Moscú, ahí estaba el líder de Rusia dominando de nuevo la escena internacional.

Putin hizo algunos comentarios en ruso acerca de cómo una reunión personal era mejor que una llamada telefónica. Hizo un gesto a las cámaras de televisión y a los periodistas levantando el pulgar derecho, y luego le susurró a Trump, en lo que parecía un gesto de solidaridad:

—¿Son estos los que le insultaron?

Fue una reunión distendida. El restringido formato de discusión satisfacía perfectamente a Moscú. En las conversaciones participaban Putin, Trump y solo otras dos primeras figuras, Lavrov, y el secretario de Estado estadounidense Rex Tillerson.

Puede que Putin no conociera a Trump hasta entonces, pero hacía ya mucho que conocía a Tillerson. En 2013, el presidente ruso colgó una prestigiosa medalla estatal en el pecho del empresario del petróleo, la Orden de la Amistad. Tillerson calificaba su relación con Putin de «estupenda». Esta se remontaba casi dos décadas: se conocieron en 1999, cuando Tillerson, por entonces un directivo en Exxon Mobil, quería explotar un yacimiento petrolífero en la Isla de Sajalín.

Tillerson triunfó donde otros extranjeros habían fracasado, llegando a un acuerdo con Rosneft y Sechin. Rosneft se quedaba una participación mayoritaria en lo que se convertiría en el proyecto Sajalín-1. La colaboración de Tillerson con Sechin —que le habló de su deseo de conducir motocicletas en Estados Unidos— se prolongó cuando, en 2006, Tillerson se convirtió en el jefe de Exxon Mobil, y desembocaría en un nuevo acuerdo, en 2012, para desarrollar conjuntamente el Ártico ruso.

De todos los presidentes de empresa estadounidenses, Tillerson era el que tenía mejores contactos en las altas esferas rusas. Cuando el estadounidense recibió su medalla del Kremlin, Sechin estaba a su lado. Luego, Putin, Sechin y Tillerson lo celebraron con champán.

¿Acaso fue esto —antes que la pasión de Tillerson por la diplomacia— lo que llevó a Trump a nombrarlo inesperadamente secretario de Estado?

El asesor de seguridad nacional de Trump, H.R. McMaster —un general en activo con una actitud escéptica con respecto a Rusia, nombrado tras la marcha de Flynn—, no estuvo presente en la reunión bilateral de Hamburgo. También se excluyó a Fiona Hill, la principal asesora presidencial en asuntos rusos. Hill es una académica de carrera y experta en Rusia con un doctorado en Harvard. Anteriormente, siendo directora del Instituto Brookings, fue coautora de un libro titulado *Mr. Putin: Operative in the Kremlin*; en 2014 publicó una edición actualizada después de que Rusia invadiera Crimea.

Podría afirmarse con certeza que Trump no lo había leído.

Con sus principales asesores o sin ellos, era el momento de que Trump dejara claros los intereses estadounidenses, a saber: que el hackeo electoral realizado por el Kremlin equivalía a una imprudente injerencia, y que cualquier intento por parte de Moscú de hacer lo mismo en 2018 o 2020 supondría una rigurosa respuesta estadounidense, en forma de más sanciones, prohibición de viajar, e incluso una reducción del acceso de Rusia al sistema de pagos bancarios SWIFT.

Putin interpretaría cualquier respuesta menos contundente como una debilidad de Estados Unidos y, en la práctica, como luz verde para que sus agentes operativos se metieran de nuevo en los asuntos de Washington. Todo ello, obviamente, realizado bajo la misma cobertura de negación creíble: no había habido ningún hackeo *oficial*, el *gobierno* no estaba involucrado, etcétera.

Aparentemente, Trump no dijo nada de eso. La charla se prolongó durante dos horas y dieciséis minutos. Según explicó Tillerson, en un momento dado entró Melania, interrumpiendo la conversación, para volver a salir en seguida. El tiempo que emplearon quedó bastante por debajo del máximo del que disponían. Cualquier clase de registro de lo que hablaron habría resultado esclarecedor, pero no hubo ninguno.

Tillerson proclamó después que las conversaciones habían sido un éxito, añadiendo que había habido «una química positiva muy clara» entre los dos líderes. Dijo que la Casa Blanca había exigido a Moscú un compromiso de que en el futuro no interferiría en la política estadounidense. Pero —aclaró— ninguna de las dos partes había visto mucho sentido en «volver a litigar» sobre el pasado.

Tillerson explicó que había resultados positivos, entre los que se incluían un alto el fuego en el suroeste de Siria; y un nuevo grupo de trabajo ruso-estadounidense… nada menos que para la prevención de la ciberdelincuencia. Este segundo anuncio incendió Twitter: Trump había acordado cooperar con el Kremlin para prevenir el hackeo electoral y formar un «impenetrable» equipo conjunto (el plan, que venía a ser como invitar al ladrón que te ha robado a hablar de la seguridad de tu casa, no tardó en abandonarse).

Lavrov fue el encargado de dar la versión rusa de lo ocurrido. Según este, Putin le dijo a Trump que el Kremlin no había interferido y no tenía nada que ver con el hackeo ni con los «extraños» incidentes ocurridos poco antes de los comicios estadounidenses. Trump «aceptó» su declaración, añadió Lavrov; el verbo utilizado en ruso —*prinimat*— suena contundente.

Si el informe de Lavrov era exacto, significaba que Trump había optado por creer a Putin antes que a la propia inteligencia estadounidense. Durante meses, Trump se había mostrado equívoco con respecto a la implicación de Moscú. Veinticuatro horas antes, en una visita a Polonia, había dicho: «Creo que fue Rusia», pero añadió que «en realidad nadie lo sabe» y que «probablemente fueran otras personas o países».

Ahora daba por concluida la Gran Mentira de Putin.

Fuera de la zona de seguridad del G-20 había escenas caóticas. La policía de Hamburgo estaba desbordada. La cumbre se celebraba junto al distrito de Schanzenviertel, un bastión tradicional de activismo y disensión izquierdista, donde siempre era probable que hubiera protestas. Algunos de los residentes consideraban que las tácticas de mano dura de la policía no hacían sino empeorar la situación.

El ayuntamiento de Hamburgo, de filiación socialdemócrata, se enfrentaba a un periodo problemático: habría de afrontar las críticas —por parte de los propietarios de los coches incendiados y las tiendas destrozadas— de que había gestionado mal las cosas. Por su parte, los manifestantes habían conseguido provocar el rechazo de los residentes de izquierdas, que de otro modo podrían haber simpatizado con su actitud frente al neoliberalismo.

Uno de los problemas de la ciudad había sido encontrar alojamiento para los jefes de estado. El Senado de Hamburgo alojó a Trump en una villa neoclásica del siglo XIX situada entre el río Alster y una laguna llamada Feenteich. Si Trump se hubiera subido a un bote y hubiera cruzado remando la laguna, habría recibido una calurosa acogida: al otro lado se hallaba el consulado ruso.

El corresponsal del *Guardian* en Berlín, Philip Oltermann, intentó hacer una visita a la transitoria residencia presidencial, pero se encontró el camino bloqueado. Entonces tropezó con un anciano que iba en bicicleta y que se había detenido junto a una barricada de seguridad. Mirando hacia el puerto de la ciudad, salpicado de columnas de humo negro y con un helicóptero patrullando sobre el puerto, el hombre comentó:

—Esto debe de ser el fin del mundo, ¿no?

En vísperas de la cumbre, la policía antidisturbios había interceptado a un grupo de manifestantes decididos a marchar hasta la entrada del G-20. Las autoridades disolvieron la manifestación cerca del mercado del pescado de Hamburgo utilizando un cañón de agua, cargas con porras y gas pimienta. El viernes 7 de julio, por la tarde, los manifestantes se reagruparon y trataron de dirigirse a otro punto de la ciudad: la Elbphilharmonie; la Filarmónica del Elba.

La sala de conciertos, un edificio de techo ondulante situado en la orilla norte del Elba, también albergaba a participantes y delegados de la reunión del G-20. El programa incluía un concierto de gala y una cena. Putin y Trump estaban invitados, al igual que Ivanka Trump y Jared Kushner, que habían viajado a Alemania formando parte de la delegación oficial estadounidense.

Oltermann presenció aquella surrealista ocasión:

> Era como algo sacado de una película distópica de ciencia ficción. Tenías a la gente más poderosa del mundo comiendo canapés en una torre de marfil y escuchando a Beethoven. Y luego, fuera, veías a miles de anarquistas, cubiertos de sangre, luchando contra la policía.

Observó cómo Greenpeace intentaba llegar a la sala de conciertos en lanchas motoras. Les cerraron el paso. Entonces unos veinte activistas se lanzaron al agua y empezaron a nadar frenéticamente hacia allí; pero la policía los sacó. Uno de los manifestantes logró romper la ventana del coche de uno de los delegados estadounidenses. Oltermann comparaba lo que presenció con una visión a la vez infernal y acuática propia de los cuadros del Bosco, el célebre pintor medieval. «Parecía el Fin de los Tiempos», observó.

Dentro de la sala, sin que lo vieran los de fuera, estaba ocurriendo algo extraño.

Durante el concierto, los Trump se sentaron junto a los Macron. En la cena los cónyuges se separaron: a Melania la sentaron al lado de Putin; y a Trump, junto a Juliana Awada, la esposa del presidente de Argentina. En un momento dado Trump se levantó, luego volvió a sentarse, pero esta vez junto a Putin. Durante la hora siguiente, Trump y Putin se enfrascaron en una animada conversación. Solo había otra persona con ellos: el intérprete personal de Putin.

El contenido de su conversación era un misterio. Trump dejó a su propio intérprete, violando el protocolo de seguridad nacional. Los líderes del G-20 observaban asombrados. En esta clase de eventos, levantarse y moverse de un lado a otro era algo normal; pero el presidente estadounidense, que se había saltado la mayoría de las sesiones plenarias, solo parecía querer hablar con una persona.

La Casa Blanca guardó silencio sobre la reunión. Su contenido solo se reveló después de que dos personas que estaban allí se lo soplaran a Ian Bremmer, el presidente de Eurasia Group.

Bremmer explicaba que sus informadores se quedaron «sobrecogidos» por lo que presenciaron. «Está muy claro que la mejor relación de Trump en el G-20 es con Putin. Los aliados de Estados Unidos se sentían sorprendidos, desconcertados y desanimados —aseguraba—. Ahí está Trump en la sala con todos esos aliados, ¿y a quién es al único al que dedica tiempo?»

Trump desdeñó las acusaciones de que trataba de ocultar el contenido de la charla tildándolas de «ridículas». Y declaró al *New York Times* que la comida «se acercaba al postre» cuando decidió saludar a Melania y sentarse con Putin: «No fue una conversación larga; duró, ya sabe, puede que fueran quince minutos. Solo charlamos de algunas cosas».

Esas cosas —aclaró Trump— incluían las «adopciones», es decir, las sanciones; de manera asombrosa, el mismo tema del que se había hablado en la reunión a puerta cerrada mantenida entre Donald Trump hijo, Veselnitskaya y un antiguo espía ruso. Putin quería que desaparecieran. Pero seguían en pie.

Y si Trump no las levantaba, ¿cómo podía reaccionar Putin?

Esas preguntas no tenían respuesta, sobre todo porque no había ningún registro gubernamental de aquella conversación privada. Los críticos de Trump se olían una conspiración. El columnista

David Frum tuiteó que el presidente tenía cosas que decirle a Putin que «no quiere literalmente que oiga nadie del gobierno estadounidense, especialmente su propio equipo de Seguridad Nacional». Garri Kaspárov afirmó que Trump rendía cuentas a su «contacto del KGB».

Tales aseveraciones resultaban imposibles de verificar. Pero durante sus seis meses de presidencia, el comportamiento extrañamente deferente de Trump hacia Putin —su singular renuencia a criticarle, su ilimitada predisposición a contemporizar, su deseo de pasar tiempo con él— resultaba evidente para todo el mundo.

Parecía como si entre ellos hubiera una especie de relación de servidumbre.

Uno de los objetivos largamente anhelados del KGB —tal como expresaba un memorando secreto— era «agravar las disensiones» entre Estados Unidos y Europa occidental. Como mostraban las instrucciones de Kriuchkov, Moscú quería «ahondar la división» en el seno de la OTAN y distanciar a Estados Unidos de sus aliados.

Hasta la elección de Trump, esta estrategia no había funcionado en absoluto. Así, por ejemplo, la Unión Europea y la administración Obama habían coordinado su respuesta a la agresión de Rusia a Ucrania. Había diferencias, es cierto; pero la relación trasatlántica de la posguerra era sólida.

Dicha relación se basaba en una serie de valores, aunque estos no siempre se reflejaban en la práctica. Entre ellos se incluían las instituciones internacionales, la OTAN y su pacto de defensa mutua, el imperio de la ley a escala global, los derechos humanos y unas convenciones básicas.

Ahora la Alianza Atlántica tenía problemas. Por primera vez en más de setenta años, los estados europeos empezaban a plantearse una pregunta que hasta poco antes habría parecido ridícula. Era esta: ¿realmente podía considerarse que la administración estadounidense liderada por Trump era un aliado?

Esta duda se basaba en varios elementos. Para empezar, Trump parecía preferir la compañía de autócratas —Putin, los saudíes— a la de sus homólogos democráticamente elegidos. En segundo término, estaban los ignorantes comentarios del presidente en Twitter, en los que solía criticar a los europeos, y en particular a los alemanes. Eso no significaba que la Alianza Atlántica hubiera muerto. Mike Hayden, el antiguo director de la CIA, observaba que dicha asociación tenía unas raíces históricas tan fuertes que lograría sobrevivir pese a los duros «golpes» de Trump.

Pero se había abierto una grieta, cuya envergadura se puso de manifiesto antes de la cumbre de Hamburgo, cuando Trump hizo su primer viaje a Europa como presidente. Como ejercicio de alcance diplomático, el viaje de mayo fue un desastre. En Bruselas, el presidente inauguró un monumento conmemorativo del 11-S, la única ocasión en la que se había invocado el artículo 5 del pacto de la OTAN, el principio de defensa colectiva. Sin embargo, en su discurso no hizo mención alguna al compromiso de Estados Unidos en ese sentido.

Lejos de ello, el presidente estadounidense utilizó su discurso para recriminar a otros países por «no contribuir como deberían» al presupuesto de la OTAN, añadiendo que debían «ingentes cantidades» de dinero (lo cual no era cierto, ya que las pautas de pagos a la OTAN las establece cada país a nivel nacional).

En el caso de Duško Marković, el primer ministro de Montenegro, esta bravata de baja intensidad fue un poco más allá: cuando los líderes de la OTAN se disponían a posar para una foto conjunta en una de las cumbres de la organización, Trump apartó a Marković para abrirse paso. Probablemente Trump no tenía ni idea de quién era Marković; pero si Putin hubiera podido elegir a cuál de todos aquellos hombres de traje apartar de un empujón, seguramente habría optado por el primer ministro montenegrino.

Para intenso disgusto de Moscú, Montenegro había decidido unirse a la OTAN. Rusia considera los Balcanes su zona de influencia. Según varios funcionarios montenegrinos, la inteligencia rusa había intentado recientemente orquestar un golpe en la capital, Podgorica, con miras a frenar la incorporación del país a la Alianza Atlántica. El complot —en el que presuntamente estaba implicado un agente del GRU— fracasó.

También hubo gestos teatrales durante la primera reunión de Trump con Macron, en la que se pudo presenciar una prolongada competición por ver quién estrechaba la mano con más fuerza, y en la que aparentemente no hubo vencedor. Luego se celebró una reunión con los líderes ejecutivos de la Unión Europea, en la que Trump se quejó del superávit comercial de Alemania con Estados Unidos.

«Los alemanes son malos, muy malos», comentó Trump, según declaró uno de los participantes a *Der Spiegel*. Y añadió el presidente estadounidense: «Vean los millones de coches que venden a Estados Unidos. Terrible. Vamos a pararlo».

El comportamiento de Trump en la cumbre del G-7, celebrada en Italia aquella misma semana, apenas representó una mejora desde la perspectiva europea. El encuentro, que tuvo lugar en la ciudad siciliana de Taormina, terminó sin que hubiera acuerdo en torno al cambio climático, ya que hubo seis países que chocaron contra la postura del séptimo: el de Trump.

Luego estaba la actitud distante del presidente. Todos los líderes caminaron juntos unos seiscientos cincuenta metros hasta la plaza mayor de la ciudad, situada en una colina; menos Trump, que se subió a un carrito de golf.

No tiene nada de asombroso, pues, que en el discurso que marcó el inicio de su candidatura a la reelección como canciller, Merkel señalara que ahora la Unión Europea estaba sola: ya no podía confiar en Estados Unidos ni en la Gran Bretaña posterior al Brexit. Merkel dio a entender que había llegado a esa conclusión tras sus recientes roces con Trump. «Lo he experimentado en estos últimos días. Los europeos sin duda hemos de asumir nuestro destino por nosotros mismos», declaró en Munich. Trump era impopular en Alemania. Para Merkel, distanciarse de su administración tenía sentido desde una perspectiva electoral.

La opinión negativa que Merkel tenía de Trump podía explicarse por otros factores. En 2016, el BND, la agencia de inteligencia extranjera del gobierno alemán, proporcionó a la administración Obama material relativo a diversos contactos entre el equipo de Trump y los rusos. La agencia, que respondía directamente ante la oficina de Merkel, tenía información interna sobre las transacciones comerciales de Trump, muchas de ellas realizadas a través de bancos alemanes.

Un antiguo director del Consejo de Seguridad Nacional estadounidense especulaba: «Merkel sabe lo malo que es Trump. [Sus agencias] le han informado».

El exdirector decía que, tratándose de alguien que había crecido en la Alemania Oriental comunista, Merkel —que era hija de un pastor luterano, durante un tiempo se había dedicado a la investigación científica, hablaba el ruso con fluidez y había visitado la Moscú soviética— tenía poca tolerancia ante la mentira. «Ya había pasado por eso. Es casi calvinista», comentó el antiguo funcionario.

Aparte de las interferencias, y de los groseros hábitos de Trump, había diferencias sustanciales en materia de política exterior; la mayoría de ellas en lo referente a Rusia.

Era evidente que Trump había decidido creerse las palabras tranquilizadoras de Putin sobre la no implicación de Rusia en la operación de hackeo. Pero los europeos estaban mejor informados. La injerencia del Kremlin en las elecciones estadounidenses no era más que la última manifestación de un intento deliberado de distorsionar la democracia, que a menudo implicaba la realización de ciberataques. Esta tentativa llevaba ya algún tiempo afectando a toda Europa.

En 2007, Moscú organizó su primer gran ataque externo online contra Estonia. Desde entonces, presuntamente había habido equipos de hackers rusos tratando de atentar contra diversas instituciones de la Unión Europea y, en 2015, contra el Parlamento alemán. Como ocurriría más tarde en el hackeo del Comité Nacional Demócrata, el objetivo aparente era recabar datos con vistas a influir en las elecciones alemanas. Y perjudicar a Merkel, la líder más poderosa de Europa y defensora de las sanciones relativas a Crimea.

Los hackers rusos también lanzaron ataques contra Francia. En abril de 2015 interceptaron las emisiones de la cadena de televisión TV5 Monde, logrando interrumpir la programación durante tres horas. Según la agencia de ciberseguridad del gobierno francés, pertenecían al mismo grupo al que más tarde la inteligencia estadounidense bautizaría como «Oso Caprichoso». El ataque solo fue una maniobra de calentamiento. En vísperas de las elecciones generales francesas de 2017, los hackers descargaron decenas de miles de correos electrónicos y otros documentos de los sistemas del partido político de Macron, En Marche!

La violación se produjo demasiado tarde para alterar el resultado electoral. Pero el método empleado —un ciberataque anónimo, el material vinculado por WikiLeaks— recuerda al hackeo del Comité Nacional Demócrata estadounidense.

Como advirtieron los responsables del espionaje de la Unión Europea, los ciberataques formaban parte de una estrategia rusa de naturaleza híbrida. Otro elemento de esta última consistía en respaldar a partidos de extrema izquierda y de extrema derecha en todo el continente europeo. Dicho respaldo podía ser tanto político como financiero. En la época soviética, Moscú había ayudado y patrocinado a partidos comunistas y sociedades de amistad occidentales; ahora cultivaba una red de «poder blando» de grupos nacionalistas radicales opuestos a la Unión Europea y favorables a Putin.

Una de las beneficiarias de esta estrategia fue Marine Le Pen, cuyo Frente Nacional —de extrema derecha— recibió un préstamo de 9,4 millones de euros de un banco ruso. Le Pen respaldó la candidatura de Trump a la Casa Blanca y, a cambio, obtuvo un apoyo implícito cuando este la describió, al iniciarse la campaña electoral para la presidencia francesa, como la candidata «más fuerte» en materia de fronteras y de terrorismo. En enero, Le Pen visitó la Torre Trump (al parecer, sin que se reuniera con él) y en marzo mantuvo conversaciones con Putin en el Kremlin.

Los europeos miraban a Putin con escepticismo y desasosiego.

En cambio, Trump aparentemente consideraba a Moscú su más estrecho aliado en el G-20. Pero si Putin hacía algo que perjudicaba y atentaba directamente contra los intereses estadounidenses, seguramente Trump se lo reprocharía. ¿O no?

El edificio Harry S. Truman, situado en el barrio washingtoniano de Foggy Bottom y sede del Departamento de Estado, es una muestra de arquitectura monumental. Sus blancas líneas clásicas irradian calma y austero esplendor. En los años posteriores a la Segunda Guerra Mundial, el Departamento de Estado era el ministerio de exteriores más importante del planeta. Su «poder blando» era enorme.

Los funcionarios del Departamento de Estado se caracterizaban por su total entrega. En 2010 se filtraron una serie de cables diplomáticos enviados por misiones estadounidenses de todo el mundo, creando una situación embarazosa para la entonces secretaria de Estado, Hillary Clinton. Paradójicamente, aquellos informes elaborados sobre el terreno vinieron a acrecentar la reputación de su departamento. En conjunto, ofrecían una serie de evaluaciones sinceras, y a veces poco halagüeñas, de los líderes mundiales; análisis, muchos de ellos de gran calidad, y algún que otro chismorreo divertido. Algunos de ellos incluso se redactaron con cierto estilo literario.

Siete años después, el Departamento de Estado —en palabras de una persona introducida en los círculos de Washington— estaba «siendo destripado». Los altos cargos que requerían la confirmación del Senado no se cubrían, la administración Trump proponía un recorte del 32 por ciento del presupuesto, y alrededor de una tercera parte de los puestos diplomáticos estaban vacantes. Escandinavia era un agujero negro: no había jefe de misión en Oslo, ni en Estocolmo, ni en Helsinki. Ni, para el caso, en Berlín, Bruselas o Canberra.

Se despedía a diplomáticos veteranos después de largas carreras, y se reducía el número de subsecretarios adjuntos.

Una explicación de todo esto era la nueva dirección. Tillerson era un personaje distante e inescrutable que hacía pocos esfuerzos —por no decir ninguno— para comunicarse con sus setenta y cinco mil empleados. Durante los primeros meses de la administración Trump, Tillerson estuvo prácticamente desaparecido. Corría el rumor de que tenía profundas discrepancias con su jefe y su autoridad se veía constantemente socavada por la Casa Blanca, situada a solo unas manzanas de distancia.

Ello se puso especialmente de manifiesto a raíz de los desgraciados acontecimientos ocurridos aquel verano en Charlottesville, Virginia, donde una persona resultó muerta y varias más heridas cuando un presunto supremacista blanco lanzó su automóvil contra un grupo de activistas que protestaban contra una concentración neonazi. La respuesta de Trump fue condenar la violencia de «muchos bandos». El presidente aseguró que entre los asistentes a la concentración de extrema derecha había muchas «buenas personas». Obviamente, sus simpatías estaban con los supremacistas blancos, algunos de los cuales habían desfilado por Charlottesville agitando antorchas y gritando: «Los judíos no nos reemplazarán».

En una entrevista emitida en la Fox, le preguntaron a Tillerson si los comentarios de Trump le dificultaban la tarea de representar a su país en el extranjero. ¿Los valores de Trump eran los valores de Estados Unidos? La contundente respuesta de Tillerson fue: «El presidente habla en su propio nombre».

Había asimismo un problema fundamental: ¿cuál era la misión del Departamento de Estado en la era Trump? ¿Defender los principios estadounidenses en el extranjero? ¿O limitarse simplemente a preocuparse de los malos (terroristas, islamistas radicales…) y de China? ¿Y también cultivar relaciones cordiales con reinos autoritarios donde Trump tenía hoteles y complejos de golf que llevaban su marca? ¿Era Trump un aislacionista apegado al «Estados Unidos primero», o un intervencionista?

Como candidato, Trump había desdeñado el internacionalismo, justificado el uso de la tortura y declarado que el cambio climático era «un engaño». Su cosmovisión, si es que podía llamarse así, resultaba descaradamente introvertida.

Ese credo «proteccionista» parecía ir en serio; al menos hasta agosto. En un importante discurso, Trump anunció que incrementaba el número de tropas estadounidenses desplegadas en Afganistán, afirmando que ya no le interesaba la construcción nacional. Aun así, la nueva estrategia de Trump se parecía extraordinariamente a la de Obama; representaba una derrota para la ideología que abanderaba Breitbart News, y una victoria para los generales de Trump, además de las agencias de inteligencia estadounidenses, todos ellos firmes partidarios de que Estados Unidos hiciera uso de la fuerza en el extranjero.

Quienes simpatizaban con el Departamento de Estado observaron el giro presidencial con perplejidad y consternación. En un artículo publicado en el *Times*, Roger Cohen calificaba la determinación de Trump de cercenar el Departamento de Estado como «un extraño acto de autoamputación nacional». Cohen ofrecía varias razones que explicaban su desmembramiento. Entre ellas, la afición del presidente a los líderes militares, el plan de Steve Bannon de «deconstruir» el estado administrativo, y la venganza contra una burocracia que antaño fue la de Hillary. Parecía que los infortunios del Departamento de Estado ya no podían empeorar.

Pero lo hicieron.

Según el periodista de investigación Michael Isikoff, en sus primeras semanas la administración Trump había intentado «normalizar» las relaciones con Rusia. Los funcionarios de la Casa Blanca le habían pedido al personal del Departamento de Estado que elaboraran un plan para devolver a Moscú los complejos diplomáticos clausurados por Obama, y un paquete de medidas unilaterales que descartara las sanciones impuestas a raíz de la operación de hackeo. El objetivo era un «gran acuerdo» con el Kremlin. No estaba claro qué era lo que Rusia tendría que ofrecer a cambio, si es que había algo.

El plan chocó con la oposición inmediata del Capitolio, y fue abandonado tras la dimisión de Flynn. De hecho, el Congreso se movía justamente en dirección contraria. Dos semanas después de la cumbre del G-20, aprobó un exhaustivo paquete de nuevas sanciones diseñado para censurar a Rusia por su injerencia en Estados Unidos y en Ucrania. El proyecto de ley fue aprobado en la Cámara de Representantes por 419 votos a favor y 3 en contra; y en el Senado por 98 votos a favor y 2 en contra. Eso dejaba a Trump sin apenas otra opción que firmar la ley.

Y fue lo que hizo, a regañadientes. Al mismo tiempo, hizo saber a Moscú que él consideraba que aquella ley era «seriamente defectuosa» y menoscababa su derecho ejecutivo como presidente a decidir la política exterior. En suma, que no le gustaba nada.

El Kremlin reaccionó con frialdad glacial. El Ministerio de Exteriores declaró que clausuraba la dacha de la embajada estadounidense, de la que iba a disponer en diciembre, y rescindía el acceso al espacio de almacenamiento. Además, reducía el número de diplomáticos y personal de apoyo en las misiones estadounidenses en Rusia; no en treinta y cinco, como hiciera Obama, sino en setecientos setenta y cinco. Eso —aseguró el ministerio— haría que las cifras del personal estadounidense en Rusia se correspondieran con las del personal ruso en Estados Unidos.

Los funcionarios rusos trataron de absolver a Trump de toda culpa por aquella «contramedida», retratando al presidente estadounidense como una víctima; concretamente, de una estratagema del «estado profundo» instigada por los medios especializados en noticias falsas para evitar la normalización de las relaciones. Como diría Dmitri Medvédev en Twitter:

> El poder establecido estadounidense ha burlado por completo a Trump. El presidente no está contento con las sanciones, pero no ha podido dejar de firmar el proyecto de ley.

Pero por mucho que los medios rusos pudieran maquillarlas, las expulsiones representaban una medida hostil y provocadora. Dañaban la capacidad de Estados Unidos de llevar a cabo sus actividades diplomáticas y, en un nivel más básico, de proporcionar visados a ciudadanos rusos normales y corrientes que querían viajar a Estados Unidos. La reacción de Trump, pues, debería haber sido obvia: protestar, lamentar y condenar.

Lejos de ello, cuando le preguntaron por las expulsiones, el presidente dijo:

> Quiero darle las gracias [a Putin], porque estamos intentando reducir plantilla, y por lo que a mí respecta le estoy muy agradecido por haber echado a un gran número de personas, ya que ahora tenemos una plantilla más reducida. No hay ninguna razón real para que vuelvan. Aprecio enormemente el hecho de que hayamos podido reducir la plantilla de Estados Unidos. Vamos a ahorrar mucho dinero.

Aun teniendo en cuenta el tono habitual de Trump, sus comentarios fueron una auténtica sorpresa. Estaba *dándole las gracias* a

Putin; expresando su gratitud al presidente ruso por haberse cargado la carrera de unos diplomáticos leales a su país y haber dado al traste con las de los funcionarios que se preparaban para ocupar un cargo en Moscú.

Los comentarios del presidente —que hizo desde su campo de golf de Bedminster, New Jersey— ni siquiera tenían una base real, ya que el personal del servicio diplomático expulsado de Moscú seguiría en la nómina del gobierno federal y trabajando en otros puestos. Los empleados del Departamento de Estado se sintieron a la vez consternados y airados ante la incapacidad de Trump de defenderles y el patético silencio de Tillerson.

Al día siguiente, Trump dijo que sus comentarios habían pretendido ser sarcásticos. Pero no hizo ninguna crítica a Putin.

Cuando se trataba de Trump y Putin, siempre había alguien más fuerte y alguien más débil. Putin sabía plenamente en qué medida Trump y su entorno habían —o no habían— colaborado con Moscú. Y eso daba ventaja al Kremlin.

El método habitual de Putin en tales circunstancias era explotar la situación en beneficio propio. Podía aumentar la presión sobre Trump, o aflojarla. En cualquier caso, el presidente estadounidense estaba indefenso.

En el verano de 2017 se desarrollaban dos procesos paralelos en Washington. Ambos tenían sentidos contrapuestos.

Uno tenía que ver con el descubrimiento: encontrar pistas, levantar piedras, seguir evidencias… El otro, con la ocultación: borrar huellas, hacer declaraciones falsas o engañosas, y encubrir cosas en general.

El segundo proceso —el de ocultación— corría a cargo, de manera tan errática como impulsiva, del propio presidente estadounidense. El primero, del más peligroso adversario de Trump; no el Congreso, ni el Partido Demócrata, sino Bob Mueller, cuya investigación sobre la presunta colusión entre la organización de la campaña de Trump y Rusia cobraba cada vez más fuerza y velocidad.

La cumbre de Hamburgo tuvo un último capítulo. El *New York*

Times descubrió el encuentro con Veselnitskaya en el que habían participado Trump hijo, Kushner y Manafort. Y quiso saber si la Casa Blanca quería hacer algún comentario al respecto. Según el *Washington Post*, Kushner e Ivanka mantuvieron conversaciones con sus abogados en las pausas de la reunión del G-20 a fin de trazar una estrategia para salir airosos.

En aquel momento no estaba claro cuánto sabía el *Times*. Una versión afirmaba que Trump hijo quería explicarlo todo; otra, que era contrario a hacerlo. Kushner estaba a favor de la transparencia, creyendo que sería mejor dar detalles y entregar los correos electrónicos relevantes a los medios. Su opinión era que tarde o temprano la historia saldría a la luz. Según informaba el *Post*, el equipo jurídico del presidente, dirigido por Marc Kasowitz, estaba de acuerdo, al igual que Josh Raffel, un portavoz de la Casa Blanca que colaboraba estrechamente con Kushner.

El consenso duró hasta que Trump subió a bordo del *Air Force One*. Sentando en una de las cabinas delanteras, y en ruta de Washington a Hamburgo, el presidente reescribió la declaración de su hijo a la prensa. El resultado fue una versión mínima de tan solo cuatro líneas. Así, Trump hijo declaró:

> Fue una breve reunión introductoria. Les pedí a Jared y a Paul que se pasaran. Hablamos sobre todo de un programa de adopción de niños rusos que hace años estaba en vigor y era popular entre las familias estadounidenses, y al que luego puso fin el gobierno ruso; pero en aquel momento no era una cuestión de campaña, y no hubo continuidad.

Eso era erróneo; en realidad, una mentira.

No se hacía mención alguna al hecho de que el Kremlin había medio prometido entregar material «delicado» sobre Clinton que podía ayudar a la campaña de Trump. En lugar de ello, el presidente pretendía que la reunión había tratado exclusivamente de adopciones; y que se había producido a instancias de un «conocido» anónimo.

Tal era, pues, el método del presidente: ocultar y confundir, aunque otros pensaran que era una mala estrategia. Trump parecía dar a entender que creía que él mismo era su mejor consejero y su mejor táctico. Pero en este caso las acciones de Trump resultarían ser contraproducentes. Como ocurriera con la destitución de Comey, parecía que el presidente trataba de entorpecer la acción de la justicia. O —si no era así—, al menos de echar tierra a los ojos de quienes le investigaran.

La investigación del fiscal especial se inició en mayo. La sede era un anodino despacho de Washington donde más de una docena de abogados, investigadores y personal de apoyo se afanaban en hacer su trabajo. Era el personal de Mueller. Según la CNN, el ambiente era similar al de un pequeño bufete de abogados, con agentes del FBI y fiscales examinando los diferentes aspectos de una investigación cuya envergadura iba en aumento.

Estaba la investigación principal sobre la presunta colusión y la posible obstrucción a la justicia desde dentro de la Casa Blanca. Y el papel de Manafort y Flynn, que inicialmente habían ocultado su actividad como agentes extranjeros.

Había pocos hechos contrastados. Como me dijo Scott Horton, profesor de la Facultad de Derecho de Columbia: «Mueller es famoso por ejercer un control extremadamente riguroso en lo referente a filtraciones». Su investigación se realizaba con el telón de fondo de «una increíble tormenta» en el seno del FBI, cuyo personal —me aseguró Horton— estaba furioso por la forma en que Trump había tratado a Comey, y donde reinaba una atmósfera de «hostilidad» sin precedentes hacia la Casa Blanca.

Puede que Mueller tuviera los labios sellados, pero el equipo que había elegido daba algunas pistas. Su investigación avanzaba de la manera clásica: siguiendo el dinero; en este caso, el flujo de dinero procedente de Rusia y Europa oriental. Una de las personas contratadas por Mueller era Andrew Weissmann, un fiscal federal de Nueva York conocido por investigar a las familias mafiosas de la ciudad con vínculos rusos. Mueller —que también había investigado a Enron— venía del Departamento de Justicia, donde dirigía la sección de fraude penal.

Otra de las personas reclutadas era Lisa Page, una abogada del Departamento de Justicia que había trabajado en Budapest, donde había investigado el crimen organizado ruso, en concreto a Semión

Moguilévich, el gángster que presuntamente se hallaba bajo la protección del FSB. Budapest era un punto importante para la actividad del FBI y también un centro neurálgico de la inteligencia rusa.

Otros nombres destacados incluían a Elizabeth Prelogar, una abogada que hablaba ruso con fluidez y que había estudiado en Rusia gracias a una beca Fulbright; Michael Dreebe, antiguo ayudante del procurador general, descrito en el blog Lawfare como «probablemente el mejor abogado de apelación penal de Estados Unidos»; y James Quarles, un veterano abogado que había trabajado como ayudante del fiscal durante la investigación del Watergate.

Era un equipo formidable. No tenía nada de asombroso, pues, que la Casa Blanca estuviera ansiosa por desacreditar a Mueller y enfangar al FBI.

Trump condenó la investigación tildándola de caza de brujas política. Señaló que podría considerar la posibilidad de despedir a Mueller, y atacó a Sessions. En una entrevista publicada en el *Times*, el presidente dijo que, de haber sabido que Sessions iba a recusarse a sí mismo en lo referente a Rusia —un acto que había llevado indirectamente a la investigación de Mueller—, nunca habría nombrado al primero fiscal general. Trump añadió que sus propios asuntos financieros eran irrelevantes para lo de Rusia, y marcaban una «línea roja».

Esa hostilidad pública no pareció desviar la atención de Mueller de su trabajo. Sin hacer ruido, este se trasladó a unas oficinas más seguras y mejor equipadas para manejar material secreto y clasificado. Mueller era un objetivo obvio del espionaje ruso y de posibles medidas técnicas de recopilación de información como la implantación de escuchas. Su equipo aumentó de tamaño: contaba ya con dieciséis abogados; la última incorporación fue la de Greg Andres, especialista en fraude y experto en sobornos de otros países.

A la hora de recabar información, Mueller disponía de diversos elementos en su caja de herramientas. Podía solicitar extraoficialmente documentos, emitir citaciones, o bien —el equivalente a un gran mazo— ordenar redadas en las propiedades de un sospechoso.

A finales de julio, un grupo de agentes del FBI se agruparon delante de un edificio residencial de aspecto anodino en Alexandria, Virginia. Era por la mañana temprano, y precisamente no acudían a una reunión: lejos de ello, docenas de agentes irrumpieron en uno de los pisos y se llevaron varios documentos.

El piso pertenecía a Paul Manafort. Más tarde, aquel mismo día —el 26 de julio—, estaba previsto que Manafort declarara ante la Comisión Judicial del Senado. El FBI se anticipó acudiendo a un juez y obteniendo una orden de registro; tenía que ofrecer pruebas de que presuntamente se había cometido un delito para persuadir a un juez de que sus acciones eran proporcionadas.

Para la Casa Blanca, la operación representó una contundente señal de alarma de que la indagación de Mueller iba en serio. Además, implicaba que los investigadores del FBI no confiaban plenamente en que Manafort les dijera todo lo que sabía.

No está claro qué fue lo que se llevó el FBI. Manafort ya había entregado trescientas páginas de documentos a varias comisiones del Congreso, incluidas las notas que había tomado en la reunión con Veselnitskaya en la Torre Trump. También se hizo un requerimiento similar a la Casa Blanca solicitando los registros de la reunión. Manafort negó que hubiera colusión, y declaró a través de su abogado que estaba colaborando con las fuerzas del orden.

Los investigadores también apuntaron a Flynn, pidiendo a la administración Trump que entregara material relativo al antiguo asesor de seguridad nacional del presidente. Según informó el *New York Times*, también se interrogó a varios testigos en relación con las actividades de Flynn como integrante de un grupo de presión. El foco de atención de Mueller era averiguar si el gobierno de Turquía estaba detrás de diversos pagos realizados a Flynn a través de un empresario turco.

Steele se negó a confirmar si Mueller se había puesto en contacto con él. Pero sería lógico que Mueller hubiera establecido un canal de comunicación con Steele en Londres. Y que este último ayudara cuanto pudiera en la investigación.

Cuando Mueller se hizo cargo del asunto utilizó un gran jurado de Virginia, establecido ya por su predecesor, para ejecutar sus requerimientos. Su siguiente paso fue convocar un nuevo gran jurado dedicado al caso en Washington, a unas manzanas de las oficinas donde trabajaba su equipo. Eso indicaba que Mueller tenía la intención de utilizar a dicho jurado para formular una serie de requerimientos exhaustivos de entrega de documentación.

Como señaló Julian Borger, del *Guardian*, aquel era un terreno inhóspito para el presidente. Los republicanos eran una especie amenazada en el distrito de Columbia, donde Trump había obtenido solo un 4 por ciento de los votos. Políticamente, aquella circunscripción representaba para él una pesadilla —a diferencia de Virginia, donde los republicanos gozaban de una posición más dominante— y un lugar del que podían emanar toda clase de escritos de acusación. Y donde podían celebrarse posibles juicios penales.

Todo esto resultaba una amenaza para Trump y su asediada presidencia. Corrían por Washington nuevos e incómodos rumores de que a Manafort o a Flynn, y posiblemente también a otros, los habían «girado», lo que significaba que habían aceptado cooperar con el FBI como testigos a cambio de una futura indulgencia.

No había ninguna prueba de ello. Y no estaba claro cuándo iba a informar Mueller o si las evidencias que estaba acumulando su equipo de forma tan concienzuda llevarían en algún momento a formular cargos penales. La gran pregunta —en palabras de un antiguo asesor de seguridad nacional— era si las «flechas [de Mueller] ensartarían al Equipo Naranja [la administración Trump]».

Pero el cerco jurídico parecía estrecharse. La administración Trump estaba implosionando libremente por propia iniciativa. Primero Flynn, luego Spicer y Priebus, después Bannon: a mediados de verano todos ellos habían sido despedidos y apartados.

Trump repitió la afirmación de que no tenía inversiones en Rusia, ni acuerdos comerciales, ni préstamos. Eso era formalmente cierto. Pero, como estaba descubriendo Mueller, había un importante flujo de dinero en sentido inverso: dinero ruso *que iba a parar* a negocios inmobiliarios de Trump y otras entidades relacionadas, y cuyo origen se remontaba varias décadas.

También estaba el asunto del oligarca que había comprado la antigua residencia del presidente en Florida. La compraventa le había reportado a Trump un beneficio de cincuenta millones de dólares. ¿Por qué un ruso habría de hacer tal cosa?

10

Desde Rusia con dinero

1984-2017
Perm-Florida-Mónaco-Chipre-Nueva York

> Los rusos representan una parte bastante despropor-
> cionada de la mayoría de nuestros activos. Se puede
> ver que hay un montón de dinero entrando a rauda-
> les desde Rusia.
>
> DONALD TRUMP HIJO, hablando en 2008
> en Moscú sobre la Organización Trump

Perm, 1984. Se iniciaba un nuevo curso en la Academia de Medicina. Los estudiantes hacían cola para matricularse. Uno de ellos era Dmitri Rybolóvlev, hijo de dos consumados médicos locales.

Rybolóvlev no pudo menos que observar a la muchacha que estaba justo detrás de él en la cola. Era rubia, de ojos azules, y —como no tardaría en descubrir— también muy inteligente, de hecho un genio de las matemáticas. Era hija de un ingeniero, y se llamaba Elena. Dmitri y Elena hicieron juntos las pruebas de admisión. Y más tarde volverían a coincidir en la misma clase de cardiología.

Su romance adolescente fue un flechazo. Durante los seis años siguientes hicieron juntos todos los exámenes. Elena ganó el Premio Lenin, nada menos que tres veces. Además de estudiar, la joven pareja se dedicó a explorar la subvencionada vida cultural que ofrecía la hoy extinta Unión Soviética. Había excursiones semanales a la ópera y el ballet de la ciudad, a museos y al teatro.

Era un estilo de vida modesto; pero ¿quien vivía mejor?

A los veintiún años se casaron. Dos años después llegó la primera de sus dos hijas: Ekaterina, o Katia. Por entonces Rybolóvlev estaba considerando sus opciones. Podía seguir una trayectoria profesional estable como su padre, Yevgueni, que era cardiólogo, o podía trasladarse a Moscú, aprender finanzas y sumergirse en el inexplorado mundo del capitalismo ruso. Optó por la segunda.

Lo que ocurrió a continuación parece un oscuro cuento de hadas. En 1992, Rybolóvlev hizo un curso de administración de empresas en la capital rusa. Volvió a Perm, montó un banco de inversiones, y aplicó lo que sabía sobre privatización a las fábricas de productos químicos de la era soviética de la región. Adquirió una participación en Uralkali, el mayor productor de fertilizantes de potasio. En 1996 se había hecho con el control de la empresa.

Rybolóvlev insistía en que, a diferencia de otros magnates, él no había recibido ninguna ayuda del estado. Prueba evidente de ello fue el hecho de que aquel mismo año pasó once meses en la cárcel, acusado de asesinar a un directivo de una fábrica rival. Tras ser puesto en libertad, exonerado, se unió a su familia en Suiza, optando por la seguridad de Ginebra. Uralkali creció. Y lo mismo hizo la fortuna de Rybolóvlev.

En 2007, Uralkali empezó a cotizar en la Bolsa de Londres. En la primavera de 2008, y según *Forbes*, Rybolóvlev ocupaba el puesto número 59 en la lista de los hombres más ricos del mundo. La revista estimaba su fortuna en doce mil ochocientos millones de dólares. Estaba bastante mejor de dinero que Trump.

Fue en ese momento, en julio de ese año, cuando Rybolóvlev compró la mansión de Trump en Palm Beach por la asombrosa cifra de noventa y cinco millones de dólares. La mansión tenía diecisiete dormitorios, fuentes griegas, una piscina de treinta metros de largo, un espacioso garaje subterráneo y un jacuzzi con vistas al océano. Y además, un nombre francés: *Maison de l'Amitié*. Rybolóvlev logró que Trump le rebajara cinco millones de dólares del total de cien que pedía inicialmente.

Aun así, el precio no podía menos que despertar suspicacias. Para empezar, el mercado inmobiliario de Florida llevaba cierto tiempo estancado. En segundo término, hacía ya dos años que la casa estaba en venta. En tercer lugar, cuatro años antes Trump había pagado 41,4 millones de dólares menos por ella. En cuarto término, las renovaciones que había hecho desde entonces eran más bien modestas. En quinto lugar, Rybolóvlev ni siquiera había puesto el pie en la propiedad, aunque en cierta ocasión se había acercado a echar un vistazo y había estado remando en la linde de la finca. Y, por último, la casa tenía moho.

La residencia de Palm Beach protagonizaría una espectacular demanda de divorcio presentada en diciembre de 2008 por Elena contra su esposo después de dos décadas de matrimonio. Según consta en los documentos judiciales, ella le acusó de infidelidad, alegando que Rybolóvlev había trasladado en secreto la colección de arte de la pareja a unos almacenes situados en Londres y en Singapur.

No era precisamente un asunto trivial. Según la documentación, los Rybolóvlev eran dueños de varios Picassos y Modiglianis, junto con dos Monets, un Gauguin, un Van Gogh, un Degas y un Rothko. Además de una colección de muebles raros, la mayoría de ellos procedentes de París (una de las piezas, una mesa de sobre circular, o *guéridon*, estaba decorada con figuras míticas que celebraban la historia del amor). También había un yate, que había costado sesenta millones de dólares, bautizado *Mi Anna* por el nombre de la segunda hija de la pareja. Y varios otros activos.

En 2015 llegaron a un acuerdo privado. En lo referente a la mansión de Palm Beach, Rybolóvlev apenas mostró interés en ella.

De hecho, nunca llegó a vivir allí.

Y a la larga terminó demoliéndola.

Según el periodista deportivo francés Arnaud Ramsey, Rybolóvlev no era ningún idiota, ni la clase de persona que se dedica a tirar el dinero. Al contrario, era un hombre inteligente —«tiene un cerebro realmente rápido»—, tímido, modesto, carente de ostentación y de afición a lo llamativo. Su aspecto era bastante corriente. Cuando Ramsey lo conoció, llevaba un chándal.

Pese a ello —me dijo Ramsey—, Rybolóvlev tenía cierta aura de «ser el jefe» y de «no tener miedo a nadie».

No es que el ruso fuera precisamente un fan de los medios de comunicación. Ramsey necesitó varios intentos antes de que Rybolóvlev aceptara concederle una entrevista. Se encontraron en el lujoso ático que Rybolóvlev tenía en Mónaco, un piso con ascensor privado, terraza, hidromasaje y biblioteca. Y una historia detrás: su anterior propietario, el financiero brasileño-libanés Edmond Safra, murió quemado en su interior en 1999, en un espeluznante caso de incendio provocado.

El oligarca adquirió también otro activo local, el equipo de fútbol de Mónaco: en 2011 se convirtió en el accionista mayoritario del A.S. Mónaco Fútbol Club, que no tardaría en ascender a la primera división francesa. Una persona que comió con él en su ático más o menos por aquella época me explicó que Rybolóvlev le había dicho que estaba buscando formas productivas de invertir en Estados Unidos. El milmillonario —añadió esa persona— estaba a dieta y «superdelgado».

Ramsey volvió a entrevistar a Rybolóvlev en la isla griega de Skorpios, donde hablaron de las perspectivas del Mónaco abordo del yate del ruso. La isla, que había pertenecido al magnate naviero Aristóteles Onassis, ahora era propiedad de una de las hijas de Rybolóvlev, Katia. Entre los otros activos de esta última se incluía un piso que daba a Central Park, y que había comprado a los veintidós años de edad por ochenta y ocho millones de dólares, todo un récord para Nueva York.

Ramsey convirtió sus encuentros con el milmillonario temeroso de la publicidad en una lírica biografía, escrita en francés, que llevaba por título: *La novela rusa del presidente del A.S. Mónaco*.

En realidad, cuando tenía doce o trece años, Rybolóvlev se había sentido inspirado no por la literatura rusa, sino por las obras de un autor estadounidense, Theodore Dreiser. Durante su adolescencia en la Rusia soviética leyó la novela de Dreiser *El financiero*. Este retrato del capitalismo decimonónico, ambientado en Filadelfia, le permitió familiarizarse con la especulación y el beneficio, inspirándose en el joven héroe de Dreiser, Frank Cowperwood. Había algo que compartirían el ficticio Cowperwood y el futuro oligarca: ambos pasaron una temporada en la cárcel.

Rybolóvlev afirmaba que, al igual que Cowperwood, solo debía su éxito a su propio esfuerzo. Eso era cierto. Pero enriquecerse en Rusia y —lo que es más importante— proteger lo que uno tenía de la depredación externa era algo que también requería contactos, como supieron entender muy bien Agalarov y otros oligarcas.

En el año 2000, el krai (o región) de Perm convocó elecciones para el cargo de gobernador. Se daba por supuesto que el gobernador en ejercicio, Gennadi Igumnov —de ideología liberal—, renovaría su mandato. Pero Rybolóvlev apoyó inesperadamente a otro candidato, el entonces alcalde de Perm, Yuri Trutnev. Como era de esperar, resultó elegido este último.

Fue una jugada inteligente. Cuatro años después, Trutnev se disponía a salir de vacaciones cuando recibió una llamada de Moscú. Era del Kremlin. Trutnev había alojado a Putin en su casa cuando el presidente había viajado a Perm, y los dos hombres habían conectado. Ambos practicaban artes marciales: Vladímir judo, Yuri kárate. Ahora Putin llamaba a Trutnev para nombrarlo ministro de Medio Ambiente y Recursos Naturales.

Era un cargo clave. Trutnev se hallaba ahora en situación de tutelar el sector del petróleo y el gas en Rusia. Podía detectar infracciones perjudiciales para el medio ambiente; o no.

Uno de los aliados de Trutnev era Ígor Sechin, director de la importante empresa petrolífera Rosneft y un poderoso aliado de Putin. A veces entre ambos estallaban disputas de índole burocrática. Pero Trutnev apoyaba constantemente a Sechin en sus conflictos con otras petroleras. Así, por ejemplo, su ministerio respaldó a Rosneft cuando esta se hizo con los activos de Yukos (en 2003, Putin encarceló al milmillonario dueño de Yukos, Mijaíl Jodorkovski). Dentro de las estructuras de poder de Rusia, Trutnev tenía una reputación inquebrantable: era el fiel títere del presidente.

La prensa rusa se preguntaba si Trutnev tenía interés en Uralkali: ¿era el socio de Rybolóvlev en la sombra? Todas las partes afectadas negaban con vehemencia tal posibilidad. Las especulaciones se dispararon después de que un desastre producido en 2006 amenazara con acabar con la empresa de Rybolóvlev.

Su mina de potasa se hallaba en los Urales, en la población montañosa de Berezniki, a orillas del río Kama. La mina había sido excavada originariamente por trabajadores del Gulag, que habían apuntalado los túneles con pilares de sal. La ciudad se asentaba sobre ella. Pero una inundación hizo que las paredes y los soportes se disolvieran, y se abriera un gigantesco socavón en el municipio. El agujero, que se tragó la vía férrea, llegó a suponer una amenaza para los habitantes de la ciudad.

Era posible que el estado impusiera sanciones económicas a Uralkali o confiscara su Mina 1. Sechin amenazaba con otro tanto. Misteriosamente, el estado no hizo nada. Cuatro meses después de que Rybolóvlev comprara la mansión de Trump, Trutnev hizo público el veredicto del gobierno.

«Creo que la investigación sobre la responsabilidad de Uralkali resulta inapropiada», declaró mansamente.

Trutnev culpó de los problemas a los planificadores de la época de Stalin, los cuales estaban convenientemente muertos. La cotización de las acciones de Uralkali se disparó.

Para Rybolóvlev, 2008 no fue un año tranquilo. Su empresa obtuvo un dramático indulto, su esposa le reclamaba entre seis mil y doce mil millones de dólares, y él adquirió una interesante propiedad inmobiliaria en el sur de Florida de un célebre magnate de la televisión estadounidense. El beneficio para Trump rondaba los cincuenta millones de dólares.

Según el dossier de Steele, fue más o menos por entonces cuando el Kremlin y Trump llegaron a un acuerdo, iniciando lo que el dossier denominaba un «intercambio regular» de información.

Era 3 de noviembre, solo cinco días antes de las elecciones estadounidenses, y Anna-Catherine Sendgikoski esperaba a un cliente. Sendgikoski era conductora de limusina. Y una ferviente demócrata que odiaba todo lo relacionado con Trump. Su base de operaciones estaba en el Aeropuerto Internacional de Charlotte, en Carolina del Norte, concretamente en la terminal que utilizaban los aviones privados.

Hacia las 14.00, Sendgikoski observó que acababa de aterrizar un avión. Llegaba a la hora de comer. Incluso para los estándares habituales en la aviación personal, la aeronave llamaba poderosamente la atención: era un elegante Airbus A-319, pintado con fluidas líneas de color azul verdoso, crema y negro. No había nada que lo identificara aparte de un puñado de letras en la aleta de cola. En mayúsculas de color blanco, se podía leer: M-KATE. La «M» significaba que el avión estaba registrado en la Isla de Man.

Sendgikoski le hizo una foto. La valla de alambre de espino que rodeaba el recinto y un camión de bomberos de color amarillo medio taparon el plano, pero el indicativo resultaba claramente visible. Al cabo de unos veinte minutos aterrizó otro jet privado. Este otro no tenía el menor reparo en declarar quién era su propietario. Unas letras gigantescas bajo la carlinga proclamaban a gritos un nombre familiar: TRUMP. Sendgikoski hizo otra foto. Luego colgó las imágenes de los dos aviones en Twitter.

El dueño en persona salió del avión y subió a un vehículo de una caravana de varios que estaba aguardando. Sendgikoski explicaba que no vio salir a nadie del otro avión, el misterioso. Buscó quién era el propietario: Rybolóvlev; el ruso había bautizado a su avión inspirándose en el nombre de su hija Katia. La aeronave estaba aparcada a unos cien metros de la de Trump. Según declararía al *Charlotte Observer*, aquella coincidencia le pareció «sospechosa» y «extraña». Rybolóvlev había convertido el interior de su avión en un hogar acogedor. Tenía una cama, una ducha, una mesa y un televisor de última generación.

Carolina del Norte era un campo de batalla electoral, y tanto Trump como Clinton habían estado haciendo frecuentes viajes a dicho estado. En un mitin celebrado aquella tarde en Charlotte, Trump acusó a Hillary de «conducta criminal de gran alcance», y aseguró que una potencial victoria de Clinton generaría «una crisis constitucional sin precedentes». Pero ¿qué hacía un milmillonario ruso en la ciudad?

Durante los meses siguientes, los periodistas de investigación pasaron horas examinando registros de vuelo. La Casa Blanca desdeñó sus esfuerzos, tildándolos de conspiranoicos, y declaró que Trump y Rybolóvlev no se habían reunido nunca.

Eso parecía ser cierto.

Aun así, el hiperactivo calendario de vuelo del M-KATE suscitaba más preguntas que respuestas. Durante 2016 y principios de 2017, el jet de Rybolóvlev hizo siete viajes a Nueva York, cada uno de ellos de varios días de duración, y por regla general en momentos en que el candidato republicano también se hallaba en la ciudad. Hizo dos vuelos a Miami cuando Trump estaba en Mar-a-Lago; y siete a Moscú, la mayoría justo antes o después de volar a Florida o a Nueva York.

La forma más sencilla de explicar esos movimientos era inquirir sus motivos. De modo que envié un correo electrónico al consejero de Rybolóvlev, Serguéi Chernitsyn, preguntándole si podía entrevistar al milmillonario. Podíamos hablar en ruso, si así lo prefería, y yo estaba dispuesto a viajar al sur de Francia o a cualquier lugar que a él le pareciera conveniente. Mi correo electrónico decía: «Supongo que la gran pregunta es por qué el jet de Dmitri suele estar en el mismo sitio que el de Donald».

Chernitsyn me respondió en tono cordial. Lamentablemente, no habría entrevista. Me confirmó que Rybolóvlev no se había reunido con Trump. Y añadió que «D [Dmitri] suele viajar a Estados Unidos, de modo que no es tan extraño que los aviones estuvieran en el mismo lugar al mismo tiempo». La compra de la mansión de Trump —aseguró— fue «una inversión bastante buena realizada» con la tierra en venta en tres parcelas.

De acuerdo, pero ¿qué estaba haciendo Rybolóvlev en Estados Unidos? Según Chernitsyn: «Viaja por negocios y por placer. Siempre viaja mucho, como podrá ver por los registros de vuelo».

La respuesta tenía cierto sentido, pero estaba expresada en un lenguaje tan vago que resultaba disparatada. Dejaba abierta la cuestión de si Rybolóvlev podía haber ido a entregar algo. ¿O quizá se había reunido con alguna otra persona del entorno de Trump durante sus viajes por ejemplo, con el abogado personal de Trump, Michael Cohen?

El dossier de Steele alegaba que Cohen había desempeñado un papel como intermediario secreto, afirmando que en agosto de 2016 había realizado un viaje clandestino a Europa. El objetivo era «arreglar el lío» creado por las revelaciones de los medios en relación con Manafort y Carter Page. En un primer momento se había previsto que las conversaciones tuvieran lugar en Moscú, pero se cambiaron a un país «operativamente blando» de la Unión Europea «cuando se juzgó excesivamente comprometedor para él [Cohen] viajar a la capital rusa».

Las fuentes de Steele le dijeron que la reunión se había celebrado en Praga, la capital checa. El punto exacto pudo haber sido la sede de la organización cultural estatal rusa Rossotrudnichestvo, un lugar donde reunirse con funcionarios del Kremlin que posibilitaba recurrir a la negación creíble en caso necesario. Presuntamente, Cohen mantuvo conversaciones con Oleg Solodujin, un funcionario ruso que operaba bajo la cobertura de Rossotrudnichestvo.

El dossier afirmaba asimismo que Cohen se presentó en la reunión acompañado de tres «colegas». No está claro de quiénes se trataba. La agenda: cómo realizar «pagos en efectivo [posteriormente] negables» a los hackers que «trabajaban en Europa bajo la dirección del Kremlin contra la campaña de Clinton», así como «diversas contingencias para encubrir esas operaciones y la relación secreta de Moscú con el equipo de Trump en general».

Cohen negó con vehemencia las afirmaciones de Steele, alegando que nunca había estado en Praga. De hecho, no hubo ninguna prueba de que hubiera estado allí. Si lo de Praga no era cierto, ¿era posible que la reunión se hubiera celebrado en otra parte? Cohen, cuya esposa era ucraniana, tuiteó la cubierta de su pasaporte y mostró todos los sellos que había en las páginas interiores.

Según diversas fuentes de inteligencia de Washington y Londres, el FBI se mostraba escéptico con respecto a las negaciones de Cohen. La agencia había examinado sus movimientos y considerado la posibilidad de que hubiera viajado a Europa en un avión privado. Le pregunté a Chernitsyn si Rybolóvlev y Cohen se habían reunido.

La respuesta de Chernitsyn fue: «Con respecto a Michael Cohen, es posible; él [Rybolóvlev] conoce a mucha gente. Personalmente nunca he estado presente en ninguna reunión con esa persona, de modo que no puedo decírselo con seguridad».

Rybolóvlev conocía a algunos políticos y personajes públicos, entre ellos el expresidente francés Nicolas Sarkozy, con quien había visto un partido de fútbol en París. Y al príncipe Alberto de Mónaco. Pero no a Trump, me aseguró Chernitsyn.

Con tan poca información contrastada, los reporteros se veían obligados a perseguir fantasmas. A mediados de agosto de 2016, Ivanka y Jared Kushner viajaron a la ciudad croata de Dubrovnik. El yate de Rybolóvlev, *Mi Anna*, fue detectado en Dubrovnik en las mismas fechas. ¿Se trataba de algo planeado? O, como insistía Cohen, ¿lo único real eran las cavilaciones de unos medios liberales desquiciados y decididos a mancillar al presidente?

Otro elemento que dificultaba que se pudieran averiguar más cosas era el hecho de que Rybolóvlev gestionaba sus negocios desde paraísos fiscales. Muchas de sus empresas estaban registradas en las Islas Vírgenes Británicas, un paraíso fiscal casi impenetrable. Asimismo, utilizaba la intermediación de un bufete panameño, Mossack Fonseca, conocido por no hacer apenas preguntas a sus clientes ricos, uno de los cuales era la esposa de Dmitri Peskov, el portavoz de Putin ante los medios. Más tarde, la base de datos del bufete se filtraría, dando origen a los denominados «Papeles de Panamá».

Rybolóvlev también utilizaba otro importante paraíso fiscal, Chipre. En 2010 vendió casi toda su participación en Uralkali, que estaba a nombre de una empresa chipriota, a un consorcio de oligarcas rusos, al parecer por más de cinco mil millones de dólares. Poco después compró casi el 10 por ciento del Banco de Chipre, el mayor prestatario de la isla, muchos de cuyos impositores eran rusos. Mientras tanto, en Moscú, su viejo amigo Yuri Trutnev fue ascendido y pasó a convertirse en ayudante de Putin.

Chipre albergaba miles de millones de dólares en capital ruso, gran parte de ellos de origen sospechoso. Normalmente el dinero iba a parar a empresas fantasma. Luego parte de esa «inversión» volvía a Rusia en forma de inversión extranjera. La isla también constituía un importante centro de espionaje y operaciones de inteligencia rusos.

Los colegas inversores de Rybolóvlev en el Banco de Chipre formaban un grupo interesante. Tras ser rescatada de urgencia en 2013, la entidad pasó a tener un nuevo vicepresidente, Vladímir Strzhalkovski, un antiguo agente del KGB y antiguo colaborador de Putin que participó en los consejos de administración de varias empresas estatales rusas. Otro de los miembros del consejo era Víktor Vekselberg, un oligarca ruso que tenía muy buenas relaciones con el Kremlin.

Había otro gran inversor, este de origen estadounidense; se llamaba Wilbur Ross.

En 2014, Ross se convirtió en el principal accionista del banco. Accedió al cargo de vicepresidente, empezó a asistir a las reuniones del consejo junto con el exagente del KGB, y reestructuró la deuda de la entidad. Se dice que Ross se dedicó a frenar —antes que incrementar— la influencia del Kremlin, y que mejoró la gobernanza corporativa. Asimismo, fue el artífice del nombramiento como presidente de Josef Ackermann, antiguo director ejecutivo del Deutsche Bank. Según Chernitsyn, Rybolóvlev nunca se puso en contacto con Ross ni con los otros rusos, y su participación en el banco se redujo.

Aun así, el panorama no dejaba de resultar curioso. Como sus oligárquicos contactos, Manafort utilizaba canales chipriotas para sus negocios, y en un momento dado llegó a tener un mínimo de quince cuentas bancarias en la isla. Por su parte, Trump creó dos empresas en Chipre. Una de ellas, Trump Construction Co. Ltd., se constituyó en septiembre de 2008, dos meses después de que vendiera la *Maison de l'Amitié*. A qué se dedicaba la empresa, su volumen de actividad, sus balances anuales… todo ello era un secreto.

Así pues, en los meses anteriores a la campaña electoral de Trump, Ross, un inversor estadounidense especializado en capital riesgo, estaba colaborando íntimamente con un grupo de rusos vinculados a Putin. Y todo ello en una jurisdicción que, según el Departamento de Estado, era propensa al «blanqueo de dinero» y donde operaban activamente «redes criminales internacionales».

Ross dimitió del Banco de Chipre en 2017, después de encontrar un nuevo empleo.

Y no estaba nada mal.

Trump lo nombró secretario de Comercio del gobierno estadounidense.

Rybolóvlev no fue el único ruso que compró una propiedad de Trump. De hecho, hacía tiempo que distintos compradores rusos y euroasiáticos estaban adquiriendo distintos inmobiliarias suyas; concretamente, desde que se iniciara la construcción de la Torre Trump en 1980.

Algunos eran legítimos; otros, en cambio, estaban íntimamente relacionados con el crimen organizado ruso. En momentos clave de la trayectoria profesional de Trump, cuando los bancos occidentales se mostraban poco dispuestos a prestar y el crédito se evaporó, los ingresos procedentes de la antigua Unión Soviética parecen haber rescatado al magnate de la ruina financiera.

Los rusos llegaron a Estados Unidos en varias oleadas. Algunos formaron parte de la marea de refugiados soviéticos que emigraron en la década de 1970, muchos de ellos judíos. La mayoría del dinero que salió de Rusia durante esta última etapa del periodo comunista procedía de la mafia. Eso implicaba mover dinero a raudales, a veces utilizando contactos y canales israelíes, pero con mayor frecuencia a través de bancos luxemburgueses y suizos, donde depositaban lingotes de oro y piedras preciosas.

La Torre Trump se inauguró en 1983. Entre sus nuevos inquilinos había recién llegados de Europa del Este con considerables recursos económicos.

En 1984, Trump vendió cinco apartamentos de la planta 62 a David Bogatin, un presunto cómplice de Moguilévich, por seis millones de dólares. Luego Bogatin utilizó sus propiedades en la torre para montar un chanchullo de contrabando de gasolina y, en palabras de un fiscal, para «blanquear dinero y ocultar activos». En 1987, un tribunal lo condenó a dos años de cárcel por evasión fiscal. Bogatin se declaró culpable, pero violó la libertad condicional y huyó a Polonia. Posteriormente sería extraditado a Estados Unidos y encarcelado.

Hubo una segunda oleada de afluencia rusa a comienzos de la década de 1990, generada esta vez por la desintegración de la Unión Soviética, mientras en Rusia se producía un saqueo generalizado de las propiedades y activos que habían pertenecido al partido o al estado. Los nuevos inmigrantes alimentaron la actividad mafiosa en Nueva York, especialmente en Brighton Beach y otras zonas de Brooklyn.

Uno de ellos era Viacheslav Ivankov, un conocido delincuente moscovita. Ivankov —apodado *Yaponchik*, el «Pequeño Japonés»— era un capo del crimen, o *vor*. Su carrera criminal era muy extensa: falsificación, tráfico de armas, narcotráfico, extorsión... Todo ello salpicado de largas estancias en instituciones penales soviéticas. En la primavera de 1992, Ivankov se trasladó de Rusia a Nueva York.

Allí, él y un grupo de gángsteres se hicieron con el control de la actividad mafiosa de Brighton Beach, metiéndose en el negocio del juego, la prostitución y el tráfico de armas. Ivankov era de una casta superior de maleantes. Sabía cultivar los contactos: con la poderosa organización de Moguilévich en Hungría y Europa central, con la Solntsevskaya Bratva de Moscú, el mayor grupo mafioso del mundo, y con la antigua inteligencia rusa.

Los agentes federales estadounidenses estaban ansiosos por detener a Ivankov. Solo había un problema: ¿dónde estaba? A la agencia le resultaba fácil poner escuchas y llevar a juicio a los gángsteres italoamericanos, a quienes les gustaba hablar sin parar. Pero Ivankov era escurridizo.

La tarea de darle caza se asignó al agente del FBI James Moody. Este último le explicaría más tarde a Robert Friedman, autor de *Red Mafiya* —un libro sobre la mafia rusa establecida en Estados Unidos—, que el escondite de Ivankov resultó ser una auténtica sorpresa. Tardó tres años en encontrarlo.

Al principio solo teníamos un nombre. Mirábamos a un lado y a otro y de hecho teníamos que salir a buscar por todas partes —decía Moody—. Y de pronto descubrimos que estaba en un piso de lujo en la Torre Trump.

Antes de que pudieran detenerlo, Ivankov desapareció de Manhattan. Gregory Stasiuk, un investigador especial del Destacamento de Crimen Organizado del estado de Nueva York, le siguió la pista. Según Friedman, Ivankov se alojó en el Taj Mahal de Atlantic City, en New Jersey, un casino propiedad de Trump que posteriormente sería multado con casi medio millón de dólares por blanqueo de dinero. El casino era popular entre los rusos, que gastaban grandes sumas de dinero en las mesas de juego de Trump.

A la larga el FBI capturó a Ivankov en el apartamento de su amante en Brighton Beach. Hallaron setenta y cinco mil dólares en efectivo, y una pistola envuelta con un calcetín que habían arrojado entre los arbustos del exterior. Los agentes también encontraron una copia de la guía telefónica personal de Ivankov. En ella figuraban un número de teléfono de la Torre Trump y el fax de la oficina de la Organización Trump.

¿Cuánto de todo esto podría estar relacionado con Trump? Como cualquier otro promotor inmobiliario de éxito, a lo largo de su trayectoria profesional Trump había vendido numerosas propiedades. Difícilmente podía culpársele por las nefandas actividades de algunos de sus clientes rusos. O por el hecho de que algunos de ellos resultaran ser estafadores y ladrones profesionales.

La realidad, no obstante, era que los clientes rusos representaban una parte fundamental del negocio de Trump. Esto había sido así desde sus primeros años como promotor inmobiliario hasta sus últimas aventuras empresariales en las que había licenciado su marca, en condiciones de plena competencia, a inversores extranjeros que iban desde Panamá hasta Bakú, pasando por Toronto.

Los vínculos de Trump con el hampa eran diversos; como lo eran también los de sus más estrechos socios comerciales.

Mientras el FBI buscaba a Ivankov, otro inmigrante moscovita estaba en la cárcel. Se llamaba Félix Sater. Este último era de familia judía; en 1974, cuando tenía ocho años, sus padres emigraron de la Unión Soviética a Israel. De allí se trasladaron a Baltimore, y más tarde a Brighton Beach.

Según diversos documentos judiciales, el padre de Sater —cuyo nombre de pila Mijaíl Sheferofski— era un capo de la organización de Moguilévich, que controlaba las actividades de la mafia rusa en Brooklyn. Había pasado una temporada en la cárcel en el Reino Unido por falsificación y fraude, y en Estados Unidos dirigía una trama de extorsión en Brighton Beach. El pliego de cargos le acusaba de sembrar el terror en restaurantes, tiendas de comestibles e incluso un dispensario médico local. Estos hechos se produjeron durante la década de 1990, e implicaron «el uso ilegal de fuerza real o amenaza de ella, violencia y temor».

Félix Sater también tenía un historial delictivo. Empezó su carrera vendiendo acciones en Wall Street. En 1991, a los veinticinco años de edad, apuñaló a otro hombre después del trabajo durante una pelea de bar, atacando a su víctima con el pie de una copa de margarita. Pasó quince meses en la cárcel. Su condena hizo que perdiera su licencia bursátil, y ya no pudo volver a trabajan en las finanzas.

Al menos no legalmente. Arruinado, casado y con una hija de cuatro meses, Sater se involucró en un fraude bursátil basado en la manipulación de las cotizaciones. Sus cómplices procedían de importantes familias de la mafia italiana de Nueva York, y defraudaron a los inversores un total de cuarenta millones de dólares. Durante ese periodo, Sater viajó con frecuencia a Moscú. Su implicación en el delito —según sus propias palabras— terminó en 1996.

En condiciones normales, a Sater le habría esperado otra temporada en la cárcel. Pero entonces hizo un trato con el FBI. La agencia aseguraba que por entonces estaba intentando infiltrarse en la trama de los fraudes bursátiles, incluido el que dirigía Moguilévich a través de una empresa fantasma con sede en Filadelfia.

El FBI reclutó a Sater como confidente. Ahora era un testigo colaborador. Se declaró culpable de actividades mafiosas y de fraude; a cambio de sus servicios, obtuvo inmunidad federal.

Había dos formas de interpretar lo que ocurrió a continuación. La primera, que la vida de Sater había entrado en una nueva fase de redención en la que borró los pecados de su pasado volviendo de Moscú y trabajando con diligencia para el FBI. La segunda, que supo explotar el hecho de que en virtud de su acuerdo su historial de fraude se mantenía en estricta confidencialidad, y por lo tanto no se había hecho público, para ganar un montón de dinero.

No solo para él, sino también para su nuevo socio: Donald Trump.

En los comienzos del nuevo milenio, Sater empezó a trabajar para una inmobiliaria llamada Bayrock LLC, creada en Moscú en la última etapa del comunismo. Su fundador, Tevfik Arif, nacido en el seno de una familia turca en la Kazajstán soviética, era un antiguo burócrata que había trabajado en el Departamento de Comercio de la URSS.

Arif aterrizó en Nueva York procedente de Rusia y Turquía, su base de operaciones durante la mayor parte de la década de 1990. Luego contrató a Sater para dirigir la empresa. En 2003, Bayrock trasladó sus oficinas al piso 24 de la Torre Trump, dos plantas por debajo de los propios locales de su dueño. Sater, Arif y Trump se hicieron socios.

Durante los cinco años siguientes, Sater trabajó en varios acuerdos de licencia relacionados con propiedades de Trump, incluido un viaje a Phoenix con Donald hijo. Tenía una tarjeta comercial de la Organización Trump en la que se le definía como «asesor principal de Donald Trump». A instancias de este último, en 2006 Sater se reunió con Donald hijo e Ivanka en Rusia, y los llevó a hacer un recorrido por la capital. También se las arregló para que Ivanka pudiera «sentarse en la silla privada de Putin en su escritorio y despacho del Kremlin» (aunque Ivanka diría más tarde que no recordaba haber hecho tal cosa). En general, Sater afirmaba que mantenía una relación «cordial» con Trump, y que se pasaba «numerosas veces» por su oficina para lanzar ideas.

Uno de sus temas de conversación era el último proyecto de Trump en Manhattan: el edificio denominado Trump SoHo.

Trump reveló su plan de construir el nuevo rascacielos de cristal de cuarenta y seis plantas y un hotel durante un episodio de su programa *El aprendiz*. Pero se olvidó de mencionar el hecho de que serían otros quienes iban a pagar el edificio, situado en la neoyorquina Spring Street. Uno de los inversores era Bayrock, que a su vez se asoció con un fondo de cobertura islandés, FL Group, que aportó cincuenta millones de dólares. Otro socio era Tamir Sapir, un empresario de la Georgia soviética.

Esta afluencia de capital social a la más reciente de las propiedades de la marca Trump resultaba misteriosa. Bayrock tenía una estructura empresarial opaca, formada por varias capas. Por su parte, FL Group tenía su sede en las Islas Vírgenes Británicas.

Al igual que ocurría con Chipre, los bancos islandeses constituían uno de los destinos favoritos del capital ruso. Se especulaba con la posibilidad de que detrás de FL Group se ocultaban intereses de Moscú. Probar —o refutar— tal cosa resultaba difícil: el grupo se hallaba vinculado a un laberinto de empresas fantasma cuyos propietarios últimos se desconocían. FL Group financió otros dos grandes proyectos de Trump, en Queens y Fort Lauderdale.

¿Cuánto sabía realmente el magnate sobre sus socios comerciales rusoestadounidenses? La respuesta oficial resultaría ser que no mucho. Trump insistiría en que ignoraba por completo el historial de Sater. En realidad, apenas conocía a aquel tipo...

En septiembre de 2007, Trump, Arif y Sater asistieron a la fiesta celebrada para señalar el inicio de las obras del Trump SoHo. Hay una foto en la que se les ve a los tres juntos, sonriendo abiertamente. Dos meses y medio después, el *New York Times* publicó un artículo revelando el pintoresco pasado delictivo de Sater.

Cuando le preguntaron si tenía algún comentario al respecto, Trump aseguró que la noticia le había pillado por sorpresa: «Nosotros nunca lo supimos —declaró, añadiendo—: Comprobamos cuanto podemos el historial de los principales [socios]. En realidad yo no lo conocía muy bien».

Sater dejó Bayrock poco después de que se publicara el embarazoso artículo. En 2009 fue condenado por su papel en la originaria estafa bursátil. En el juicio declaró que había «creado una inmobiliaria de gran éxito, un proyecto de Trump», y que se sentía triste por tener que dejarla. Al final, sus largos años de servicio al FBI se vieron recompensados: en lugar de pasar veinte años en la cárcel, la pena habitual en estos casos, Sater solo tuvo que pagar una multa de veinticinco mil dólares.

Mientras Trump sufría aquella pérdida de memoria selectiva, el antiguo director financiero de Bayrock, Jody Kris, preparaba una devastadora demanda, la primera de varias en lo que resultaría ser un encarnizado litigio que duraría varios años. Acusaba a Bayrock de haber canalizado dinero de FL Group a personas ajenas a la empresa.

El escrito de acusación añadía: «Durante la mayor parte de su existencia [Bayrock] fue, de forma sustancial y encubierta, poseída y gestionada por una mafia». Arif y Sater —afirmaba— habían perpetrado todo «un catálogo» de delitos, entre los que se incluían el fraude, la evasión fiscal, el blanqueo de dinero y la malversación. Tanto Sater como Arif lo negaron.

El escrito no sugería que Trump fuera cómplice. Pero su acusación clave era meridiana: que los especuladores postsoviéticos invirtieron en acuerdos de licencia de Trump principalmente para blanquear dinero. Arif hubo de afrontar nuevas dificultades cuando la policía turca le detuvo en un yate en compañía de varias mujeres jóvenes y le acusó de dirigir una red de prostitución. Posteriormente fue absuelto.

En Nueva York, las disputas financieras se dirimían en los tribunales, con la intervención de jueces y abogados, y con declaraciones juradas de varias páginas. Los litigios duraban años, y a veces décadas. En Moscú, en cambio, las desavenencias comerciales se arreglaban de una forma más directa.

En 2004, Ivankov, el célebre *vor*, fue deportado de Estados Unidos y extraditado a Rusia. Una vez allí, fue absuelto de los cargos de asesinato. Luego trató de pasar desapercibido.

En julio de 2009 fue a comer a un restaurante tailandés. Después de una placentera comida, salió a la calle y se dirigió hacia su coche. Un desconocido le disparó un tiro en el vientre desde un tejado cercano. El arma era un rifle de francotirador.

Ivankov fue sepultado en el cementerio Vagánkovo de Moscú,

parcela 26, en un funeral al que asistieron antiguos miembros de la menguante fraternidad de gángsteres de Rusia. Fue enterrado junto a su madre.

Corría el año 2011, la era de Barack Obama. Un grupo de agentes del FBI solicitaron una orden judicial: querían escuchar las llamadas telefónicas de un sospechoso. Su objetivo era Vadim Trincher, un jugador de póquer del que sospechaban que controlaba una red de juego ilegal desde su elegante apartamento de Nueva York.

No cabía duda de que Trincher era rico. Le había comprado la suite en 2009 a otro acaudalado ruso, Oleg Boiko, al que había pagado cinco millones de dólares en efectivo. Luego había llenado su hogar de costosos muebles, además de una valiosa alfombra de seda. La cuestión que se planteaba el FBI era si las habituales partidas de cartas de Trincher constituían un delito federal.

Utilizando información obtenida mediante escuchas telefónicas, la agencia logró esbozar un esquema de los contactos de Trincher. Una de las personas a las que llamaba era Alimzhan Tojtajunov, un capo criminal de etnia uzbeka originario de Taskent. Otra era Helly Nahmad, un tratante de arte estadounidense-libanés dueño de una importante galería de Nueva York, que había fundado su padre.

El FBI pasó dos años controlando las actividades que se desarrollaban en el lujoso apartamento de Trincher, el número 63-A… ¿de dónde? Pues de la planta 51 de la Torre Trump.

La Torre Trump constituía ahora un importante escenario delictivo. Trump vivía justo tres pisos por encima de Trincher, en un suntuoso ático tríplex. Nahmad había comprado toda la planta 51 del edificio por veinte millones de dólares y financiaba operaciones de juego controladas por el hijo de Trincher, Iliá.

Los agentes federales no pretendían escuchar conversaciones de Trump; el objetivo de su investigación era más bien la mafia rusa, cuyos miembros resultaban ser casi vecinos inmediatos del magnate estadounidense.

En abril de 2013, el FBI hizo una redada en la Torre Trump, en una operación en la que hubo treinta detenidos. Trincher fue condenado a cinco años de cárcel. Un tribunal sentenció que había blanqueado los beneficios de su red de juego —unos cien millones de dólares— a través de varias empresas fantasma con sede en Chipre. El dinero viajaba presuntamente a través del Banco de Chipre. Nahmad cumplió cinco meses de cárcel, al igual que otro ruso, Anatoli Golubchik.

El único que logró escapar de la redada fue Tojtajunov, a quien el FBI consideraba una importante autoridad dentro del crimen organizado ruso. Simplemente desapareció.

Tojtajunov había llevado una vida picaresca. Había pasado varias temporadas en distintas cárceles soviéticas, y también una en Venecia; asimismo había vivido en Alemania y París. El gobierno estadounidense le acusaba de haber sobornado a varios jueces deportivos con el fin de amañar la competición de patinaje sobre hielo durante los Juegos Olímpicos de invierno de 2002, celebrados en Salt Lake City. Mantenía buenas relaciones con los demás capos mafiosos; le agradaba Putin; y del difunto Ivankov, que fue amigo suyo durante más de cuarenta años, dijo: «Un hombre legendario. Muy culto. Interesante».

El paradero de Tojtajunov se ignoró hasta noviembre de 2013, cuando fue ubicado en Moscú. Según *Kommersant*, le vieron en un importante evento internacional: el concurso de Miss Universo. Estaba sentado en el auditorio de la planta baja, en la zona VIP, no lejos de Agalarov y Trump.

La redada del FBI tuvo un epílogo. El abogado que autorizó las detenciones relacionadas con el juego en la Torre Trump era Preet Bharara, fiscal federal del Tribunal del Distrito Sur de Nueva York. Bharara, de origen punyabí, había estudiado en Harvard y se había graduado en la Facultad de Derecho de Columbia. En su estelar carrera profesional se granjearía numerosos enemigos, entre ellos los presidentes de Estados Unidos y de Rusia.

Tras ser nombrado por Obama en 2009, Bharara emprendió de inmediato una cruzada de alto nivel contra la corrupción. Investigó a bancos, fondos de inversión, operadores bursátiles deshonestos y políticos de ambos bandos. Y también a rusos. Un rasgo distintivo de su mandato fue su voluntad de perseguir a los sospechosos aunque vivieran lejos, en jurisdicciones extranjeras.

Bharara investigó los doscientos treinta millones de dólares supuestamente robados en el caso Magnitski. Resultó que parte del dinero se había gastado en propiedades inmobiliarias de Nueva York, incluido un piso de lujo en el número 20 de Pine Street, a solo unas manzanas de Wall Street. El dinero había viajado desde Moscú a través de varias empresas fantasma con sede en Moldavia hasta un consorcio empresarial de Chipre.

El consorcio se llamaba Prevezon, y su dueño era Denis Katsiv. Fue este último quien contrató a Veselnitskaya para impugnar el caso en Nueva York. Como informaba el *Guardian*, también existía una conexión con Trump. Prevezon le había comprado el piso de Pine Street a Lev Leváyev, un milmillonario magnate de los diamantes. En 2015, Leváyev vendió varios pisos del antiguo edificio del *New York Times*, situado en la calle Cuarenta y Tres de Manhattan, por doscientos noventa y cinco millones de dólares. El comprador no fue otro que Jared Kushner.

Las investigaciones de Bharara disgustaron al Kremlin. En abril de 2013, este le prohibió la entrada a Rusia, junto con otros diecisiete estadounidenses. Bharara siguió adelante. Al mes siguiente cerró el restaurante Rasputín de Brooklyn, un popular punto de encuentro de presuntos capos rusos. Su propietario fue detenido por fraude.

No era probable que Bharara prosperara bajo la administración Trump. En noviembre de 2016, el presidente electo lo mandó llamar a la Torre Trump. Aparentemente la reunión fue acalorada. En unas declaraciones realizadas más tarde en el vestíbulo, Bharara les dijo a los periodistas que Trump le había pedido que se quedara como fiscal de Manhattan. Añadió que había aceptado, y que había prometido trabajar de manera independiente y sin miedos ni favores, como antes.

Esta concordia duró hasta marzo, cuando Sessions exigió la dimisión de los cuarenta y seis fiscales federales nombrados durante la era Obama. Bharara se negó, y fue destituido. Dos meses después, su sucesor llegó a un acuerdo extrajudicial en el caso Prevezon en vísperas del juicio: la empresa pagó una multa de 5,9 millones de dólares. Veselnitskaya cantó victoria. La suma era tan pequeña que casi «parecía una disculpa del gobierno [estadounidense]», declaró.

El acuerdo parecía sospechoso, o al menos así lo vio un grupo de dieciséis senadores demócratas que escribieron al Departamento de Justicia pidiendo explicaciones. Querían saber si la Casa Blanca había interferido en un acuerdo que un experto constitucionalista calificaría como «francamente escandaloso».

Félix Sater y Michael Cohen, el abogado de Trump, eran viejos amigos: se conocían desde adolescentes. En 2015, en las primeras etapas de su campaña, Trump había dicho del primero: «No me resulta muy familiar». Parecía que Sater había desaparecido del mapa.

Sin embargo, los correos electrónicos entregados al Congreso sugieren que Sater seguía en la brecha. No solo conspiraba para conseguir que su antiguo jefe resultara elegido presidente, también trabajaba para hacer realidad la Torre Trump de Moscú. La estrategia de Sater: Trump podía utilizar el apoyo de Moscú en beneficio político propio, revelando sus dotes de negociador e intermediario.

Sater confiaba en que podría organizarlo todo. El 3 de noviembre de 2015 le escribió a Cohen:

> Meteré a Putin en este programa y haremos que elijan a Donald. Los dos sabemos que nadie más sabe cómo conseguirlo sin que se interpongan la estupidez o la avaricia. Yo sé cómo hacer la jugada, y lo conseguiremos. Colega, nuestro chico puede convertirse en presidente de Estados Unidos, y nosotros podemos montarlo. Haré que todo el equipo de Putin lo compre, yo manejaré este proceso.

No tenemos la respuesta de Cohen. Pero los correos electrónicos exponen el glorioso plan de Sater: una ceremonia de inauguración en Moscú y el elogio de Putin de las incomparables dotes empresariales de Trump. Para lograrlo, Sater decía que podía enseñar a sus contactos rusos videoclips en los que aparecía Trump hablando con entusiasmo de Rusia: «Si él [Putin] lo dice, las elecciones son nuestras. El adversario más duro de Estados Unidos reconociendo que Donald era un buen tipo con el que negociar...».

De acuerdo, pero ¿quién iba a poner el dinero para construir la Torre Trump de Moscú? También aquí Sater tenía un plan. El banco público ruso VTB —escribió— había aceptado proporcionar la financiación. La opción de VTB no podía menos que despertar suspicacias. Para empezar, la entidad era objeto de las sanciones estadounidenses; y además tenía interesantes conexiones con la inteligencia rusa.

Sater añadió que «sería genial poder conseguir un presidente electo en Estados Unidos». La recompensa que esperaba por lograr semejante hazaña sería modesta: quería ser embajador en las Bahamas. Le dijo a Cohen: «Ese, amigo mío, es el *home run* que quiero anotarme de todo esto».

Así, mientras Trump realizaba su recorrido electoral lisonjeando a Putin, sus ayudantes intentaban ganarse el apoyo del gobierno ruso para el preciado proyecto inmobiliario del candidato en Moscú. Sater entendió con acierto que de otro modo la torre nunca llegaría a construirse.

Todos estos hechos se desarrollaban en el ámbito privado. Los electores estadounidenses no sabían nada del plan de Sater para llegar al Kremlin. Pero Trump sí. Y también Cohen. Este último declaró que había hablado tres veces con Trump en relación con la torre de Moscú. Cuando parecía que el proyecto se tambaleaba pese a existir una carta de intenciones, Cohen dio un paso audaz: envió un correo electrónico a un pez gordo, el secretario de prensa de Putin, Dmitri Peskov. El correo electrónico era una súplica, una petición de ayuda redactada en tono sumiso. Esto ocurría a mediados de enero de 2016.

Escribía Cohen:

> En los últimos meses he estado trabajando con una empresa con sede en Rusia en relación con el desarrollo del proyecto de una Torre Trump Moscú en dicha ciudad. Sin extenderme en aspectos concretos, [le diré que] la comunicación entre nuestras dos partes se ha interrumpido.

Como este proyecto es demasiado importante, por la presente solicito su ayuda. Solicito respetuosamente que alguien, preferentemente usted, se ponga en contacto conmigo para que pueda explicarle los
aspectos concretos, además de organizar reuniones con las personas
adecuadas. Gracias de antemano por su ayuda, y espero recibir pronto
noticias suyas.

Cohen envió el correo electrónico a una dirección genérica,
y no a la cuenta personal de Peskov. Sin embargo, parece ser que el
mensaje se recibió y se examinó con atención. El destinatario, Peskov, no solo era desde hacía largo tiempo el portavoz de Putin, sino
que —según el dossier de Steele— también era el responsable de
la operación destinada a comprometer a Hillary Clinton, además
de alguien que veía prácticamente a diario al presidente ruso.

Cohen insistía en que no había colusión. Y, sin embargo, esa era
justamente la impresión que daba su correo electrónico: una petición directa (y encubierta) de ayuda del «equipo Trump» al «equipo
Putin». ¿Se trataba de política, de negocios, o de ambas cosas? Como
ocurría siempre con Trump, era difícil saberlo.

En su declaración ante el Congreso, Cohen dijo que Peskov
no respondió a su correo, o al menos que él no recordaba que hubiera respondido. El plan de la torre —añadió— quedó aparcado.
¿Y los correos electrónicos de Sater? No eran más que técnica de
ventas y «autobombo».

Un año después, en enero de 2017, Sater y Cohen se involu-
craron en otra aventura clandestina conjunta, esta vez relacionada
con Ucrania. Según el *New York Times*, Cohen fue a ver a Trump a
la Casa Blanca, y le explicó el plan en persona a Michael Flynn
poco antes de que este dimitiera como asesor de seguridad nacional. El plan preveía que Rusia obtuviera un usufructo sobre Crimea
por un periodo de cincuenta o cien años. Sater redactó el documento con la ayuda de un diputado ucraniano, Andréi Artemenko.
La propuesta de Cohen-Sater no cuajó. De haberlo hecho, sin duda
habría complacido al Kremlin.

Durante cuatro décadas, el imperio inmobiliario de Trump funcionó como un mecanismo de blanqueo de dinero de Moscú, por el que los fondos de la antigua Unión Soviética afluían a los bloques de pisos y apartamentos del magnate. Incluso cuando este último ya había iniciado su campaña electoral en Iowa y New Hampshire, sus socios seguían tratando de obtener el permiso —y el dinero— del Kremlin para la construcción de la escurridiza torre del candidato en Moscú.

Una investigación de Reuters reveló que al menos sesenta y tres personas con pasaporte o domicilio rusos compraron propiedades por valor de 93,4 millones de dólares en siete edificios de la marca Trump en Florida. Es probable que la cifra real fuera aún mayor. Casi una tercera parte de todas las unidades se vendieron a empresas de responsabilidad limitadas cuyos propietarios no se identificaron.

La Torre Trump incluso ofreció un refugió a los gángsteres rusos. En Rusia, el número de los tradicionales *vor* iba en declive, de modo no muy distinto a los mamuts lanudos que antaño deambularon por las llanuras siberianas, mientras el estado burocrático de Putin se apoderaba de su territorio. Nueva York, en cambio, era un lugar seguro y proporcionaba una base de operaciones internacionales.

No cabe duda de que el dinero ruso ayudó de manera esencial a Trump. Pero también hubo otra fuente de ingresos que mantuvo sus finanzas a flote en un momento en que la crisis financiera global amenazaba con asfixiarlo.

Este era un dinero respetable. Procedía de un banco. Venía de Alemania. ¿O no?

11

El extraño caso del banco alemán

2011-2017
Moscú-Nueva York-Frankfurt

> ¡Guau, una fiesta!
> Demasiado dinero en la cuenta bancaria.
> Las manos en alto te hacen aullar y gritar.
>
> Letra de «Bienvenido a Saint Tropez»,
> del famoso rapero ruso Timati

El tono era de fatigada exasperación. El tipo de exasperación que uno puede experimentar cuando se enfrenta a un niño caprichoso y malcriado. Un niño que acepta hacer algo, pero que luego incumple su promesa descaradamente y echa la culpa a todos los demás, gritando y arrojando juguetes desde su cochecito.

El niño-hombre en este caso era Trump; y el padre hastiado que le reprendía, el Deutsche Bank, acreedor de aquel en Nueva York. Estaba en juego una ingente suma de dinero que Trump había recibido prestada del banco alemán en 2005 para financiar la construcción del Hotel International y la Torre Trump de Chicago. El magnate se había comprometido a pagar la deuda, de seiscientos cuarenta millones de dólares.

Pero luego había estallado una crisis financiera global. A finales de noviembre de 2008, el abogado del banco, Steven F. Molo, redactó una moción de sentencia sumaria. Con el telón de fondo de la crisis, Trump había incumplido los pagos, y todavía quedaban trescientos treinta millones de dólares pendientes. El Deutsche Bank exigía un pago inmediato de cuarenta millones de dólares por parte del magnate; más intereses, honorarios de abogado y gastos.

Uno no podía menos que sentirse impresionado por la arrogante respuesta de Trump. Incluso para sus sofisticados y traicioneros estándares, esta fue extraordinaria: en lugar de pagar, presentó una contrademanda. En una denuncia presentada en el Tribunal Supremo de Nueva York, en el condado de Queens, Trump escribió que no tenía la menor intención de devolver lo que quedaba del préstamo, describiendo la crisis mundial como un «tsunami de crédito que se produce una vez cada siglo» y «una situación imprevista».

Para Trump, la crisis constituía un acontecimiento de fuerza mayor. Argumentaba asimismo que el Deutsche Bank era corresponsable de haber generado la contracción financiera. O, en sus propias palabras: que «El Deutsche Bank es uno de los principales bancos responsables de la disfunción económica que actualmente afrontamos».

Por lo tanto, no estaba obligado a devolver dinero alguno.

Por lo tanto, era el Deutsche Bank el que le debía dinero *a él*.

Quería tres mil millones de dólares en concepto de daños y perjuicios.

El siguiente paso del banco alemán fue hacer una declaración jurada. Molo redactó un documento en tono mordaz, que presentó en el juzgado de Nueva York. En un apartado irónicamente titulado «Trump: el garante», el abogado contrastaba el frívolo escrito de acusación de Trump con su larga trayectoria de fanfarrón que alardeaba de lo rico que era.

El texto empezaba así:

> Trump se proclama a sí mismo «el hombre de negocios arquetípico, un intermediario sin par». Ha declarado en los tribunales que vale miles de millones de dólares. Además de una considerable cantidad de dinero, inversiones personales y varios otros activos tangibles, mantie-

ne sustanciales intereses en numerosas y extraordinarias propiedades en Nueva York y en todo el país.

Los mencionados activos —señalaba el abogado— incluían proyectos de construcción de hoteles en siete ciudades de Estados Unidos, así como en México, República Dominicana, Dubái, Canadá y Panamá. También había casinos y campos de golf. Estos últimos estaban dispersos por todo el mundo, entre ellos el proyecto más reciente de construcción de un campo de golf en Escocia.

De hecho, el mismo día que argumentaba que la depresión económica le liberaba de toda responsabilidad, Trump concedía una entrevista al periódico *Scotsman*. Después de dos años de lucha, había logrado obtener la aprobación del gobierno escocés para la construcción de un nuevo complejo de golf en las inmediaciones de Balmedie, en Aberdeenshire. La decisión había entusiasmado al magnate (en cambio, había indignado a los ecologistas, que creían que el campo de golf destruiría las dunas de arena y dañaría la ecología del litoral). Trump exhibía un tono despreocupado.

«El mundo ha cambiado financieramente y todos los bancos tienen esa clase de problemas, pero lo bueno es que como empresa estamos haciendo muy bien las cosas y nos encontramos en una situación de liquidez muy, muy fuerte», declaró el magnate al periódico.

Trump añadió que no era vulnerable al mercado de valores, que había comprado las tierras escocesas en efectivo y que estaba en condiciones de construir «el mayor campo de golf del mundo». Dos semanas después, George Sorial, un directivo de la Organización Trump, aseguraba al *Scotsman* que el magnate tenía reservados mil millones de dólares destinados al campo. Por prudencia bancaria, Sorial se mostró impreciso con respecto a dónde estaba esa fortuna, pero declaró: «El dinero está ahí, listo para ser transferido en cualquier momento».

Por si esto no resultaba suficientemente condenatorio por sí solo, la declaración jurada de Molo mencionaba también dos libros publicados de Trump, que resumían la despreocupada actitud del magnate a la hora de devolver el dinero que debía a otros, algo que no se sentía demasiado obligado a hacer.

Observaba el abogado:

> Trump proporciona amplios consejos acerca de cómo hacer negocios a través de al menos media docena de libros de los que es autor. En *Cómo hacerse rico*, Trump aconsejaba a los lectores que utilizaran los tribunales para «ser estratégicamente dramáticos». En *El secreto del éxito en el trabajo y en la vida* se jacta de cuánto le «gusta aplastar a la otra parte y quedarse con los beneficios».

La estrategia de Trump —perfeccionada en sus terribles luchas y acaloradas disputas con prestatarios durante la década de 1990— «era devolver la pelota a los bancos». «Consideré que era un problema del banco, no mío», aseguraba Molo que había dicho Trump en relación con una deuda impagada.

Molo concluía su petición argumentando que el magnate debía saldar su deuda pendiente. «Hasta el momento no la ha pagado», escribía.

El estrambótico comportamiento de Trump frente al Deutsche Bank podía haberse previsto. Al fin y al cabo, era una persona que había pasado ya por un montón de quiebras empresariales. Su casino Taj Mahal, sus otros casinos en Atlantic City, su hotel Plaza de Nueva York… todos ellos habían sido objeto de sendos concursos de acreedores en la década de 1990.

Después de aquellos fracasos, los bancos estadounidenses que previamente habían adelantado capital a Trump para sus proyectos de construcción, creyendo que se trataba de inversiones sólidas, dejaron de prestarle. Chase Manhattan, Citibank y otras escamadas entidades de Wall Street le cerraron el grifo del crédito, negándose a contestar sus llamadas.

La única institución dispuesta a adelantarle préstamos en el nuevo siglo había sido el Deutsche Bank. Y ahora Trump también los había timado a ellos. El magnate era un cliente litigioso, tramposo, poco fiable, ruidoso, taimado y truhán. Estaba dispuesto a utilizar tácticas irritantes y solapadas, que rayaban el absurdo. Había demandado al banco por tres mil millones de dólares, aunque el juez había desestimado prudentemente su demanda. Era obvio que el Deutsche Bank no querría volver a saber nada de él: recuperaría su inversión y haría trizas su archivo de cliente.

Había algo que resultaba ciertamente apropiado en el hecho de que Trump hiciera negocios con un banco cuya sede central en Estados Unidos estaba en el número 60 de Wall Street: un siglo antes, el abuelo de Donald, Friedrich Trump —de origen alemán—, había trabajado en aquella misma dirección. Friedrich nació en 1869 en Kallstadt, un pueblecito del suroeste de Alemania. A la edad de dieciséis años emigró a Nueva York. Abrió hoteles en Seattle y el Yukón, sacando provecho de la fiebre del oro, antes de volver al Bajo Manhattan.

En Wall Street, Friedrich, lejos de añadir otra tienda de comestibles a las que ya había, volvió a la profesión que había aprendido de adolescente: barbero. Mientras su esposa, Elizabeth, cuidaba de su hijo pequeño, Fred —el padre de Donald—, Friedrich cortaba el pelo a los agentes de bolsa y especuladores. Más tarde pasaría a trabajar como gerente de hotel. Murió en la epidemia de gripe de 1918.

La barbería de Friedrich en Wall Street ya no existe: hoy ocupa su lugar la sede central en Estados Unidos del Deutsche Bank, un rascacielos de cincuenta plantas construido a finales de la década de 1980 en un gigantesco estilo posmoderno. Al lado hay un atrio público con falsas palmeras y un Starbucks. También un «rápido», un establecimiento de reparación de calzado. Al abandonar el imponente vestíbulo del banco se divisa al fondo el trémulo brillo de las aguas de color gris plateado del río Este.

En 2010, Trump llegó a un acuerdo para resolver su disputa con el Deutsche Bank. Dicho acuerdo se logró, paradójicamente, mediante un nuevo préstamo... del mismo banco.

Vetado en la sección de bienes inmuebles, Trump acudió a otra división de la entidad, la sección de patrimonio privado, que por regla general gestiona grandes activos netos individuales, pero normalmente no trabaja con propiedades. Aun así, esta sección le prestó el dinero; y más tarde le dio entre veinticinco y cincuenta millones de dólares más en crédito.

Para Trump, fue la ruta de regreso a la solvencia.

La decisión de seguir prestando dinero a Trump resultaba insólita, incluso estrambótica. Los empleados del Deutsche Bank en Nueva York se mostraron sorprendidos. Al preguntarle si era normal dar más dinero a un cliente con riesgo de insolvencia y aficionado a litigar, un antiguo alto directivo del banco respondió: «¿Me toma el pelo?».

El banquero —que prefirió mantenerse en el anonimato— me dijo que solo la sección de patrimonio privado aceptaba avales personales. «Bienes Inmuebles se negó a prestarle dinero [a Trump]», me explicó. Aun así, los responsables de gestión de riesgos y el Departamento Normativo estaban por encima de las distintas secciones, y probablemente debieron de aprobar la medida.

Sorprendentemente, Trump pudo incluso obtener créditos aún mayores. Firmó dos hipotecas sobre su complejo turístico Trump National Doral de Miami. Y recibió un préstamo de ciento setenta millones de dólares para terminar la construcción de su hotel en el viejo edificio de correos de Washington. Todo este dinero vino de la sección de patrimonio privado del banco. Pero también hubo un préstamo excepcional procedente de Chicago.

Según un análisis realizado por Bloomberg, para cuando se convirtió en el 45.º presidente de Estados Unidos, Trump debía al Deutsche Bank aproximadamente trescientos millones de dólares. Las cuatro deudas vencían entre 2023 y 2024.

Era esta una suma sin precedentes para un presidente entrante, que además planteaba incómodas preguntas en torno a un posible conflicto de intereses. En el caso de que el Deutsche Bank tuviera alguna dificultad con la regulación bancaria, uno de los organismos que lo investigaría sería el Departamento de Justicia, que a su vez respondía ante Trump. Resultaba difícil imaginar que dicho departamento pudiera trabajar de manera imparcial. O que el banco pudiera emprender acciones legales contra el presidente en funciones si este incumplía de nuevo sus obligaciones de pago.

En ese mismo periodo el Deutsche Bank estaba haciendo algo

anormal; algo que despertaría el interés de los reguladores y que a su vez conduciría a sanciones. El banco blanqueaba dinero. Dinero ruso. No cantidades pequeñas, sino muchos miles de millones de dólares. Esta dudosa marea fluía de Moscú a Londres y de Londres a Nueva York, rodeando el lugar donde antaño trabajara Friedrich para situar a sus descendientes en un camino de creciente riqueza.

En 2005, el Deutsche Bank compró UFG, un banco de inversión «boutique» ya bien establecido en Moscú. El cofundador y presidente de este último era Charlie Ryan, un encantador banquero estadounidense con opiniones libertaristas, mientras que su socio era Borís Fiódorov, exministro de Finanzas de Yeltsin. El banco se situaba claramente a caballo entre los antiguos bloques del este y el oeste; era internacional y a la vez localizado. Sería la cabeza de playa del Deutsche en Moscú.

El hombre que estaba detrás de la agresiva expansión del Deutsche era Anshu Jain, su futuro copresidente. Este persuadió a Ryan de que se quedara en la entidad y pasara a dirigir su nueva oficina en Moscú. Jain dio con una controvertida estrategia: para aprovechar al máximo los potencialmente enormes beneficios rusos, decidió forjar relaciones con socios estatales.

De hecho, deseaba convertirse en uno de los mejores amigos del Kremlin.

Una forma de hacerlo era contratando a gente con contactos. El banquero más poderoso de Rusia era Andréi Kostin, que anteriormente había trabajado en Sidney y en Londres como diplomático soviético. Diversas fuentes de inteligencia creen que era un espía del KGB. En la década de 1990 se convirtió en director del Vnesheconombank (VEB), un banco de desarrollo estatal que un antiguo analista de la CIA denominaría «el tarro de galletas del Kremlin». Más tarde Putin lo nombró director del Vneshtorgbank (VTB), también gestionado por el estado. Entonces Kostin expandió la entidad, que llegó a operar en diecinueve países, trabajando en algunas jurisdicciones donde la supervisión era mínima. Esta flexibilidad implicaba que el Kremlin podía utilizar el VTB para realizar operaciones internacionales delicadas. En 2005, este absorbió dos bancos tradicionalmente utilizados en la época soviética para llevar a cabo actividades de espionaje y para el intercambio de divisas con partidos comunistas occidentales. Dichos bancos eran el Moscow Narodny Bank, con sede en Londres, y el Eurobank, con sede en París.

Jain y el Deutsche Bank reclutaron al hijo de Kostin, un joven de veintitantos años llamado también Andréi. En la primavera de 2007, Kostin hijo dejó su puesto en Londres para trabajar en el Deutsche Bank de Moscú. De repente empezó a conseguir enormes flujos de negocio. Parece ser que su padre le ayudó. Sea como fuere, el Deutsche Bank realizó una serie de lucrativas transacciones con el VTB.

Según cierta estimación, la filial del banco alemán en Moscú empezó a apuntarse beneficios de entre quinientos y mil millones de dólares anuales, y el VTB generaba entre el 50 y el 80 por ciento de todos los ingresos. Este panorama general pudo reconstruirse a partir de entrevistas de miembros del Deutsche Bank que buscaban trabajo en otra parte. Otros bancos de inversión con sede en Moscú se mostraron disgustados. Y algo recelosos.

«Hacían cosas muy curiosas. Nadie entendía cómo funcionaba su negocio», explicaba Chris Barter, entonces presidente de la filial moscovita de Goldman Sachs. Y añadía: «La naturaleza y la concentración de su negocio con el VTB nos resultaban bastante irritantes. Nadie más podía tocar al VTB».

Era obvio que el Deutsche Bank debía su éxito a su reciente alianza con intereses estatales rusos. Como sabía todo el mundo en Moscú, el VTB era más que un banco: tenía vínculos con la inteligencia rusa. Tanto el jefe de los espías del FSB de Putin, Nikolái Pátrushev, como su sucesor, Aleksandr Bortnikov, enviaron a sus hijos a trabajar allí. El subdirector ejecutivo del banco, Vasili Titov, presidía el consejo público del FSB. Según escribió Félix Sater —el socio comercial de Trump— en su correo electrónico a Michael Cohen, el VTB había aceptado financiar la Torre Trump de Moscú.

De modo que algunas personas con buenos contactos estaban

ayudando al Deutsche Bank o, cuando menos, a su filial de Moscú. Y posiblemente también a Trump.

Quizá lo hacían por amabilidad, como un favor. O tal vez querían algo a cambio.

Moscú era un destino atractivo para los expatriados occidentales. Sobre todo para los hombres jóvenes solteros.

Estaban las *devushki* —atractivas muchachas rusas de largas piernas, algunas de ellas procedentes de Moscú, otras recién llegadas de provincias—, ansiosas por conocer extranjeros y practicar su inglés. Estaban los clubes nocturnos, las fiestas, alimentadas por brindis e interminables tragos de vodka. Y las amistades, siempre más intensas y filosóficas que las de casa.

En el nuevo milenio, la capital rusa estaba inundada de petrodólares y oportunidades. Había también un lado oscuro, como descubriría una de las personas atraídas por su oferta de riquezas. Tim Wiswell creció en Old Saybrook, Connecticut, a unos ciento sesenta kilómetros al noreste de Nueva York. En realidad era más un «repatriado» que un expatriado, ya que su padre había trabajado en el sector del petróleo y el gas en Rusia. A los diecisiete años de edad Wiswell pasó un año en la Escuela Angloamericana de Moscú, y luego volvió a Estados Unidos para continuar sus estudios.

Cuando rondaba los veinticinco, Wiswell volvió a Moscú y encontró trabajo en Alfa, el banco privado propiedad del oligarca Mijaíl Fridman. De allí pasó al Deutsche Bank. A los veintinueve era el jefe de la sección de valores de renta variable del mercado ruso. Encontró una novia rusa: Natalia Makosiy, una historiadora del arte a la que conoció en una cena celebrada en Moscú.

Tras el crac de 2008, los beneficios de la línea comercial rusa del banco se redujeron a la mitad. Ahora los operadores se veían presionados para incrementar los ingresos. Según Chris Barter, era evidente que durante el periodo de Wiswell ocurría «algo nefando» en el Deutsche.

Barter recordaba que se le habían acercado unos «tipos con pinta de agentes de bolsa, no muy mayores», que pretendían hacer grandes volúmenes de operaciones, que no acababan de explicar, con Goldman Sachs. Actuaban en representación de grandes clientes rusos, pero se negaban a identificar a sus contrapartes. Sus nombres se ocultaban bajo «una empresa fantasma tras otra» —explicaba Barter—, lo que imposibilitaba cualquier proceso de diligencia debida. Rechazó aquel negocio «en cinco segundos».

Aparentemente, aquellas mismas entidades acudieron también a Wiswell. Esta vez obtuvieron mejores resultados. A lo largo de cinco años, entre 2011 y febrero de 2015, Wiswell presidió una trama de blanqueo de dinero gestionada desde la sección de valores de renta variable de la oficina del Deutsche Bank en Moscú. Según el Departamento de Servicios Financieros (DFS) del estado de Nueva York, llegaron a moverse más de diez mil millones de dólares de Rusia a Occidente.

El método era sencillo y eficaz. En Moscú, un cliente ruso le compraba a la filial del Deutsche Bank acciones de primera calidad de empresas rusas como Gazprom o Sberbank. El pago se hacía en rublos. Normalmente la cuantía del pedido equivalía a unos dos o tres millones de dólares. Poco después, un «cliente» no ruso vendía exactamente el mismo número de valores al Deutsche Bank de Londres, que las pagaba en dólares.

Esos «operadores espejo» eran falsos y no tenía ninguna lógica económica. Las partes vendedoras tenían su sede en paraísos fiscales como Chipre o las Islas Vírgenes británicas. Compradores y vendedores se hallaban vinculados, con propietarios y agentes que estaban relacionados entre sí. Al menos doce entidades distintas utilizaron la trama para convertir subrepticiamente rublos en dólares. Luego el dinero se enterraba en cuentas domiciliadas en paraísos fiscales.

De ese modo, miles de millones de dólares salieron de una sede del Deutsche Bank, concretamente de sus modernas oficinas de cristal en el Edificio 2 de la calle Sadovnicheskaya, número 82, para llegar finalmente a otra sede del mismo banco, esta situada en el número 60 de la neoyorquina Wall Street. Hubo casi seis mil transacciones. Pero nadie en Nueva York, ni en Londres, ni en Frankfurt, ni en ninguno de los otros centros financieros internacionales llegó a darse cuenta.

Cuando en alguna parte de la cadena surgían recelos —como ocurrió, por ejemplo, con un banco europeo no identificado—, Wiswell intentaba descartarlos de inmediato. Según el organismo regulador neoyorquino, le aseguró al banco en cuestión que «no había ninguna razón para preocuparse». Wiswell aprobaba, o «subía a bordo», personalmente a las partes rusas. En varias ocasiones «amenazó» e intimidó a sus colegas «cuando parecía que no se habían movido lo bastante rápido para facilitar las transacciones».

En Moscú, la sección de valores de Wiswell estaba integrada por veinte personas de nacionalidad rusa y estadounidense. Una de sus tareas consistía en tener contentos a los clientes. Eso podía implicar extravagantes viajes a estaciones de esquí, visitas a clubes nocturnos de élite o salidas de fin de semana. A veces los clientes devolvían el favor. Uno de los socios comerciales y compañeros de esquí de Wiswell era Dmitri Perevalov, dueño de un fondo moscovita llamado Lanturno.

En su cuadragésimo aniversario, Perevalov llevó a un grupo de personas a la isla de Mauricio en un jet privado. El avión pertenecía al obispo más importante de la Iglesia ortodoxa rusa: el patriarca Cirilo de Moscú; Perevalov lo fletó especialmente para la ocasión. Uno de los invitados fue Wiswell. Aquel fin de semana estaba destinado «a las esposas», de modo que este se llevó a Natalia.

Otro invitado, que conoció a Wiswell en la fiesta, lo describió como una persona carismática y encantadora. Era un tipo alto, apuesto, típicamente estadounidense. Al mismo tiempo —explicaba el invitado—, Wiswell daba la impresión de ser un «gran peso ligero» en términos de banca y finanzas.

«No tenía nada especial a su favor. Recuerdo que hablaba bastante mal el ruso. Nos preguntamos si hacía negocios legales», comentaba el invitado, añadiendo que la esposa de Wiswell se mostró «bastante distante y se pasó todo el fin de semana con sus amigas». Los invitados se alojaron en el lujoso hotel Four Seasons de Anahita, en la costa este de la isla bañada por el Índico.

Para coronar la celebración de su cumpleaños, Perevalov se trajo a un famoso artista, el rapero ruso Timati, que dio un concierto privado. Bajo el cielo estrellado, y con el telón de fondo de los mangles y el mar, los invitados bailaron y giraron al ritmo del arrollador éxito de Timati «Bienvenido a Saint Tropez».

¡Guau, una fiesta!
Demasiado dinero en la cuenta bancaria.
Las manos en alto te hacen aullar y gritar.

Bebidas, chalets privados, esquí acuático en la laguna... no faltaba de nada. «Yo me preguntaba: ¿quién coño paga todo esto? Era una locura», me dijo el invitado. Algunos de los presentes apenas conocían a Perevalov, que había sido camarero. Sus verdaderos amigos —incluido Wiswell— le llamaban Dima.

Peso ligero o no, el caso es que Wiswell se estaba haciendo rico. En 2010 se había casado con Natalia en una ceremonia celebrada en Newport, Rhode Island. Mientras seguían realizándose las transacciones espejo, Natalia se convirtió en la usufructuaria de dos empresas situadas en paraísos fiscales: una en las Islas Vírgenes Británicas y la otra en Chipre. En 2015, una contraparte ingresó doscientos cincuenta mil dólares en su cuenta bancaria en concepto de «consultoría financiera». También hubo otros pagos similares por un total de tres millones ochocientos mil dólares a través de dos empresas con sede en Belice.

El Departamento de Servicios Financieros descubrió que esos pagos constituían una «compensación no revelada»; es decir, «un soborno». ¿Y qué banco liquidaba esos sobornos? El Deutsche Bank de Nueva York.

Según Ed Caesar, autor de un reportaje detallado sobre el escándalo del Deutsche Bank publicado en el *New Yorker*, se hicieron nuevos pagos a los Wiswell. Estos llegaron en forma de dinero en efectivo, en una bolsa. La idea del dinero era «engancharte para que no hicieras cosas inesperadas —le dijo a Caesar un agente de bolsa de Moscú—. Esos tíos siempre pagan algo», añadió.

El final llegó en agosto de 2015, cuando el Deutsche Bank suspendió a Wiswell y luego lo despidió. Después desapareció del mapa. Hubo mensajes en Facebook desde el sureste asiático y desde Bali, adonde se trasladaron los Wiswell con sus dos hijos pequeños. Al parecer se había dado a la fuga huyendo de las autoridades estadounidenses, y presuntamente se halla de nuevo en Moscú. Un amigo lo describió al *New Yorker* como «el Edward Snowden de las finanzas». Cuando le pregunté si tenía algo que comentar, su abogada, Ekaterina Dujina, se negó a responder. En la demanda que presentó por despido improcedente, Wiswell alegaba que había sido un chivo expiatorio, asegurando que había aproximadamente otros veinte colegas suyos, incluidos dos altos directivos de Londres, que estaban al tanto de las transacciones.

El asunto representó un duro golpe para la reputación del Deutsche Bank. Y muy costoso. El DFS —que tiene potestad para suspender las actividades de cualquier banco con filial en Nueva York— impuso al Deutsche una multa de cuatrocientos setenta y cinco millones de dólares. Por su parte, la Autoridad de Conducta Financiera de Londres le impuso una sanción de ciento sesenta y tres millones de libras. El banco también llevó a cabo una investigación interna, a la que dio el nombre de «Project Square».

La investigación no identificó a los rusos que estaban detrás de la trama. No sabemos quiénes eran, ni dónde fueron a parar los miles de millones de dólares. Ni, de entrada, de dónde procedía el dinero. Pero en la práctica, el Deutsche Bank facilitó la salida ilegal de capitales de una serie de «superusuarios» bien conectados y con acceso a los círculos privilegiados del Kremlin.

Las multas mencionadas se impusieron diez días después de la toma de posesión de Trump. El panorama general resultaba inquietante. Un banco del Kremlin, el VTB, controlado por representantes del FSB, aparentemente se había apoderado del enclave del Deutsche Bank en Moscú. Y las sedes de la entidad en Londres y Nueva York fueron los beneficiarios económicos de aquella trama. Y mientras todo eso ocurría, el Deutsche Bank de Nueva York prestaba cientos de millones de dólares al futuro presidente.

Lo que los senadores y diputados demócratas querían saber era lo siguiente: ¿había alguna conexión?

Esa era una buena pregunta.

Mis intentos de obtener información del Deutsche Bank acerca de sus préstamos a Trump fracasaron. Y tampoco es que a la Cámara de Representantes y al Senado estadounidenses les fuera mejor.

Había preguntas legítimas que formular. Como: ¿había vendido el Deutsche Bank alguna parte de la deuda de Trump a entidades extranjeras? Y también: ¿qué reuniones había mantenido el banco con la administración Trump? ¿Habían recibido Trump o su familia un trato preferente? ¿Quién había decidido seguir prestando dinero a Trump después de que este incumpliera sus obligaciones de pago en 2008? ¿Acaso Rusia o alguna entidad rusa habían avalado algún aspecto de esos préstamos? ¿Acaso el Deutsche Bank estaba protegiendo al presidente debido a la investigación en curso del Departamento de Justicia sobre las transacciones espejo?

Pero cada indagación, inquisición o pregunta chocaban contra un muro. Las oficinas de prensa del Deutsche Bank en Londres y Frankfurt se negaron a hacer comentarios. Su política consistía en no decir nada relacionado con el presidente, cuyas declaraciones de impuestos seguían siendo un misterio. La actitud nada cooperativa del banco resultaba difícil de interpretar. ¿Un encubrimiento? ¿O la reacción de una institución aterrorizada por lo que podría hacerle la Casa Blanca de Trump si se le daban motivos?

Mientras tanto, yo intentaba reconstruir otra trama de blanqueo de dinero ruso que también implicaba al Deutsche Bank. Un grupo de banqueros moscovitas enviaban dinero fuera del país a través de una ruta distinta, que recibiría el apodo de «Global Laundromat».* Ígor Putin, primo de Vladímir, formaba parte del consejo de administración del banco. Esta trama de blanqueo funcionó entre 2010 y 2014, y movió un mínimo de veinte mil millones de dólares, aunque es posible que la cifra real alcanzara los ochenta mil millones.

Esta era la investigación que en diciembre de 2016 nos había llevado a mí y a mi colega del *Guardian* Nick Hopkins al pub Shakespeare y a nuestro encuentro con Christopher Steele.

---

* Literalmente «lavandería global», pero se traduce mejor en español como «blanqueadora global». *(N. del T.)*

La trama involucraba a empresas fantasma establecidas en el Reino Unido. Esas empresas se «prestaban» dinero unas a otras, al menos sobre el papel, y dichos «préstamos» estaban avalados por empresarios rusos. Luego la Empresa A incumplía la devolución del préstamo a la Empresa B. Normalmente había un ciudadano moldavo implicado. Entonces las empresas conseguían una sentencia judicial en Moldavia que exigía que las empresas rusas saldaran la deuda.

Et voilà! Las empresas rusas transferían legalmente cientos de millones de dólares a un banco con sede en la capital moldava, Chisináu. Desde allí, el dinero iba a parar a un banco letón, el Trasta Komercbanka. Luego el dinero viajaba desde Letonia a todas partes, a un total de noventa y dos países, y gran parte de él desaparecía en paraísos fiscales. La utilización de jueces moldavos constituía una imaginativa artimaña.

El banco letón requería un banco corresponsal occidental para procesar sus transacciones en dólares. La mayoría de los bancos estadounidenses, incluido JP Morgan Chase, se negaban a ofrecer servicios bancarios al Trasta, dada la notoria reputación de Riga como centro europeo de blanqueo de dinero. Solo dos bancos occidentales aceptaron, y ambos eran alemanes: el Deutsche Bank y el Commerzbank.

Una vez más, el Deutsche era el punto de entrada del dinero criminal ruso en el sistema financiero global (si bien rompió su relación con el Trasta poco antes de que los funcionarios letones lo cerraran en 2016 por blanqueo de dinero). Según el DFS, el Deutsche Bank se mostraba renuente a clasificar a Rusia como un país «de alto riesgo», y lo hizo solo después de que otros «bancos homólogos» mejoraran sus evaluaciones en ese sentido.

En términos generales, el mayor banco de Alemania tenía problemas. Su personal estaba desmoralizado. Sufría enormes pérdidas. Y se le habían impuesto multas de una cuantía récord. En 2005, el DFS reprendió al banco por amañar el LIBOR, el principal tipo de préstamo interbancario. Hubo una nueva multa por eludir las sanciones impuestas por Estados Unidos, procesando transacciones en dólares para entidades establecidas en Irán, Libia, Siria, Myanmar y

Sudán. Y otra de siete mil doscientos millones de dólares por vender títulos con garantía hipotecaria de alto riesgo antes de la recesión de 2008.

Dado que nuestro intento de contactar con la sede corporativa del Deutsche fue rechazado, decidimos probar otras vías, y hablamos con empleados y exempleados de la entidad. Según uno de ellos, que había ocupado un algo cargo y había trabajado en la cartera de valores de renta variable en Asia y Nueva York, los problemas del banco iban mucho más allá de aquellos chanchullos.

El empleado nos dijo que la crisis de 2008 afectó gravemente al Deutsche. Para tapar agujeros en el balance general, unos cuantos miembros del personal empezaron a hacer transacciones con ciertas formas de finanzas «peludas», esto es, complejas, creativas y posiblemente ilegales. Esas oscuras prácticas —afirmaba— eran extensas, y posiblemente implicaban formas innovadoras y opacas de hacer que terceras partes avalaran operaciones crediticias arriesgadas, utilizando estructuras —añadía— «que se sacaron de la manga».

¿Aceptó Trump fuentes de financiación rusas durante aquella época? Richard Dearlove, antiguo jefe del MI6, decía que esa cuestión gravita sobre el presidente. Dearlove declaró a la revista *Prospect*: «La duda que persiste sobre Trump puede ser qué tratos hizo —y en qué términos—después de la crisis financiera de 2008 para que le prestaran dinero ruso cuando otros en Occidente no se lo prestaban» (Dearlove añadía que las acusaciones de contacto ilegal entre el personal de Trump y Moscú «carecían de precedentes»).

Pero Donald Trump no era el único que mantenía una cálida relación con el Deutsche Bank. De hecho, el banco alemán cuidaba de toda su familia. Jared Kushner, Ivanka y la madre de Jared, Seryl Stadtmauer, eran todos ellos clientes del banco. La relación de Kushner con el Deutsche salió a la luz en 2013, cuando el primero encargó una halagadora semblanza de la gestora de patrimonio de Trump, Rosemary Vrablic, que apareció publicada en el *New York Observer*, propiedad de Kushner.

Vrablic era una antigua empleada del Citibank que se incorporó al Deutsche en 2006. En 2014 asistió a una cena de sociedad con Kushner en el museo Frick de Nueva York, un evento que se celebró con varios Vermeers y Goyas como telón de fondo. Trump la presentó (erróneamente) a la prensa como «jefa» del Deutsche Bank, y —según informaba el *New York Times*— la invitó a su toma de posesión.

Según nuestras fuentes en el Deutsche Bank, la apuesta de Trump por la presidencia lo convertía en una «persona políticamente expuesta», o PPE, y los bancos estaban obligados a escudriñar meticulosamente a las PPE. De modo que el Deutsche revisó los créditos concedidos a Trump y a sus parientes; dicha revisión fue confidencial. Su objetivo era descubrir si había alguna conexión rusa con los préstamos de Trump. Por su parte, también el DFS pidió información.

Las fuentes insisten en que la respuesta fue negativa. No se descubrió ningún rastro que llevara a Moscú, nos dijeron. Sin embargo, el Deutsche se negó a hacer ningún comentario público. Tampoco proporcionó ningún detalle de su investigación privada al Congreso estadounidense. Los senadores escribieron varias cartas pidiendo información al respecto, pero el banco respondió con evasivas, alegando normas de confidencialidad. Luego el Congreso mostró interés en las transacciones espejo; la respuesta fue el mismo y evasivo *nein*.

En una carta dirigida a Bill Woodley, el presidente de la filial estadounidense del Deutsche Bank, el senador Chris Van Hollen expresó su preocupación por los préstamos del banco a Kushner, que tenía una línea de crédito de veinticinco millones de dólares con la entidad. Además, en octubre de 2016 esta le prestó doscientos ochenta y cinco millones de dólares. El dinero se utilizó para reemplazar un crédito ya existente sobre el antiguo edificio del *New York Times*, la propiedad comercial que Kushner le había comprado el año anterior al ruso Lev Leváyev.

El préstamo se hizo en un momento en que varios representantes del Kremlin buscaban ansiosamente que Kushner les escuchara. Fue entonces cuando este conoció a Serguéi Kisliak, en abril, con ocasión del discurso sobre política exterior que pronunció Trump en el hotel Mayflower de Washington; aunque, según Kushner, el encuentro se redujo a un apretón de manos y algunas frases corteses. Luego vino la reunión con Natalia Veselnitskaya. Más tarde, el 16 de noviembre, Kisliak volvió a ponerse en contacto con él. Por entonces ya estaba claro que Kushner se convertiría en el principal asesor del presidente.

El encuentro del 1 de diciembre entre Kushner y Kisliak se produjo en la Torre Trump. También estaba presente Michael Flynn. Kushner hizo una propuesta insólita: le preguntó a Kisliak si era posible establecer un canal de comunicación secreto y seguro entre el equipo de transición de Trump y el Kremlin. El propósito, aparentemente, era mantener oculta cualquier posible conversación de la saliente administración Obama y de la inteligencia estadounidense. Un canal clandestino, de hecho.

¿Podía hacerse —preguntó Kushner— utilizando las instalaciones diplomáticas rusas en Estados Unidos?

La pregunta era de una ingenuidad asombrosa. Si Kushner o Flynn se pasaban por la embajada rusa, sin duda la inteligencia estadounidense lo sabría.

El FBI no grabó la conversación, pero se enteró de ella más tarde, cuando Kisliak informó a sus superiores en Moscú. Según las comunicaciones rusas interceptadas por la Oficina Federal, la insólita petición de Kushner pilló por sorpresa a Kisliak. Era improbable que Moscú permitiera a ningún estadounidense utilizar sus redes cifradas. El equipo de transición de Trump no dijo nada sobre aquellas negociaciones secretas. Pero una persona que conocía los detalles se sintió tan alarmada que envió una nota anónima al *Washington Post*.

Parecía, pues, que Rusia no necesitaba hacer muchos esfuerzos para acercarse a los colaboradores de Trump. Kisliak hizo una sugerencia *motu proprio*. ¿Quizá a Kushner le gustaría reunirse con otra persona de Moscú, alguien con «una relación directa» con el presidente Putin?

Los detalles se acordaron durante una reunión que tuvo lugar el 12 de diciembre entre Kisliak y el ayudante de Kushner, Avi Berkowitz. El emisario de Putin resultó ser un banquero, exactamente, un banquero-espía. Se llamaba Serguéi Gorkov, y era el jefe del VEB, el banco de desarrollo estatal que había dirigido Kostin, y cuyo consejo había presidido Putin durante sus cuatro años como primer ministro.

Era el mismo VEB que había desempeñado un papel en la historia de la inteligencia rusa y Carter Page. La oficina del VEB en Manhattan era una tapadera del espionaje. Los dos agentes del SVR que habían hablado entre sí de Carter Page, calificándolo de «idiota», habían estado colaborando con un colega que trabajaba de incógnito en el banco, Yevgueni Buriakov (el mismo desafortunado Buriakov que fue encarcelado en 2015 por actuar como agente extranjero no registrado).

Gorkov estaba por encima de Buriakov y de sus dos colegas del SVR en Estados Unidos, ya que los tres eran agentes de inteligencia de rango medio.

Gorkov, en cambio, había tenido una trayectoria más brillante. Se había formado en la academia del FSB, en la década de 1990, y más tarde se había incorporado a Yukos y al banco estatal Sberbank. Como el VTB, el Sberbank realizaba ciertas funciones para el Kremlin. Asimismo, fue el patrocinador oficial del concurso Miss Universo 2013, que se celebró en Moscú. Ocho días después del concurso —organizado por Agalarov y al que asistió Trump—, el Sberbank anunció que iba a prestar a Agalarov cincuenta y cinco mil millones de rublos (mil trescientos millones de dólares) para financiar nuevos proyectos. Uno de los proyectos en estudio era la Torre Trump de Moscú. En febrero de 2016, Putin ascendió a Gorkov a director del VEB.

La misión del VEB era dar apoyo a los programas políticos de Moscú. Por ejemplo, proporcionó el capital necesario para construir diversas instalaciones deportivas para los Juegos Olímpicos de Sochi, y dio dinero a los rebeles secesionistas de Ucrania oriental. Este tipo de inversiones «de arriba abajo» perdían dinero, de modo que el VEB contrajo importantes deudas. Además, Estados Unidos había incluido tanto al VEB como al VTB y el Sberbank en su paquete de sanciones de 2014; el mismo paquete que había llevado a Putin a prohibir que las parejas estadounidenses adoptaran a niños rusos. La tarea de Gorkov consistía en restaurar la fortuna del banco.

Gorkov fue bien preparado a su reunión con Kushner, como correspondía a alguien que se había graduado en lo que en tiempos del KGB se conocía como la Escuela Superior Dzerzhinski. Cogió un avión en Moscú, llevando consigo varios regalos: una obra de arte, y un poco de tierra cuidadosamente excavada y transportada desde la ciudad de Navahrudak, en el noroeste de Bielorrusia.

Navahrudak era el lugar donde había crecido la abuela paterna de Jared, Rae Kushner. En 1941, el ejército alemán entró en la ciudad. Los residentes judíos fueron detenidos y obligados a vivir y trabajar en una universidad agrícola. Alrededor de la mitad fueron ejecutados. Los supervivientes excavaron un túnel, y en septiembre de 1943 se arrastraron por él para luego desaparecer en el bosque.

Todo esto, y mucho más, debía de formar parte del abultado expediente de Kushner en el FSB. Los regalos de Gorkov se escogieron cuidadosamente para recordarle sus orígenes en una parte del mundo que antaño había pertenecido al imperio soviético, así como sus raíces espirituales. Pero toda esa sutileza fue en vano: en su declaración ante las comisiones del Congreso, Kushner dijo que el mensajero de Putin le había llevado «una bolsa de tierra»; venía de «Nvgorod» —escribió—, confundiendo el nombre de la ciudad natal de su abuela.

La reunión se produjo el 13 de diciembre. Según Kushner, Gorkov se presentó e «hizo algunos comentarios sobre la economía rusa». El banquero le explicó que se llevaba bien con Putin, expresando su decepción por el deterioro de las relaciones entre Estados Unidos y Rusia bajo la administración Obama y «su esperanza de que la relación mejorara» en el futuro, declaró Kushner.

Kushner dijo asimismo que no se habló del levantamiento de las sanciones. Ni se le ofreció ningún acuerdo comercial.

Kushner calificó el encuentro de breve e insustancial. Dado que no había constancia oficial escrita, eso resultaba algo difícil de verificar. Al fin y al cabo, no era fácil hablar de la economía rusa sin mencionar la depresión que estaba sufriendo. Después del encuentro, Gorkov viajó directamente de Nueva York a Japón, donde Putin asistía a una cumbre. Sin duda, el banquero fue a informar a su jefe.

La descripción oficial de Kushner de sus transacciones con representantes del Kremlin se extiende a lo largo de once páginas. Es un documento anodino y estéril, claramente revisado por otras manos. En su versión no había nada malo. Lo único que hubo fue una serie de reuniones intrascendentes durante una campaña frenética. Kushner afirma que había olvidado el nombre de Kisliak. No hubo ningún canal secreto. Ni tampoco utilizó «fondos rusos» para financiar su negocio. En suma, nada de nada.

Pese a tales protestas, está claro que a la inteligencia rusa le resultó extraordinariamente fácil obtener acceso al círculo de confianza de Trump. Embajadores, abogados, banqueros cargados con bolsas de tierra… todos encontraron el modo de llegar a la Torre Trump en 2016, y todos ellos fueron bienvenidos y escuchados. Gorkov formaba parte de una maniobra de penetración que contaba con la participación de varias personas. El reparto incluía a Kisliak, Veselnitskaya, los Agalarov y otros actores desconocidos que trabajaban entre bastidores.

Apuntar a Kushner era algo lógico, ya que este no tardaría en convertirse en un empleado federal. Su ámbito de actuación incluía los impuestos, la política bancaria, el ejército y los asuntos internacionales. En una Casa Blanca especialmente voluble —donde se podía destituir a cualquiera—, el hecho de que Kushner fuera el yerno del presidente hacía prácticamente imposible su despido.

Durante sus reuniones con los rusos, Kushner no dijo nada sobre el ataque de Moscú a la democracia estadounidense.

Después guardó silencio sobre el encuentro. Y lo mismo hizo la administración Trump. En su formulario de acreditación de seguridad, Kushner no mencionó para nada a Gorkov ni a Kisliak (luego diría que había sido un error administrativo, cometido por un subordinado, y que este había excluido los detalles de todos sus contactos extranjeros). La opinión pública estadounidense solo llegaría a saberlo gracias a las filtraciones.

En el otoño de 2017, las preguntas que nos habían llevado a reunirnos con Steele habían adquirido mayor claridad y definición.

¿Estaba *chantajeando* Moscú a Trump? Y, si era así, *¿cómo exactamente?*

Como candidato, las alabanzas de Trump a Putin habían sido una constante. Luego, en la Casa Blanca, su fidelidad al presidente ruso se había mantenido, pese a que al mismo tiempo había arremetido contra otros líderes mundiales, se había vuelto contra sus ayudantes y aliados, había despedido al jefe del FBI, abroncado a su fiscal general y defenestrado a su principal ideólogo, Steve Bannon.

El dossier de Steele ofrecía una explicación convincente de la insólita constancia de Trump en relación con Rusia. Para empezar, había una operación de *kompromat* de Moscú contra Trump cuyo origen se remontaba tres décadas, a la era de Kriuchkov. Si Trump se había entregado a algún tipo de conducta comprometedora, Putin lo sabía.

En segundo lugar estaba el dinero: el flujo procedente de Rusia que había ido a parar a las empresas inmobiliarias de Trump, y la perspectiva de un lucrativo acuerdo en Moscú para construir un hotel y una torre, un proyecto que todavía se estaba negociando cuando el candidato Trump se dirigía a su devota multitud.

Luego estaban los préstamos, que habían contribuido a rescatar a Trump a partir de 2008, y que provenían de un banco que al mismo tiempo blanqueaba miles de millones de dólares en dinero ruso.

Por último, estaba la posibilidad de que el presidente tuviera otras conexiones financieras con Moscú, aún sin revelar, pero que quizá insinuaran sus declaraciones de renta, que se negaba a hacer públicas.

En conjunto, todos esos factores parecían dar la impresión de que Trump estaba sujeto por alguna clase de obligación. Una manifestación de ello fue el modo como el presidente estadounidense cortejó a Putin en Hamburgo. Otro era la composición de su equipo de campaña y de su gobierno, sobre todo en su primera versión. Se mirara donde se mirara, había un rastro ruso.

¿A quién eligió Trump como secretario de Estado? A Rex Tillerson, un personaje conocido en Rusia, que gozaba de la confianza de Moscú y que además había recibido la Orden de la Amistad. ¿Y como asesor de seguridad nacional? A Michael Flynn, compañero de mesa de Putin y beneficiario de honorarios rusos no declarados. ¿Y como director de campaña? A Paul Manafort, durante largo tiempo confidente de oligarcas exsoviéticos. ¿Y como asesor de política exterior? A Carter Page, un presunto activo de Moscú que entregó documentos a los espías de Putin. ¿Y como secretario de Comercio? A Wilbur Ross, un empresario con inversiones relacionadas con Rusia. ¿Y como su abogado personal? A Michael Cohen, que envió correos electrónicos al secretario de prensa de Putin. ¿Y como socio comercial? A Félix Sater, hijo de un capo de la mafia rusoamericana. Y había también otras personalidades.

Era casi como si Putin hubiera desempeñado un papel en el nombramiento del gabinete de Trump. Obviamente, había sido el presidente estadounidense el que había tomado la decisión. Pero aquella constelación de individuos, y su impecable alineación con diversos intereses rusos, configuraba una pauta perceptible, como las estrellas en una noche de cielo despejado. Una pauta de colusión.

Si Trump había dicho la verdad —sobre sus visitas a Moscú, sus transacciones con emisarios rusos y soviéticos, sus líos financieros—, no tenía nada que temer. Lo que no es decir poco.

Pero si había mentido, la situación era grave. Tarde o temprano, la verdad podría devorarle y dar al traste con su presidencia.

Epílogo

2017-?
Washington-Moscú

> Maestros de la estupidez, que jugáis a juegos estúpidos creyendo que sois los putos tíos más sabios del universo. No sois una mierda, ¿me oís?
>
> JOHN LE CARRÉ, *A Legacy of Spies*

En vísperas de cumplirse su primer año de mandato, los logros de Trump eran escasos. De hecho, resultaba difícil pensar en alguno. Había mucho ruido: tuits sobre inmigración y reforma fiscal, discursos a sus leales seguidores, e insultos personales al dictador norcoreano, Kim Jong-un. Pero nada que pudiera sanar a Estados Unidos, restaurar sus valores comunes o aliviar la penosa división racial y cultural del país.

La Casa Blanca de Trump estaba acosada por los problemas, la mayoría creados por ella misma. Incluso los aliados naturales del presidente estaban pasándolo mal. Las relaciones entre Trump y el senador Mitch McConnell —líder de la mayoría republicana— eran tan malas que ya ni siquiera se hablaban. El presidente también reprendía repetidamente al Congreso.

Los republicanos de Trump controlaban ambas cámaras, pero él era sin lugar a dudas el presidente más débil de los últimos tiempos. Dedicaba gran parte de su energía a librar batallas gratuitas. Andaba a la greña con su personal, con las grandes empresas, con la Liga Nacional de Fútbol, con la inteligencia estadounidense y con el FBI.

Esta última institución planteaba una amenaza crucial para Trump. La investigación de Mueller avanzaba a buen ritmo. Las filtraciones, tan abundantes en la agencia en el primer semestre de 2017, se habían reducido bastante. Era difícil estar seguro, pero Mueller parecía proceder con una determinación, incluso con una crueldad, que no presagiaba nada bueno para el presidente. Estaba en juego nada menos que la credibilidad del FBI.

Sin duda pintaba mal para los lugartenientes de Trump. Estaba claro que tanto Manafort como Flynn se habían convertido en importantes objetivos, y la estrategia de Mueller parecía destinada a desconcertarlos a los dos. Supuestamente, el fiscal especial había enviado una citación al hijo de Flynn y antiguo jefe de gabinete, Michael Flynn. Era una táctica clásica —y descarada— de la fiscalía: ir a por el hijo para aumentar la presión sobre el padre.

A primera vista, el objetivo era conseguir que Flynn cooperara. Para poder gozar de inmunidad, este tendría que proporcionar información que hiciera avanzar materialmente el caso contra personas situadas muy arriba en la cadena de mando. Traducido, eso significaba Trump. Por supuesto, el presidente podía indultar a Flynn con razón o sin ella; pero, como señalaban los abogados constitucionalistas, no podía promulgar un indulto por una razón inadecuada o para frustrar la acción de la justicia.

Mientras tanto, los infortunios de Manafort se acumulaban. Se emitieron nuevas citaciones, destinadas a su abogado y a varios importantes grupos de presión de Washington con los que había colaborado en el asunto de Ucrania. Una redada llevada a cabo en su casa por el FBI antes del alba revelaría nuevos detalles humillantes. Según la CNN, los agentes forzaron las cerraduras, irrumpieron en la vivienda a punta de pistola e incluso apartaron de un manotazo a la soñolienta esposa de Manafort, Kathleen. Esa clase de brutalidad física normalmente se reservaba solo a los casos de crimen organizado o traición.

Otro de los objetivos de Mueller, Carter Page, anunció que se acogía a la Quinta Enmienda. Su deseo de no incriminarse es entendible. Si testificara en el Congreso podría decir algo incongruente con las escuchas del FBI, ahora en manos del gobierno.

Mientras tanto, los logros legislativos de Trump eran más bien escasos. Se aprobó una ley importante, pero fue con la encarnizada oposición del presidente. El 2 de agosto de 2017, este se vio obligado a firmar las nuevas sanciones contra Moscú después de una votación a favor casi unánime tanto en el Senado como en la Cámara. La ley solo podría ser revocada con la aprobación del Congreso. La perspectiva de que la administración Trump levantara las sanciones impuestas a Rusia se había desvanecido.

Para Putin, aquello representó un duro revés. La campaña del Kremlin para ayudar a Trump a llegar a la Casa Blanca tenía un propósito primordial: poner fin al embargo económico estadounidense (había también un objetivo secundario: poner el dedo en las llagas sociales e ideológicas que ya existían en Estados Unidos; este había tenido bastante éxito).

La operación de Putin había sido audaz, incluso arrogante. Implicaba el uso de ciberataques y falsas cuentas de Facebook, además de las clásicas técnicas de engaño y de cortejo del KGB. Pero cabría argumentar que les había salido el tiro por la culata. Los funcionarios del Kremlin solían imaginar que Estados Unidos era una imagen especular de Rusia. Entendían muy mal la política institucional estadounidense, y no eran capaces de apreciar cosas como la separación de poderes o las restricciones que pesaban sobre el presidente, cualquier presidente.

Las voces más prudentes de la administración rusa —el destituido jefe de gabinete Serguéi Ivanov y el embajador en Estados Unidos Serguéi Kisliak, ahora reclamado en Moscú— tenían razón. Como ocurriera con la invasión de Ucrania orquestada por Putin en 2014, la intervención en las elecciones estadounidenses de 2016 había sido un triunfo táctico pero un desastre estratégico. Y tendría consecuencias duraderas para la economía rusa, que seguiría teniendo vetado el crédito occidental barato.

De no haber sido por su dossier —creía Steele—, Trump habría levantado las sanciones y habría establecido una nueva alianza con Rusia. En palabras de un amigo: «Chris robó una gran victoria estratégica bajo las mismas narices de Putin». Las motivaciones de

Steele no estaban ligadas a la política o al ego. Antes bien —decía el mencionado amigo—, tenían que ver con revelar la verdad y servir a la opinión pública. Puede que en algún momento Steele quiera contar su propia historia.

Steele también les comentó a sus amigos que todavía estaba por ver cuándo se «probaría» el contenido del dossier. El Kremlin había dispuesto ya de un año para cubrir todo rastro de su operación. Y lo había logrado. A diferencia de Washington, los funcionarios rusos no tenían filtraciones, y a los periodistas de Moscú les había resultado muy difícil encontrar material original. Todavía había bastantes personas que seguían «vivitas y coleando» y sabían cosas importantes, pero Steele no creía probable que aparecieran «en un futuro inmediato».

Entre esas personas se incluían antiguos oficiales del KGB con conocimientos sobre diversos complots históricos. También había registros escritos: normalmente carpetas de hojas sueltas con documentos ordenados cronológicamente. ¿Todavía existe el expediente de Trump? En Moscú se comenta que Putin se ha vuelto tan paranoico que cualquier material incriminatorio debe de haber sido destruido o guardado en su caja fuerte. Sin duda, el archivo de la época soviética sobre Steele, recopilado cuando era un joven espía en la embajada, actualmente debe de ser mucho más voluminoso.

En Rusia, el cambio parece improbable. En 2017 el periodo de permanencia de Putin en el poder (incluida su época como primer ministro, en la que de hecho siguió al mando) superaba ya al de Leonid Brézhnev. Y todo apunta a que Putin tiene la intención de seguir en el cargo tras las elecciones presidenciales rusas de 2018; y con seis años más se plantará en 2024. Probablemente durará más que Trump. Pero aun sin Putin, es probable que el «putinismo» le sobreviva en una nueva forma.

Pese a ello, a la larga podrían llegar a filtrarse detalles del «proyecto Trump» de Moscú. Un cambio de régimen, un desertor, un incontrolado… cualquier cosa podría hacer surgir secretos hoy bien enterrados. Tras el desmoronamiento del comunismo soviético, el jefe de los espías de Stalin escribió unas memorias. El KGB perdió el control de su archivo de inteligencia extranjera, donde se detallaban operaciones secretas de la posguerra; terminó en manos del MI6, y hoy puede leerse en Cambridge, Inglaterra.

Por ahora, la mitad rusa de esta historia de colusión se halla fuera del control de Mueller.

Pero este último se centra en la mitad estadounidense, que resulta más accesible. Y lo que sabemos de ella es bastante malo.

Las primeras acusaciones formales se formularon a finales de octubre. Dos de los nombres no fueron ninguna sorpresa: Paul Manafort y su colaborador Rick Gates. Cuando Manafort trabajó como director de campaña de Trump, Gates fue su ayudante. Los cargos se remontaban al periodo comprendido entre 2006 y 2016, en su mayor parte en la época en que los dos hombres trabajaban para Yanukóvich en Ucrania.

Sus presuntos delitos resultaban impresionantes. Había un total de doce cargos, que incluían conspiración contra Estados Unidos, blanqueo de dinero, omisión de la declaración de titularidad de cuentas bancarias en el extranjero y omisión del deber de registrarse como agentes extranjeros, a lo que se añadía el cargo de haber hecho declaraciones «falsas, fraudulentas y ficticias». Se decía que la pareja había llevado a cabo en Estados Unidos una «campaña de presión por valor de varios millones de dólares» en favor del régimen de Yanukóvich; un hecho que, según el escrito de acusación, habían tratado de ocultar.

Se sabía que Manafort había sido generosamente recompensado por sus actividades en Kiev. Aun así, las presuntas sumas descubiertas por el FBI eran de vértigo. La Oficina Federal afirmaba que un total de más de setenta y cinco millones de dólares habían pasado por diversas cuentas de Manafort en paraísos fiscales. Este había montado varias empresas fantasma en el extranjero dirigidas por representantes suyos, las cuales, a su vez, controlaban numerosas cuentas bancarias en Chipre, San Vicente y las Granadinas, y las Seychelles.

¿Qué había hecho Manafort con todo ese dinero? El FBI sostenía que había blanqueado una gran parte de él, «más de dieciocho millones de dólares». Esto había servido para financiar un grado de derroche propio de un oligarca. Manafort se dedicó a adquirir bienes y servicios de lujo: alfombras antiguas; ropa; obras de arte; elementos de arquitectura paisajista; objetos domésticos; diseño de interiores, y coches, incluyendo un Mercedes y tres Range Rover; además de las propiedades en Nueva York (una de ellas, en el edificio SoHo, se alquilaba en Airbnb por «varios miles de dólares a la semana»).

En otros tiempos, Manafort posiblemente había sido el miembro más elocuente del equipo de campaña de Trump. En cambio, al estallar la noticia de la acusación formal optó por guardar silencio. Él y Gates se entregaron al FBI y comparecieron en un tribunal federal en Washington, donde se declararon inocentes de todos los cargos. Manafort eludió la prisión pagando una fianza de diez millones de dólares. Ahora se halla bajo «arresto domiciliario», pendiente de juicio y con un destino incierto.

¿Cuál fue la reacción de Trump a los problemas de su antiguo ayudante? Mínima, solo algunos tuits. La tarea de defender a Manafort se dejó en manos de su abogado, Kevin Downing. En unas declaraciones realizadas fuera del tribunal, Downing rechazó los cargos tildándolos de su cliente. Aseguró que no había ninguna evidencia de que Manafort, o la organización de la campaña de Trump, se hubieran confabulado nunca con los rusos. Como señaló la Casa Blanca, los cargos eran anteriores a la época en la que Manafort trabajó para Trump.

Sin embargo, la sensación de desasosiego que invadía la administración Trump era real. Hubo otro acontecimiento inesperado: un tercer escrito de acusación que afectaba a alguien del equipo de Trump. Se trataba de George Papadopoulos, un joven grecoamericano que vivía en Londres. Se había incorporado a la campaña en marzo de 2016, a los veintinueve años. Un «tipo excelente», diría Trump más tarde aquel mismo mes, al nombrar a Papadopoulos asesor en materia de política exterior.

El escrito de acusación del FBI exponía la existencia de una trama secreta, gran parte de la cual se había desarrollado ante las mismas puertas de Steele. Los personajes implicados parecían salidos del juego de mesa Cluedo: un misterioso «profesor» establecido en el Reino Unido, una ciudadana rusa y un «individuo» de Moscú con impecables contactos con el Ministerio de Exteriores de Rusia.

La «declaración de infracción» del FBI, de catorce páginas de extensión, se hizo pública el mismo día en que Manafort y Gates comparecieron en el tribunal. En un estilo frío y racional exponía el intento de Papadopoulos de organizar una reunión de alto nivel entre Putin y Trump. Las conversaciones con Moscú se produjeron entre bastidores durante la primavera y el verano de 2016. Trump estaba al tanto de ello. Al igual que los principales miembros de su equipo.

La declaración revelaba que a finales de abril Papadopoulos se había enterado de que el Kremlin había robado correos electrónicos del Partido Demócrata. En aquel momento los demócratas no tenían ni idea del hackeo, que no se haría público hasta seis semanas después. Aparentemente, aquella sucesión cronológica arrojaba una nueva luz sobre la cuestión de por qué Donald Trump hijo estaba tan ansioso por conocer a Veselnitskaya; y sobre el llamamiento público de Trump a Moscú para que localizara los treinta y tres mil correos electrónicos «perdidos» de Hillary.

Papadopoulos se reunió por primera vez con el «profesor» en marzo de 2016, durante un viaje a Italia. El profesor —que el *Washington Post* identificaría como Joseph Mifsud— apenas mostró interés en Papadopoulos... hasta que descubrió su conexión con Trump. En Londres, Mifsud le presentó a una «ciudadana rusa», que más tarde Papadopoulos calificaría erróneamente como «sobrina de Putin» en varios correos electrónicos enviados a la organización de la campaña (por su parte, Mifsud niega cualquier conexión con el gobierno ruso).

¿De qué hablaron? Según el FBI, de cómo mejorar los vínculos entre Estados Unidos y Rusia. Y, más concretamente, de la organización de una reunión entre «nosotros» —el equipo de campaña de Trump— y los líderes rusos. Al cabo de una semana Papadopoulos viajó a Washington, donde fue fotografiado sentado a una mesa con Trump y el equipo de seguridad nacional del candidato. Papadopoulos se presentó, y a continuación hizo una atrevida oferta: utilizando sus «contactos», podía organizar una reunión entre Trump y Putin.

Después, Papadopoulos se puso a trabajar con sus nuevos amigos para hacer que eso ocurriera. Envió varios correos electrónicos a la mujer rusa, que respondió en términos entusiastas. Por su parte, el profesor se puso en contacto desde Moscú y presentó a Papadopoulos a una «persona» influyente con vínculos con el Ministerio de Exteriores ruso y su delegación en Estados Unidos. Mientras tanto, Papadopoulos mantenía la campaña revalorizada con sus actividades y contactos del Kremlin. Un «supervisor de campaña» respondería: «¡Gran trabajo!».

Y la cosa siguió. Hubo un desayuno con Mifsud en un hotel de Londres. El profesor acababa de regresar de Moscú, donde se había reunido con «funcionarios de alto rango del gobierno ruso». Traía consigo una intrigante noticia: los rusos habían obtenido valiosos «trapos sucios» sobre Clinton. «Tienen miles de correos electrónicos [suyos]», dijo el profesor. Tras esta conversación, Papadopoulos siguió «comunicándose con responsables de la campaña de Trump». ¿Podía utilizarse Londres —les preguntó— como punto de encuentro entre Trump y Rusia?

Nadie podía criticar el entusiasmo de Papadopoulos. A lo largo de mayo, junio y agosto de 2016 habría más correos electrónicos y actualizaciones, más mensajes enviados a la organización de campaña de Trump con el inequívoco asunto de «Petición de Rusia para reunirse con el Sr. Trump». Algunas de esas misivas llegaron a Manafort y a Gates. Papadopoulos incluso se ofreció a viajar en persona a Moscú si el candidato no podía hacerlo. Pese a todos sus esfuerzos, el viaje nunca se produjo.

Todo esto pasaría a formar parte del núcleo de la investigación por colusión del FBI. En enero de 2017, una semana después de la investidura de Trump, los agentes federales interrogaron por primera vez a Papadopoulos. Este mintió, no solo acerca de cuándo se había enterado del hackeo de los correo electrónicos, sino también con respecto a sus múltiples contactos con Moscú y sus intermediarios. Los agentes volvieron a interrogarle en febrero. Al día siguiente borró su cuenta de Facebook y cambió de número de móvil.

Papadopoulos era un pésimo conspirador. En julio de 2017 el FBI lo detuvo en el aeropuerto internacional de Washington-Dulles. Aparentemente la agencia había recuperado sus datos borrados. Desde ese momento empezó a cooperar. Se reunió con el gobierno en «numerosas ocasiones», respondió a preguntas y proporcionó información. En octubre se declaró culpable de haber mentido al FBI.

Estas tres acusaciones formales eran las primeras, pero no cabía duda de que seguirían otras. La afirmación de Trump de que no había habido colusión alguna sonaba cada vez más vacua y falsa. Ahora había pruebas de dicha colusión. Era imposible interpretar los escritos legales —con sus fríos datos empíricos— de ninguna otra forma.

La investigación de Mueller estaba lejos de haber terminado. La agonía de Donald J. Trump no había hecho más que empezar.

Nota sobre las fuentes

He hablado con muchas fuentes, y esas conversaciones se han producido en los más diversos lugares. Por ejemplo, y sin ningún orden
concreto, el asiento trasero de un taxi londinense; un bar en el centro
de Washington; el banco de un parque a la orilla del Támesis (sí, ya sé
que esto último tiene ciertos toques de John le Carré), o una cena de
entrevistados en una facultad universitaria de la Costa Este estadounidense.

Otros contactos se produjeron en cafeterías (muchas veces); pubs
(bastantes); un restaurante propiedad de un famoso chef (almuerzos
repetidos); un camerino neoyorquino de una importante cadena de
televisión, y un conocido hotel de cinco estrellas. Además de una
habitación de uno de los pisos superiores que ha aparecido en algunas de las mayores noticias internacionales de este siglo.

Con el tiempo, el número de personas dispuestas a proporcio-
narme información confidencial fue en aumento. Con algunas de las
fuentes mantuve frecuentes encuentros. A otras no llegué a cono-
cerlas en persona: intercambiamos mensajes a través de canales mayoritariamente cifrados. Una persona nos puso en contacto ofrecien-
do datos útiles de la era soviética. Se hallaban en una zona horaria
remota, y nuestros intercambios fueron intermitentes. Asimismo, mis
colegas del *Guardian* Stephanie Kirchgaessner y Nick Hopkins se
mostraron muy generosos a la hora de compartir sus fuentes.

Después de cuatro años viviendo en Moscú y de una década
escribiendo sobre el Kremlin de Vladímir Putin, tengo muchos
amigos y colegas rusos. Todos ellos han ayudado a configurar este

libro. Como también lo han hecho mis notas: guardo un montón de viejos cuadernos de notas de periodistas sacados clandestinamente de Moscú. Mis entrevistas con Aras Agalarov y Paul Manafort surgieron de un lugar de almacenamiento olvidado encima de un armario, como el tesoro de una polvorienta bóveda.

Mis interlocutores fueron sobre todo hombres —el mundo de la seguridad y la inteligencia sigue siendo abrumadoramente masculino—, pero hubo también algunas mujeres. En conjunto, incluyeron a antiguos altos asesores del Consejo de Seguridad Nacional, bajo el mandato de dos presidentes estadounidenses; un exdirector de la CIA y la NSA; agentes de inteligencia retirados; desertores; historiadores; profesores de derecho; antiguos diplomáticos, y un puñado de profesores eméritos. También hablé con muchos periodistas.

Ha sido este último grupo el que ha realizado la mayor aportación a la hora de investigar esta historia de colusión. El *Washington Post* y el *New York Times*, además de otros periódicos y sitios web estadounidenses, han representado un brillante papel al seguir informando pese a la incesante hostilidad del actual presidente. Hay que reconocerles un gran mérito. Por último, he hecho todo lo posible por mencionar en el texto a los autores de las investigaciones realizadas por otros.

Luke Harding
Noviembre de 2017

Índice alfabético